江苏省高校哲学社会科学基金资助项目（项目批准号：2012SJB820002）
司法部国家法治与法学理论研究项目重点课题“民国司法制度研究”（项目批准号：13SFB1002）
国家社会科学基金青年项目（项目批准号：13CFX035）

媒体与司法的博弈

近代中国媒体与司法重大案件研析

牛锦红◎著

中国法制出版社
CHINA LEGAL PUBLISHING HOUSE

CONTENTS | 目录

第一章　引言……1
第一节　近代中国媒体与司法的概况……3
一、近代中国报刊媒体的发展状况……3
二、近代中国的司法状况……7
三、《申报》等报刊对司法案件的关注……10
第二节　近代中国媒体与司法关系研究的意义……13
一、有利于中国法律史学科的研究与建设……13
二、有利于社会主义新闻法制和司法制度建设……16
三、有利于新闻传媒和司法队伍建设……18
第三节　近代中国媒体与司法关系的发展脉络……19
一、清末时期：媒体与司法的首次碰撞……20
二、南京临时政府时期：媒体与司法的变幻风云……22
三、北洋政府时期：媒体与司法的政治冲突……23
四、南京国民政府时期：媒体与司法关系的进步与异化……24

第二章　清末时期：首次碰撞中的媒体与司法……27

第一节　《申报》与“杨月楼案”……27

一、《申报》对“杨月楼案”的报道……28

二、“杨月楼案”中的媒体与司法之冲突……38

三、《申报》报道“杨月楼案”的教训与启示……45

第二节　《申报》与“杨乃武案”……49

一、《申报》对“杨乃武案”的报道过程……50

二、媒体对“杨乃武案”的关注要点……56

第三节　媒体与“沈荩案”……62

一、“沈荩案”简介……62

二、媒体对“沈荩案”的报道过程……64

三、媒体揭露沈荩被处死的主要原因……66

四、媒体对“沈荩案”司法问题的抨击……69

第四节　媒体与“苏报案”……73

一、媒体聚焦“苏报案”……74

二、中外报纸关注的司法重点……76

三、“苏报案”中司法对媒体的关注与利用……83

第五节　媒体与司法关系的冲突……85

第三章　南京临时政府时期：变幻风云下的媒体与司法……90

第一节　媒体与“姚荣泽案”……90

一、媒体视野：“民国第一案”之案情起伏……91

二、相互关系：媒体舆论与司法反应……94

三、司法之争：伍廷芳与陈其美的首次舆论之战……102

第二节 媒体与“宋汉章案”……111
一、“宋汉章案”的媒体报道……111
二、《申报》与《时报》报道“宋汉章案”的比较……119
三、陈其美与伍廷芳关于“宋汉章案”的争议焦点……126
第三节 媒体自由对司法的影响……131

第四章 北洋政府时期：政治主导下的媒体与司法……136
第一节 媒体与“宋教仁案”……136
一、“宋教仁案”的媒体舆论……137
二、“媒体审判”现象及引发的争议……143
三、“媒体审判”之殇……148
第二节 媒体与“章士钊系列案”……149
一、“章士钊系列案”的简况……149
二、司法与媒体关系异化的表现……152
三、媒体、司法与政治之关联……154
四、深层剖析：“鲁迅诉章士钊案”胜诉原因……158
第三节 媒体与“李大钊案”……161
一、“李大钊案”的政治背景……161
二、“李大钊案”的报道过程与特色……163
三、“李大钊案”的审判舆论倾向……170
四、政治主导下的法庭审判结果……173
第四节 媒体与司法关系中的政治因素……176

第五章　南京国民政府时期：进步与异化共存的媒体与司法……179
第一节　媒体与“陈独秀案”……179
一、案情简介……179
二、主要媒体报道和舆论倾向……181
三、“陈独秀案”与“李大钊案”中的媒体舆论对比……188
第二节　媒体与“李公朴、闻一多案”……195
一、“李公朴、闻一多案”简介……195
二、各大报刊对“李公朴、闻一多案”的舆论导向……197
三、政府、司法对媒体舆论的反应……211
第三节　媒体与司法博弈中的进步与异化……214

第六章　近代中国报刊媒体与司法改革……219
第一节　普通报刊与司法改革……220
一、《万国公报》与清末司法问题……220
二、《申报》与近代中国司法问题……230
第二节　法学刊物与司法改革……241
一、司法类法学期刊……242
二、综合类法学期刊……247
第三节　民初报刊以土地纠纷为例所展现的司法图景……251
一、社会转型时期的司法概况……251
二、民初江苏地方土地纠纷案件的判决依据……253
三、民初大理院土地纠纷案件的判决依据……256
四、民初司法判决依据多样性的法理评析……261

第七章 近代中国新闻立法规制媒体舆论的历史析论 ………… 267
第一节 近代中国新闻立法规制媒体舆论的思想溯源 ………… 268
第二节 近代中国新闻立法规制媒体舆论的制度构建 ………… 272
第三节 近代中国媒体与司法关系异化的主要诱因 ………… 277
第四节 近代中国媒体与司法关系的历史启示 ………… 280

参考文献 ………… 284
后记 ………… 295

第一章　引言

司法（Justice），又称法的适用，通常是指国家司法机关及其工作人员依照法定职权和法定程序，具体运用法律处理案件的专门活动。司法是实施法律的一种方式，对实现立法目的、发挥法律的功能具有重要意义。媒体（Media）一词来源于拉丁语“Medius”，音译为媒介，意为两者之间。媒体是指传播信息的媒介，是人们用来传递信息与获取信息的工具、渠道、载体、中介物或技术手段。传统的媒体主要指电视、广播、报纸、杂志等。随着科学技术的发展，当前已进入到通过互联网、无线通信网、卫星等渠道以及电脑、手机、数字电视机等终端向用户提供信息和娱乐服务的新媒体时代。不管是传统媒体还是新媒体都与司法之间存在密切的互动关系。

西方近现代法律监督体系中一个重要组成部分就是运用报纸、广播、电视等大众传播媒介对国家权力运作进行广泛的舆论监督。传统中国社会中也有简单的舆论监督形式，“自古圣贤乐闻诽谤之言，听舆人之论”，[①] 就是指古人对舆论监督的重视和自觉接受，但古代舆论监督的媒介和方法极为有限。随着科技的进步与民主自

---

① 《晋书・王沉传》。

由的发展，近代报刊逐渐发展成为一种重要的来自政治系统外的舆论监督力量。[①] 清末驻美公使伍廷芳对报刊舆论监督作用大力推崇，其在书中道："拿破仑曰，有人与报纸作对，无异与三千毛瑟作敌……。若论其重要，则在言论界为民口舌之代表；对于行政方面，是处于监督地位。凡地方有所整顿，有所改革，利害损益，均可直陈，以待牧民之采择。官吏贤否，褒贬从公，俾申众情，而儆棼劣，此报纸之天职也。西报记者，必博学通儒乃能膺此责任。地方政府，时恃其论说，以作导师。"[②] 伍廷芳认为记者要博学通儒，报刊应体现民意，而政府、司法等要以媒体言论为导师。但是从整体上看，由于历史上各封建王朝大都实行文化专制制度，加上缺乏必要的和先进的舆论传播媒介，所以中国传统社会中并不存在近现代意义上的通过社会舆论来影响国家权力运作的舆论监督体制。鸦片战争之后，在社会的转型过程中，随着诸如报纸、广播、出版、电台等新式传播媒介的引入以及各种政治性社会团体和新式知识分子阶层的出现，中国社会开始出现了新式的舆论监督，并逐渐发展成为一种重要的来自国家权力系统外部的监督力量，并且步入了初步法制化的轨道。

司法过程所显示的刺激性以及其所蕴含的丰富内容，对于各国传媒都具有永恒的魅力。民众对司法新闻十分关注，媒体在满足公众知情需要的同时亦要反映公众对司法的批评。对于媒体报

① 刘力："近代中国报刊舆论的兴起及影响——以〈申报〉与'杨乃武案'为中心的探讨"，载《重庆师范大学学报》（哲学社会科学版）2006年第4期，第64页。

② 伍廷芳："中华民国图治刍议"，载《伍廷芳集》下册，中华书局1993年版，第608页。

道司法，新闻界普遍认为："传媒虽不是法定的监督机构，不享有对司法机关的监督权力，但它在反映和代表舆论时，享有公民享有的言论自由权、批评建议权和知情权。传媒作为公民实现上述三项权利的载体，客观上具有监督司法的效能"。[①] 报纸作为大众传播的重要载体，主要以社会时事评论为主，能够起到舆论监督的作用。而媒体对案件全方面的调查、研究和议论，确保了新闻信息价值的最大化，也能进一步促进司法审理的公开化，从而最大程度保证司法审判的公正性。但自从媒体开始报道司法问题，由于两者间缺少共识、缺少法律保护与合理的调整，媒体与司法的关系一直处于不稳定的变化之中，新闻自由与司法公正、新闻批评与司法尊严、新闻采访与司法秩序的冲突时常出现。尤其近代中国以报刊为主的媒体与司法间的关系更是变化无常、冲突不断，其中的历史经验和教训值得我们借鉴和思考。

第一节　近代中国媒体与司法的概况

一、近代中国报刊媒体的发展状况

报刊不仅仅是一种客观物质形态，也是传播者与传播载体紧密结合后的产物，更是反映社会内在要求、引领社会变化发展的利器；报刊往往能通过聚集舆论而把人们联系在一起，促进相互间

① 孙旭培：《自由与法框架下的新闻改革》，华中科技大学出版社2010年版，第77页。

的认知沟通和情感交流，强化人们对特定事件的认同感和特定社会的归属感。[①]我国现代报纸之产生，均出自外人之手。[②]且看中国近代的办报活动，如果从1815年创办《察世俗每月统记传》算起，[③]最初的几十年，没有中国人自己创办或主持的报刊。19世纪60年代以后，随着在华外报不断发展，西方资产阶级法治思想和新闻思想同时传入中国，一部分先进的中国知识分子对报刊等大众传媒的舆论监督作用开始有了初步认识，并开始着手积极创办中国自己的报刊媒体。1895年堂堂中华帝国在甲午战争中竟败于东洋“岛夷”之手，这对中国知识分子的刺激很大，他们在各地组织学会，采取办报刊、设学堂等办法鼓吹变法图强。据戈公振的《中国报学史》记载：“我国人民所办之报纸，在同治末已有之，特当时只视为商业之一种，姑试为之，固无明显之主张也。其形式既不脱外报窠臼，其发行亦多假名外人。迨中日战争之后，强学会之《中外纪闻》出，始开人民论政之端。此后上海、香港与日本，乃成民报产生之三大区域。其性质又有君宪、民主、国粹及迎合时好之多种，故称之为勃兴时期；而辛亥革命之成功，实基于此。”[④]清末民初报刊繁荣是不争的事实，据方汉奇《中国新闻传播史》统计：“1901年我国创办报刊达34种，1902年为46种，1903年53种，1904年71种，1905年85种，1906年清廷启动预备立宪后，发展速度进一步加快，每年新创报刊均过百种：1906

① 刘兴豪：“论中国近代报刊舆论的社会动员力”，载《山东社会科学》2011年第4期。

② 戈公振：《中国报学史》，中国和平出版社2014年版，第67页。

③ 戈公振认为《察世俗每月统记传》是我国有正式报纸之始。

④ 戈公振：《中国报学史》，中国和平出版社2014年版，第20页。

年为113种，1907年110种，1908年118种，1909年116种，1910年136种，1911年209种。”[①]另据戈公振的《中国报学史》统计：“我国报纸之发展，其信而有征者，据《时事新报》论载，由嘉庆二十年至咸丰十一年之四十六年中，计有报纸八种，均教会发行，至光绪十二年，增至七八十种。是二十四年中，较前加至九倍强。又据《第二届世界报界大会记事录》载，民国十年全国共有报纸一千三百三十四种，是四十年中，较前又加至十五倍弱。今据‘中外报章类纂社’所调查，最近二年中华文之每日发行者共有六百二十八种。”[②]虽然现代学者方汉奇与近代学者戈公振在统计报纸发展数目时的标准与依据不同，但我们通过数字的相比，可见清末民初的报刊业发展之迅速，国人掀起一股创办报刊的热潮并初具规模，呈现一片繁荣之势，并对当时社会影响重大。

1874年2月4日，王韬于香港创办了中国第一家政论报纸《循环日报》，并在该报主笔十年，以“变法自强”为办报宗旨，发表了数百篇评论时政的文章，宣传资产阶级改良主义思想，主张在政治上建立一个“君民共治”的国家。他认为办报的宗旨是“立言”，他在创办《循环日报》时明确表示其目的是“借日报立言”，通过报纸来宣传自强主张。他认为报纸的功能和作用是一个“通”字，报纸可以使“民隐得以上达，君惠得以下逮”“达内事于外”和“通外情于内”。王韬还在中国最早提出了言论自由的要求，呼吁朝廷放宽言禁，允许民间办报纸，允许报纸“指陈时事，无所

① 方汉奇：《中国新闻传播史》，中国人民大学出版社2002年版。

② 戈公振：《中国报学史》，中国和平出版社2014年版，第353页。

忌讳”，希望官方对报纸的言论要本着“言之者无罪，闻之者足戒”的态度去对待。他认为言论自由是国家兴盛发达的标志，如果一个国家的民众都噤若寒蝉的话，那么离灭亡就不远了。在王韬办报方针的指引下，《循环日报》在香港独树一帜。郑观应和容闳等同时代的改良主义学者纷纷在《循环日报》上发表变法改良文章，使该报一时成为言论中心，“国有大事，士林皆重其所出”。[①] 以致于在《申报》创刊初期，经常转载《循环日报》的政论文章。

整个近代中国影响力较大的报刊媒体当属《申报》，《申报》原名《申江新报》，1872年4月30日（清同治十一年三月二十三日）在上海创刊，1949年5月27日停刊，为近代中国发行时间最久、具有广泛社会影响力的报纸，是中国现代报纸业开端的标志。它前后总计经营了77年，历经晚清、北洋政府、国民政府三个时代，共出版27000余期，出版时间之长，影响之广泛，是同时期其它报纸难以企及的，在中国新闻史和社会史研究上都占有重要地位，被人称为研究中国近现代史的“百科全书”。美查创办《申报》时，曾试图以中国人易于接受的方式，把西方近代新闻观移植到中国。为此，他聘请了一些接受了西方新思潮的华人知识分子办报。为办好《申报》，美查派人赴香港实地考察中文报纸。正如其创刊告白所说：“新闻纸之制创自西人，传入中土，向见于香港唐字新闻，体例甚善，今仿其意，设《申报》于上洋。”[②] 由于受开风

① 胡文龙：《中国新闻评论发展研究》，中国人民大学出版社2002年版，第30、31、43页。

② “本馆告白”，载《申报》1872年4月30日。

气之先的香港报业的影响，《申报》是大陆较早以近代新闻媒体面目出现的中文报刊之一，“凡国家之政治，风俗之变迁，中外交涉之要务，商贾贸易之利弊，与夫一切可惊可愕可喜之事，是以新人听闻者，靡不毕载”。[①] 而美查则明确地表明该报的意图是“对国家使除其弊，望其振兴”，[②] 体现出近代新闻媒体的社会舆论特点。

当时办报人认为报馆的职责主要是监督政府和指导国民，媒体人的职责是破除旧观念，输入新思想。而其中对于司法的关注则是树立新社会观念的重要内容。根据《申报》的办报方针，对于反映国家法律现实状态的司法特别关注，其中对风传沪浙、继则闻于全国的“杨月楼案”和“杨乃武案”给予充分关注自然是题中之义。后来随着《大公报》《国民日日报》《时报》等各类普通报刊的迅速发展，各报刊均对当时重案要案、司法状况、司法改革等问题给予报道与评论，体现了报刊媒体对司法案件与司法问题的重视和监督。同时，一些法律类综合刊物和司法专刊（如《司法公报》《江苏省司法汇报》《法律周刊》等）纷纷在民国前后创刊，尤其关注司法独立与司法改革等问题。

二、近代中国的司法状况

清末民初时期司法方面最主要的问题有三个：司法独立、司法主权和司法文明。中国自国家建立之日，就确立了君主制，从秦

---

① “本馆告白”，载《申报》1872 年 4 月 30 日。

② “本馆作报本意”，载《申报》1875 年 10 月 11 日。

朝直到清朝灭亡，中央集权的君主专制政体在中国存在了2000多年。在专制政体下，皇帝的“金口玉言”即为法律，而司法权附属于行政权，各级行政官吏兼办司法案件，行政官员兼理司法的同时，相伴其始终的是惨烈的刑讯逼供，这种司法不独立和司法不文明的状况随着1840年鸦片战争的结束而日渐改变。同时，由于清政府的腐败无能，中国的司法主权遭到破坏，外国侵略者通过一系列不平等条约在中国获得了领事裁判权，通称“治外法权”。领事裁判权制度一方面是对中国独立司法主权的践踏，但另一方面，它也将近代西方先进的司法观念和制度引入中国，给传统司法带来巨大的冲击，尤其对落后的司法不独立和不文明现象有极大的冲击。

1902年，张之洞以兼办通商大臣身份与各国修订商约，英、日、美、葡等国表示，在清政府改良司法“皆臻完善”以后，可以放弃领事裁判权。为此，清廷下诏：“现在通商交涉事宜益繁多，著派沈家本、伍廷芳将一切现行律例按照交涉情形，参酌各国法律，悉心考订，妥为拟改，务期中外通行，有裨治理。”[①] 从而揭开了清末法制改革的序幕。1906年，清廷宣布预备仿行宪政，并着手进行官制改革：“首分权以定限，立法、行政、司法三者……。司法之权，则属之法部，以大理院任审判，而法部监督之，均与政府相对峙，而不为所节。”[②] 在近代西方“三权分立”思想的冲击和影响下，清廷开始了司法体制的改革。1906年11月6日，清政府下

① 沈家本:“奏议·删除律例内重法折”，载《寄簃文存》卷一，商务印书馆2015年版。

② 《清末筹备立宪档案史料》，中华书局1979年版，第463~465页。

谕，将刑部改为法部，掌管全国司法行政事务，不再具有审判职能；改大理寺为大理院，作为全国最高审判机关；在法部设置总检察厅，作为最高检察机关，独立行使检察权。1906 年底在京师设立高等审判厅、城内外地方审判厅和城谳局，形成四级三审制度。1907 年开始，又仿照日本法院体制决定在各省设高等审判厅。府（直属州）设地方审判厅，州县设初级审判厅，将四级三审制推向全国。此外，各省的按察使改为提法司，作为地方司法行政机关。至此，中国近现代司法机关体系初步确立。同时，清政府仿照法国，尤其是日本的体制，将总检察厅置于大理院内，实行审检合署。一改中国古代监察机关兼掌监察和审判职能的旧观，明确规定检察机关和检察官专司法律监督之责，建立了检察权与审判权分离的近代司法制度。清政府还初步引进了西方近现代诉讼制度、审判原则等，如在审判制度方面，规定了审判公开、允许辩论等原则，并明确了预审、合议、公判、复审等程序。虽然从法律文本的内容上来看，清末司法体制的构建有很大的突破，但由于清王朝很快覆灭，使得清末司法改革的成果更多停留在纸面上，而在现实中并没有发挥真正的作用，甚至形式意义上的从中央到地方的独立司法机构也未来得及完全建立起来。[①] 民国时期，临时政府、北洋政府与南京政府在清末司法改革的基础上积极探索，将清末一些司法成果变为现实，在司法独立、司法主权和司法文明等方面有所改进，司法改革有一定的历史进步。但总的来讲，近代时期的司法改革也多停留在文本的层面，被媒体报道的司法大案在程序、实体方面都存在较多问题。

① 贾孔会："中国近代司法改革刍议"，载《安徽史学》2003 年第 4 期。

因此司法制度的真正改变往往要以司法观念的改变为前提，否则就算制度建立，现实中也没有实践的根基。近代国人以报刊为媒体中介，以司法个案、司法问题评论为主要内容，将自由、平等、人权为价值取向的近代司法观念引入普通民众之中。

三、《申报》等报刊对司法案件的关注

鸦片战争把中国拉入近代社会，此时期的中国处于激烈的社会转型之中。而上海作为这个时期重要的开放型城市，随着西人在中国势力的扩大，居住中国的西方人口逐渐增加，西风慢慢东渐，除经济、政治首当其冲地处于变化中外，近代文化也渐渐形成，上海是“西法东渐”的标志性城市，主要影响因素之一就是《申报》等报刊媒体的强力推进。作为西学东渐的传播媒体——报纸，尤其近代上海的《申报》在中国近代历史舞台上扮演着异乎寻常的社会角色，它是社会变革的积极参与者，文化观念变迁的推动者，有力地促进了社会的演进，尤其对于司法主权的争取、司法独立的呼吁、司法刑讯的批判等方面具有极大的推动作用。

《申报》不仅详细记录了发生在近代中国的一系列重大事件，而且记录了那个时代普通民众生活的方方面面，堪称近代史料的宝库。《申报》创始人美查表示办报要立足民间，迎合市民口味，但到底应该怎样立足于民间，如何迎合市民口味，此前既没有类似定位的报纸可作借鉴，具体负责办报的《申报》主笔也没有受过专门的新闻训练，所有的新闻实践都在摸索过程中。报纸提出的办报思想诸如“记述当今时事，文则质而不俚，事则简而能详”，

“文理不求高深，但欲浅显，令各人一阅而即知之”[①]，都表明了报纸的民间定位，因此，清末时期的“杨月楼案”和“杨乃武案”才会被纳入报道视野。此后在报道过程中，选择各方意见予以刊登，也有迎合民间舆论、扩大影响力、增加销售量的意思，毕竟美查办报的最终目的如他自己所说，“原为谋利所开耳”。[②]但在后面有关两杨案的讨论中，《申报》开始尝试从西方新闻理论中为自己的民间立场寻找依据。在刊载的《论新闻日报馆事》和《上海日报之事》两篇文章中明确写道应该学习西方报馆，报纸可以对国家大事“尽情评议，直言无隐”[③]，从而表明了自己办报的目的，“本馆之设，志在为闾阎申疾苦，为大局切维新也”，官方意志如果控制民间报纸的话，就会“灭民报”、“塞众口”，不利于国家的发展，更不能“求公道”，报纸要做到“民可操纵议之权”，“凡为民者皆能有申理之情”。[④]这时《申报》已经表现出从单纯的为牟利而迎合民意到为民众表达进步的观点，追求平等的话语权的转变。由于《申报》具有一定的外商背景，馆址又设在租界内，可以规避很多来自清政府的政治风险，使得报纸敢于批评官府的新闻钳制，站在民间的态度来发表言论。《申报》的民间立场，实际上是融合了西方报业理念和中国传统文化思想的一种“利义观”。“利”是“营业生计”，即报纸要以市场化的经营方式维持自身运作；“义”是“劝国使其除弊，望其振兴”，即报纸要承担服务社

① “本馆告白”，载《申报》同治十一年四月三十日。

② “本报作报本意”，载《申报》光绪元年十月十一日。

③ “论新闻日报馆事”，载《申报》同治十三年正月二十四日。

④ “上海日报之事”，载《申报》同治十三年三月二十七日。

会、促其进步的社会责任。报纸的责任是“惟执公道，亦所不惮”。[①]正因如此，《申报》能超越一般商业性报刊狭隘的商业主义利益的局限，在信息传播上表现出一种不畏压力、对社会负责的公共品格和独立精神。

由于报刊发行之初，媒体过多关注的是国家富强、民主政治等方面的内容，对司法独立和司法审判并未过多重视。虽创办之初也出现过几次对司法的报道，如同治十一年七月《申报》报道的“湖丝案”和同治十二年报道的“徐壬癸案”，[②]但仅仅是由于西方人士的关注和批判，才引起国人的关注，并进行了相关司法报道，司法审判也未因媒体的报道而有积极的回应和改变，直到“杨月楼案”的发生才在中国历史上第一次引发了媒体报道司法的轰轰烈烈场面，并首次引发司法对媒体的正面回应。

近代中国，“杨月楼案”“杨乃武案”“苏报案”“姚荣泽案”“宋教仁案”“李大钊案”等大案要案发生后，《申报》等近代报刊迅速进行了报道。由于新闻纸传播的快速性和广泛性，杨乃武等案在社会上迅速传播开来，达到了在人际传播为主的古代中国社会中不可能达到的客观效果，越来越多的社会民众开始知晓、了解并关注近代司法案件与司法问题。虽说近代报刊主要以商业利益为目的，但媒体舆论在客观上扩大了一些案件在社会上的影响，并通过相关司法问题的评论或争论，起到了宣传司法、评论司法与监督司法的重要作用。《申报》《大公报》等近代报刊在近代中

① “本报作报本意”，载《申报》光绪元年十月十一日。

② 卢宁：《早期〈申报〉与晚清政府——近代转型视野中报纸与官吏关系的考察》，上海科学技术文献出版社2012年版，第14~24页。

国一些重要案件的传播中，表现出近代传媒的特点：反映民意、挖根求源、尝试监督、形式多样，生动形象。[①] 但同时，报刊对案件的报道过程也彰显了近代媒体与司法间的冲突和碰撞，媒体与司法的关系在近代中国这个社会转型期表现的极其复杂。

第二节 近代中国媒体与司法关系研究的意义

一、有利于中国法律史学科的研究与建设

近代司法与媒体关系的演进是司法史与新闻史共同研究的重要内容。在某种意义上，司法史与新闻史是相互补充的，如果少了司法与媒体关系的研究，新闻法制史与司法制度史的内容就是不完整的。从近代以来中国新闻史和司法史的研究情况来看，对司法与媒体关系的历史性研究是很不够的，主要体现在以下两个方面。

（一）近代中国的司法与媒体关系的历史研究比较薄弱

近代学者们对于如何处理媒体与司法的关系并未有太多关注，当时中国学界几乎没有关于清末民初司法与媒体关系的专门研究，仅有个别学者或政治人物在提及是否制订新闻法时有所思考，对此问题有较明确认识的是清末民初的法律家伍廷芳，关于如何良性地控制报刊舆论，他提出：“泰西各国，均有报律，准报纸有自

① 陈留根：“近代传媒与观念变迁——以《申报》对杨乃武案报道为例”，华中师范大学学位论文。

由言论之权，然言论有界，诋谤有条，不能轶出范围之外。”[1] 因此，在伍廷芳看来言论自由虽好，但要“诋谤有条”，言外之意就是要处理好媒体与其它权利（或权力）的关系，包括媒体与司法的关系，因而有必要制订新闻法。伍廷芳的观点基本代表了清末民初时期进步学者处理媒体与司法关系的态度，学者追求的是在新闻立法的框架内维护新闻自由，反对通过立法限制媒体报道司法的权利，反对国家强力压制媒体舆论，但对媒体舆论的过界也应有所限制。但伍廷芳并未专门论述媒体与司法之间存在的问题与解决途径，只是在谈论其他问题时顺便提及。总之，在近代时期，研究中国新闻史与司法史的相关著作中，很少有专门研究媒体与司法互动关系的内容，更没有相关研究专著，有关近代媒体与司法关系研究的专题论文也不多见。关于近代司法与媒体关系的研究未能形成主流，研究相对薄弱，主要分散在个案研究中。

20 世纪 60 年代以来，以美国为首的西方国家对中国司法史的理论和方法研究方面，都有着显著的发展和突破，但对近代中国媒体与司法关系的研究方面基本没有涉足。相比之下，大陆学者近年来较关注近代司法与媒体关系的研究，主要论文有：杨大春的《辛亥革命时期中国刑事审判制度的革新——以姚荣泽案为例》（2001），文章案件资料均来源于近代时期著名的报刊媒体《申报》与《民立报》的报道，作者认为案件审理贯彻了司法独立、公开审判、程序公正、无罪推定等法律原则，在中国法制化过程中具有特殊意义；韩秀桃的《民国元年的司法论争及其启示——以审理

① 伍廷芳：“中华民国图治刍议”，载《伍廷芳集》下册，中华书局 1993 年版，第 609 页。

姚荣泽案件为个案》(2003),文章在论述民国初年姚荣泽案件引发的著名司法论争时提及了《申报》等报刊的一些社会舆论;韩涛的《司法变奏的政治底色——以汪兆铭谋刺载沣案为中心》(2007),认为政治的变革和司法的转型导致传统法律元素与现代法律元素在案件中交错,体现出鲜明的时代色彩和浓郁的政治底色,文章大量运用了当时《申报》《大公报》《正宗爱国报》《东方杂志》等报刊的报道与评论;邹辉的《清末新式审判与法文化转型——以〈盛京时报〉判词为中心的考察》(2008),揭示《盛京时报》保存的清末最后四年奉天各级审判厅的大量司法审判文书内容,以个案分析的方式,从司法实践层面和法律适用角度,考察判词中所体现的清末法文化从传统向现代的艰难转型。仅以上论文而言,国内学者开始关注近代司法问题研究,并且有了较大的研究成效,但研究"近代中国司法与媒体关系"的专著还未能出现,论文数量也较有限,已有论文未能关注近代司法与媒体在案件发展过程中的互动与冲突,忽略媒体对案件审判所发挥的有效作用及对司法独立的影响功能,从而未能注重近代司法与媒体关系的法律制度研究。

(二)近代中国司法与媒体问题与社会转型的关系研究比较薄弱

近年来,美国用社会史的研究方法对中国社会的各阶层各层面进行深入研究,但未关注近代司法与媒体问题与社会转型的关系研究。近年来,中国学者开始普遍关注司法独立、媒体舆论与社会转型问题,2007年,史学界在上海召开"近代城市发展与社会转型"学术研讨会,在"城市发展与社会变迁""城市管理与城市文化"

等专题中涉及近代司法与媒体关系研究；另外，对近代司法、媒体与社会转型的关系研究较直接的是刘力的《近代报刊舆论的兴起及影响——以〈申报〉与“杨乃武案”为中心的探讨》（2006），从历史的视角研究报刊通过对社会生活的关注，有效地发挥了媒体舆论的监督、影响功能，以《申报》为代表的近代媒体舆论参与并介入社会生活，在政府施政过程中实现监督功能，在近代社会生活中发挥着不可轻视的作用；赵晓耕在《从〈申报〉看清末传媒对法制进步的影响》（2007）一文中也认为媒体能批判传统司法积弊，引入西方法治文明，监督政府及司法运作，能把社会舆论和民众力量调动起来使之转变为一股能够改变政府、改变社会的力量；魏楚雄在《挑战传统史学观及研究方法》（2008）一文中认为，从全球化条件下、从比较史、世界史的角度对亚洲国家的近代化进程进行探索，对中国史的研究其实是一种“从内看外，从下看上，从小看大”的过程。以上观点无疑是我们研究近代司法与媒体关系的出发点和理论依托。但相比之下，从法学的视角对“近代中国司法、媒体与社会转型”之间关系的研究还很薄弱。

综上相关研究，微观的多，宏观的少；个案的多，通史的少；片断的多，系统的少；单学科研究的多，跨领域、跨学科的少。从整体研究来看，注重政治层面的司法与媒体关系，忽略法律层面与社会层面的司法与媒体关系，学理研究的广度和深度、研究方法和研究视野都有待提升。

二、有利于社会主义新闻法制和司法制度建设

依法治国，是党领导人民治理国家的基本方略，随着社会主

义民主与法制建设不断加强，大批法律法规不断出台，社会主义法制体系已初步形成。其中司法与新闻法制建设也在不断推进，并取得了较大成绩，但就协调两者关系的法律法规一直不够完善，应加速创制。以新闻法为例，到目前为止，还没有单独的新闻传播法问世，自然没有针对媒体与司法关系的相关法律。改革开放以来，我国“新闻官司”不断，由于新闻法尚未出台，司法机关在审理这些案件时只能适用民事法则，极少数适用刑事法规，因而明显地倾向于保护公民、法人和其他组织的权益，而在保护新闻媒介与新闻从业人员的舆论监督权利方面无所作为。[①] 建国后，新闻界多次呼吁制订新闻法，党和政府有关部门也开始制订新闻法的筹备工作。1986 年我国第一部社会主义新闻法草案《中华人民共和国新闻法试行稿》起草完毕，之后也一度编撰成新的《新闻法草案》。与此同时，不少学者先后撰写文章阐明制定《新闻法》的理论根据。但从目前来看，多年的呼吁并未能实现。因此在处理媒体与司法关系的问题无法从《新闻法》中寻求法律依据。另外，从当前的法律体系制度建设来看，司法制度已比较进步，但与西方先进国家相比，有些内容并不完备，如在司法与媒体关系上，还倾向于司法保守的一面，对舆论监督权利的尊重与保护缺少法律措施。

因此，健全社会主义新闻法制和司法制度不只是要制定一部法律或法规，而是要制定一系列与之配套的法律法规并形成一个健全的体系，这是一个比较漫长的历史过程，要做多方面的准备，研究和借鉴历史经验训是其中之一。中国近代新闻法制建设和司

① 黄瑚：《新闻法规与新闻职业道德》，四川人民出版社 1998 年版，第 24 页。

法制度建设从萌芽到成熟经历了漫长历史进程，其中有曲折、有斗争，亦有深刻的历史教训，我们应当认真研究，找出对我们有用的内容作为参考和借鉴。

三、有利于新闻传媒和司法队伍建设

加强新闻传媒和司法队伍建设，是党和政府一贯重视的问题，是一项长期任务。首先，新闻传媒队伍法律素质的提高迫在眉睫。新闻工作者除要具备深厚的专业功底，还应具有扎实的法律知识。新闻传媒活动逐渐市场化、法制化，新闻传媒活动必须依法办事。当前，新闻官司不断，媒体审判现象严重，使新闻媒体无论在经济上、精力上、时间上都付出了巨大的成本。产生这种现象的原因是多方面的，但就新闻从业者来说，除采访不深入，记载不实之外，个别新闻从业人员存在不懂法，法律意识淡薄，不尊重当事人的民主权利，特别是隐私权、名誉权等较多问题，且在报道中很少从法律角度考虑问题。所以新闻工作者应当重视学习和掌握法律知识，增强法制观念，做到知法、懂法、用法。学习新闻类法律应当以当前法律为主，同时也应加强新闻法制历史知识的学习，尤其是要吸取新闻与司法间冲突的历史教训。

其次，司法队伍法律素质的提高也不容忽视。近年来，随着社会主义法治进程的加快，法官素质和能力建设显得更加重要和迫切。司法队伍更要树立规范意识和制度意识，因为司法随意不仅使人们对司法公正产生怀疑，而且也容易给司法不公留下空间。因此，必须慎重对待每一项司法行为，把司法规范理念贯穿到审判活动始终。通过对媒体与司法关系的历史回顾，司法人员应从中找到自身问题，司法人员要做遵纪守法的表率，对媒体监督所暴露出来的问题进行反思，对已有的制约、监督、保证机制进行修订和完善，使司法程序、人员管理、岗位职责、法官言行、监督查处等每一环节都有章可循，对媒体重点关注的司法不公、有损司法权威等现象进行严格查究，确保不损害人民的合法权益。另外，司法人员在媒体监督下要树立品质意识，树立公平、公正的法官品质，法官的个人素质强烈地影响着司法形象和法律尊严。因此通过近代司法与媒体关系的处理，最终提醒我们除要加强媒体从业人员的职业和法律素质的教育外，还要加强对法官的司法技能和职业道德的培训、考核，切实端正审判态度，改进工作作风，体察民情，善解民意，倾听民声，尊重以媒体为主的各种舆论监督，同时又要以法律为准绳，事实为根据，做一个现代文明社会中的高素质司法人员。

第三节 近代中国媒体与司法关系的发展脉络

本书将围绕《申报》《时报》《晨报》《大公报》等近代报刊所刊载报道的司法案件与评论，尤其是在中国历史上曾经有过重大社会影响的案件而展开，通过“杨月楼案”、“杨乃武案”、“姚荣泽案”、“宋教仁案”、“陈独秀案”等一系列重案要案，力图描绘出近代媒体与司法间的对抗与缓和、认同与冲突，同时对其间的变化进行分析，展现近代媒体对于司法的态度和理念通过报纸得以实践的过程。并同时关注法律类期刊对司法独立、司法改革等问题的深入见解。在这一过程中，报纸发出声音，呼吁司法改革，其社会诉求必然是希望得到司法的积极回应，而近代各时期的司法机关基本上都无法做到。报纸所代表的先进理念与司法机关所持有的传统价值观、所维护的封闭程序发生了冲突。但无可否认，近代中国媒体与司法关系的法律调整受到西方法制文明的影响，加速了相关法制建设的进程。媒体与司法的冲突就是媒体持续发挥舆论监督参与的过程，这可以通过一个个案例来展现。考察清末民初媒体与司法的发展情况，大致经历了四个历史阶段。

一、清末时期：媒体与司法的首次碰撞

1840至1911年的清末时期，媒体与司法关系开始出现碰撞与冲突。清末是西法东渐的初始阶段，西方先进司法理念的输入主要依靠近代报刊的宣传，如1868年由西方传教士所创办的《万国公报》，对来自英国、法国等先进资本主义国家的司法制度做了详细介绍与宣传，并对中国当时的司法积弊提出严厉地批评。清末时期中国的媒体业刚刚发展起来，在中国具有影响力的《申报》也只是在1872年才开始创刊，而且《申报》始终囿于上海一地，其创建初期对中国的司法报道不多，基本只是报道一些社会案件，对司法的批评并不激烈，其舆论监督的作用与影响也并不广泛，只有个别案件引起一些轰动，因此，此阶段的媒体与司法的关系冲突并不大。但任何事物在刚刚成长时期，都有着一种初生牛犊不怕虎的精神，在看到黑暗社会的不公正时会发出不平的呼声，呼声也许是微弱的，但这种声音在寂静的黑夜足以扣人心弦。在《申报》创刊的第二年，上海先后发生了“杨月楼案”和“杨乃武案”，从1873年到1875年，连续三年的追踪报道，引起了士绅民

众的广泛关注,《申报》成功地将两起反映刑讯制度缺陷的普通案件转变为揭露刑讯弊端的司法事件，并影响到了政府层面，尤其是“杨乃武案”甚至导致一批浙江省的司法官员和政府官员下台，这是近代中国媒体与司法之间关系的首次大碰撞。由于近代媒体在中国是一个新鲜事物，对媒体报道司法问题的相关法律并未作太多规定，而媒体对“杨月楼案”和“杨乃武案”的关注与打抱不平，也引发了司法机构与行政机构对媒体报道行为的戒心。之后，1903 年上海发生了震惊中外的“苏报案”，清政府由于受到租界司法的阻碍，感到制定新闻法规的必要。随着 1905 年实行预备立宪，清政府不得不制定各种法律法规。1906年，清政府制定了《大清印刷物件专律》，不久制定了《报章应守规则》作为前者的补充，1907 年制定了《报馆暂行条规》，1908 年《大清报律》出台，这是我国历史上第一部比较完整的新闻法。而以上关于新闻法的法律法规中也首次规定了媒体报道司法的相关限制性规定，表明媒体与司法的关系开始走向法律的轨道，但是以司法限制媒体舆论为倾向的。

通过对清末时期《申报》关于司法案件的报道过程进行分析可以得知，作为商业报纸，早期《申报》对社会案件的关注度相当高，其对司法的关注度与司法的关系正好呈现出相反的态势，当媒体对司法过度关注和评论，司法就会排斥媒体，甚至打击报复；而当司法对媒体过分关注和限制时，媒体则会淡化参与司法的积极性。清末《申报》在对“杨月楼案”和“杨乃武案”积极报道后,《申报》受到政府和司法机关的强压，其锋芒渐渐收敛，日渐保守，在后来对“沈荩案”和“苏报案”的报道时，明显看出没有之前的勇气与正气。直到南京临时政府时期，由于受革命浪潮和自由思想的冲击,《申报》等媒体才又一次勇敢的进入到争取司法文明的斗争中。

二、南京临时政府时期:媒体与司法的变幻风云

1911 至 1912 年的南京临时政府时期，媒体与司法的关系受到社会革命的影响较大，其关系极其不稳定。1911 年辛亥革命推翻了清政府统治，1912 年南京临时政府成立，此时期，临时政府废除了清政府的《大清报律》，并实行新闻自由的政策，这一时期没有专门的新闻法律来限制媒体报道司法，而是在《临时约法》和各地方法规中则规定了保护言论出版自由的政策。

在自由思潮的影响下，此时期的报刊媒体对司法的报道是近代最为自由和大胆的一个阶段，从此时期发生的“姚荣泽案”和“宋汉章案”我们可以看出，各大报刊媒体在报道“姚荣泽案”时评议尖锐、犀利，对司法总长伍廷芳的言行不依不饶，更不要说司法审判的过程和法官的行为，都在当时的媒体舆论中被多加指责。但此阶段也是个风云变幻的阶段，主要是各项事务都没有稳定的法律为依据，使媒体报道时难免会自由过度或时刻受政治影响。而“宋汉章案”，则充分体现了舆论与政局变化莫测的关系，上海都督陈其美对报刊与司法多次进行政治压迫，但这个阶段，出于公正和司法独立的观念，媒体与司法的天平是平衡的，它们站在共同的战线反对政治的干涉，不能不说，这是近代时期风云变幻的社会中的特有现象，也是近代中国司法独立进程中的独特现象。

三、北洋政府时期：媒体与司法的政治冲突

1912年至1928年的北洋政府时期，媒体与司法的关系状况较多体现了政治性因素的影响。袁世凯篡夺辛亥革命的胜利果实后，为复辟帝制，加大对言论自由的控制，残酷摧残一切不同政见的报刊，尤其是1913年的“宋教仁案”，报刊媒体对北洋政府控制下的司法所抱有的不信任感日益加剧，媒体的评论与批评对袁世凯政府形成巨大威胁，而政府针对媒体的司法报道权利的限制也在不断加强。1914年4月，袁世凯政府制定了《报纸条例》，12月份又出台了《出版法》，这是中国法制史上第一个《出版法》，同时北洋政府还出台了一系列其它限制新闻自由的法律法令，在以上法律法令中基本上都包含限制媒体报道司法的相关条文，此时期的媒体与司法关系开始走向异化。袁世凯死后，北洋军阀掌握了国家政权，他们打着民主共和的旗号欺骗新闻舆论界，宣布废除《报纸条例》，撤销袁世凯封闭报馆的命令。但北洋政府摧残进步新闻舆论的根本方针没变，除了袁世凯时期的《出版法》继续有效外，还制定了《报纸法》《管理印刷营业规则》《电信条例》等法令。之后1925年发生的与章士钊相关的系列案件和“李大钊案”，媒体都给予了积极的报道和舆论导向，但报刊媒体却也受到政府和司法机关前所未有的打击和报复，都不同程度展现出北洋政府对媒体的打压气势，很显然南京临时政府时期媒体对司法评论的自由在北洋政府时期已不复存在。以上案件基本都带有明显的政治倾向，宋教仁、章士钊和李大钊都是政治性人物，因此，也使政治权力自始至终参与其中，其案件的审判和结果也具有政治化色彩，所

以，媒体在报道以上三个案件时更多地体现出政治影响，也表明在北洋政府时期，媒体与司法的关系在政治斗争下走向异化。

四、南京国民政府时期：媒体与司法关系的进步与异化

南京国民政府成立后，国民党打着“训政”的口号，实行“以党治国”、“司法党化”的方针，但在“民主”、“共和”观念日益深入人心的情况下，国民党政府不得不表现出民主法治的姿态。在新闻传媒方面相继制定了《出版法》《著作权法》等大量法律法规，对媒体报道司法的规定比北洋政府时期要有很大放宽和自由度。虽然从法律制定来说，南京政府时期的新闻法是相对进步的，但若从现实的执行和媒体的真实生存状态来看，却是另外的情况。此时期的重大案件有“陈独秀案”、“李公朴案”和“闻一多案”，三个案件都是刑事案件，其中“李公朴案”和“闻一多案”先后在昆明发生，并且有关联性，所以世人常把两案并为一案，统称“李公朴、闻一多案”。虽然“陈独秀案”和“李公朴、闻一多案”的政治背景基本相同，都是由国民政府主导下的司法案件，但由于各种因素，案件的审判的结果完全相异，舆论的态度也有极大的不同。从媒体报道案件的过程来看，三个案件不同程度体现了媒体对司法的不同作用，媒体对“陈独秀案”的报道是积极的，对陈独秀的审判也是基本公正的；而媒体在报道“李公朴、闻一多案”时则过多考虑党派因素，在政治强压下，部分媒体舆论紧跟国民党中央机关报的导向，“李公朴、闻一多案”的报道体现了部分近代媒体的软弱性与政治性。而一些民主性的报刊虽然敢于仗义执言，虽对案件的调查与审判起到了重要的监督与推动作用，但并

没有起到应有的效果。总之，南京国民政府时期，媒体与司法的关系是近代时期最为复杂的，不可否认，此时期的新闻法和司法体系都已基本成形，关于司法与媒体关系的法律规定也基本是进步的。但因为制定出来的法律和执行、实施过程中的法律是不同步的，媒体与司法不是在法律的轨道中进行与互动的，而是在一种异化的关系中前进的。

近代中国媒体与司法的关系研究是中国法制史的重要组成部分，也是涉及面较为广泛的研究内容，同时涉及近代新闻法与司法制度，本书在研究中尽量避免单条线的研究，对中国近代新闻法制与司法建设的各个方面都有涉及，并为使研究具体化，本书收集了近代中国时期影响重大的一些典型案件作为研究对象，力求全面而又具体地介绍近代中国媒体与司法关系演进和发展的情况。研究重点是通过考察近代中国具有重大影响力的案件，以具体、形象的方式展现媒体与司法的复杂关系。

近代中国在全国范围内有重大影响力的案件基本都被报刊媒体所关注，本书重点考察的有清末时期的“杨月楼案”、“杨乃武案”、“沈荩案”与“苏报案”；南京临时政府时期的“姚荣泽案”与“宋汉章案”；北洋政府时期的“宋教仁案”、“章士钊系列案”与“李大钊案”，南京国民政府时期的“陈独秀案”“李公朴案”与“闻一多案”，共十四个重要案件（与章士钊相关的案件有三个）。这些案件中多数在中国近代史上影响力较大，相关研究也较多，但本书对案件的考察不同于其它研究，不是单纯研究媒体报道案件的过程，或是司法如何进行审判的过程，而是关注于媒体如何报道司法与司法如何应对媒体的一对相互关系。如清末时期的“杨月楼案”与“杨乃武案”，以《申报》为主的媒体始终关注和评论两大案件，并且媒体舆论对司法造成重要影响，通过对两杨案考察，力图揭示《申报》在案件的报道中如何揭露司法的黑暗，如批判刑讯的惨烈、程序的不公开和司法官员的不公正等问题。同时，本书注重研究司法机关对媒体的态度，是否听取媒体舆论，司法审判是否受到媒体的影响，从而对媒体与司法关系作深入的探讨，而不是只就媒体或司法的单线研究。《申报》对“杨月楼案”与“杨乃武案”几乎同时进行报道，使发生在不同地域、各自独立的案件演变成媒体共同推动的案件，通过对司法制度和司法官员的有力抨击与控诉，不仅使《申报》深入人心，知名度大增，也使媒体触动了司法敏感的神经，司法机关与政府官员对报刊媒体的反感与报复也从此拉开序幕。其它几大案件的研究是“杨月楼案”与“杨乃武案”的深入，近代时期变幻莫测的政局使得媒体与司法的关系在“姚荣泽案”、“宋汉章案”与“宋教仁案”中更加曲折和动荡。总之，对媒体而言，媒体要保持自身的独立性，同时又要寻求经济利益和政治的保护，因此对司法报道面临自由舆论、现实阻碍、法律保护缺失等多重问题。对司法而言，如何正确对待媒体舆论，是听从还是反对或是报复，而近代时期的司法应对总体来说是狭隘和不成熟的。因此，本书希望能从近代时期有重大影响力的案件中寻求到媒体与司法关系困境的原因与解决路径，希望在具体案件中能抽象出媒体与司法关系处理的法律途径。同时，从历史研究的视角，本书认为近代报刊媒体通过对司法问题的关注，有效地发挥了媒体舆论的监督和影响功能，媒体能批判传统司法积弊，引入西方司法文明，监督政府及司法运作，能把社会舆论和民众力量调动起来，使之转变为一股能够改变司法，改变社会的力量，从而成为近代社会转型的重要推动力量。

第二章　清末时期：首次碰撞中的媒体与司法

第一节　《申报》与“杨月楼案”

《申报》最初报道“杨月楼案”，只是当作一则“良贱为婚”的简单社会新闻进行报道。当杨案迅速发展成华洋两界震惊、引起社会各阶层热烈讨论和关注的重要社会事件后，《申报》及时抓住杨案中的热点问题进行全方位报道。从同治十二年十一月初七开始到同治十三年七月份，《申报》刊登的和杨案有关的报道、评论约有五十篇左右。《申报》对于杨案的报道没有停留在对案情过程的简单描述上，而是将杨案引向了更深层次，尤其对审判官员办案的公正性与刑讯的落后性等司法问题进行了深入探讨。更难能可贵的是，媒体记者、民间文士能够依据法理、规范进行有理有据的论述，而非简单的批评或人身攻击，媒体的报道虽让杨案全国闻名，但并未形成“媒体审

杨月楼（1844—1889）

判”的现象，在不影响正常司法的情况下，对司法中存在的问题进行了深刻的披露和评判。

一、《申报》对“杨月楼案”的报道

杨月楼（1844—1889）名久昌，派名久先，是清末时期著名京剧演员，19世纪70年代在上海颇具盛名。初在上海搭班，隶丹桂园。其文武兼长，尤以演孙悟空出色，主演《安天会》等猴戏，动作灵活如猴，有“杨猴子”之称。1873年，在“杨月楼案”成为舆论和公众关注的案件之前，杨月楼已是《申报》经常报道的明星级人物，对其描述曰：“街头招贴人争看，十本新排五彩舆，金桂何如丹桂优，佳人个个懒勾留，一般京调非偏爱，只为贪看杨月。”[①]“赵家楼杨月楼，神采俊拔是为最出色。”[②]以至于“礼部名优争看春奎杨月楼，正桌红装又出局……可叹把礼法王章一笔勾。”[③]甚至于当时世人以与明星交往为荣事，当时《申报》评论此种现象为“陋习”，有文指出“此辈供吾人之娱乐，岂吾人藉此辈定身份哉。且目下名姝惯与优伶交好，诸君即专游，上上品亦不过杨月楼已耳。”[④]可见，杨月楼当时在民众心目中地位虽然低下，但名气却非同一般，这也是他涉案之后引起上海乃至全国轰动的重要原因。同治十二年即1873年11月初4日，《申报》

① “续沪北竹枝词”，载《申报》同治十一年四月十二日。

② “戏馆琐谈”，载《申报》同治十一年五月初二日。

③ “沪上新咏”，载《申报》同治十一年九月二十四日。

④ “申江陋习”，载《申报》，同治十二年三月十一日。

在第二版的显要位置以《杨月楼诱拐卷逃案发》为题揭开了杨月楼案件（以下简称杨案），一件明星“伤风败俗”的刑事案立刻成为大众关注的社会新闻，杨月楼作为戏剧明星的负面效应极度凸显出来。杨案的影响除了与明星身份有关，也和其发生时特殊的时代背景有关。当时晚清上海租界良贱之间的地位发生了很大变化，逐利之风盛行，金钱成为衡量地位的主要标准，杨月楼收入丰厚，成为民间百姓追逐的明星人物，才敢于打破传统的“良贱不婚”的习俗与富商韦姓之女成婚。由于清末社会风气开放，韦阿宝这样的良家妇女才能出入娱乐场所，在观赏戏剧过程中对杨月楼一见倾心。以上现象使得当时的官绅阶层大为不满，要求予以规范整治，以正民风。司法官员正是通过对杨案“小题大做”，将杨案上升到司法的高度予以严惩，来表达对“世风日下”的态度。与之相对的是，许多民间文士不再固守传统的社会身份和尊卑观念，他们更多地对杨月楼报以同情，为其鸣不平。正因为舆论的纷杂和《申报》的报道与评论，杨案受到前所未有的关注。

《申报》最初的报道因为受官方与采访途径的影响，对案件过程的报道主要采用官方口径，从而激起了民间文士的回击，受到民间舆论的指责。之后，《申报》多方位吸取舆论来源，并积极引领了舆论方向。

第一阶段的报道集中在案发和初审阶段。杨案前三日的报道来源多是街谈巷议和民间传闻，与事实真相有较大差距，首篇报道杨案的文章有如下描述：

“杨月楼者，貌颇魁梧，失品名花，趋之若鹜，甘之如饴。

而王氏于三更灯火，一曲氍毹，亦心焉向往，但年将老大，自荐为羞，于是以弱息为酒之帘，马之辔焉。缕金箱子充实其中，尽以归杨，僦居于文运里。”①

上文将韦阿宝之母韦王氏描述成为一个贪恋年青戏剧明星的无聊中年妇女，自己不好追求杨月楼，而将女儿献给心上人，并赠以贵重礼物。以上报道涉及晚清娱乐明星，明星卷入官司已经让人关注，还涉及色情，拐盗富家少女，描述中带有太多的推测和臆断，将案件当事人描画的极其丑陋。另外，《申报》最初报道杨月楼案的三篇新闻标题分别是：《杨月楼诱拐卷逃案发》《拐犯杨月楼送县》和《杨月楼拐盗收外监》，通过仔细分析可以看出，在案件尚未审理清楚时，文章就采用“诱拐”、“拐犯”、“拐盗”这样的结论性字眼，在报道中也不断使用“拐盗”、“通奸”、“宿奸”、“春药”、“迷奸”等具有诱导性的言辞，而缺少对司法问题的理性分析。直到十一月初十，笔名为持平子的作者在《申报》上为杨月楼受到非法刑讯和定罪不平而呼吁，整个案件的报道才开始注重事实和对司法问题进行深入剖析。就在《持平子致辞本馆论杨月楼事》一文登载后，《申报》所刊载的杨月楼案件的舆论态度已非初始的任意报道，而是注重事实，关注本案司法问题。如事发三日后，《申报》对杨月楼案情的描述开始转为平实和冷静：

“杨月楼一案，刻下众论纷纷，愚旁观者也，惟藉舆论与贵所陆续所列，悉得大概，并无他处能知其底细，韦女阿宝心属月楼，其母王氏从其意，许嫁之。长至日，行合卺礼，

① “杨月楼诱拐卷逃案发”，载《申报》同治十二年十一月四日。

方谓志愿已遂，兼喜其母尽携所有银物回归焉。婚礼甫成，粤人公讼其事，发票传人，事遂败。陈司马讯后，即以拐盗移解过县。”①

以上报道也表明当时的民众主要从《申报》的相关报道得知案件的细节，而无其他消息途径。次日，《申报》登载笔名为阅尽沧桑道人的《记杨月楼事》一文时，完全不像初始三日，标题不再有“诱拐”、“拐犯”和“拐盗”等词，文章描述更为全面、客观。

“杨月楼者，沪上春台部之小生也，貌仅中人，惟馨技颇佳，故名噪一时，观剧者每以不得见月楼奏技为恨。今岁新正，月楼演梵皇宫出时，粤东韦王氏率女往观，母女皆悦之，遂连往观三日。归后女作书函并年庚帖细述思慕，意欲订嫁婚约，令人持投速其亲往相见，月楼恐为人所诳至蹈。穽不敢往，女因是遂病，母恐女死，遂遣心腹，招月楼告以故保其无事，月楼始至，至母女同出见，令延媒妁以求婚，月楼艳女美，且有厚奁，故如约从事，于是常往来于韦宅，后定长至日行亲迎礼，王氏夫弟知之，谓王氏曰，嫂昔言婿为天津商，今闻实系杨月楼，果尔惟退婚，方不辱门户。王氏遣人告月楼，月楼商之同乡，同乡以为彼此均有媒妁婚书聘礼为证，岂可退婚。复命于王氏，遂密商于十月晦日效沪上故事以抢亲焉。粤人怒，公讼之，长至日夫妻方行合卺礼，县差与巡捕至，扭月楼夫妇并其乳母赴会审衙门。陈司马堂讯后，以案关抢

① 持平子：“持平子致辞本馆论杨月楼事”，载《申报》大清同治癸酉十一月初十日。

盗移县究办。叶邑尊提审，痛恶月楼素行不端，敲打其胫骨百五，批掌女嘴二百，鞭乳母背二百，后男收外禁，女押官媒，尚未定案，然街谈巷议，实令人不堪入耳矣。”①

从《申报》报道杨案初审阶段的文章来看，媒体报道重点变化多端，舆论倾向前后不同，受到的各种影响因素较大。初审阶段的全部报道如下：

表1 1873年—1874年《申报》所载“杨月楼案”案发和初审阶段的文章

时间	标题	报道重点	舆论倾向
同治癸酉十一月初四	《杨月楼诱拐卷逃案发》	案发过程	贬低杨月楼
同治癸酉十一月初五	《拐犯杨月楼送县》	案发过程	贬低杨月楼
同治癸酉十一月初六	《杨月楼拐盗收外监》	侦查、审讯过程	贬低杨月楼
同治癸酉十一月初十	《持平子致辞本馆论杨月楼事》	批评重刑、量刑不公、出入人罪	同情杨月楼
同治癸酉十一月十一日	《记杨月楼事》	案发过程	平实、无倾向
同治癸酉十一月十三日	《杨月楼复讯情形》	第二次审讯过程	倾向定罪“良贱为婚”
同治癸酉十一月十七日	《中西问答》	西方报刊评论中国刑讯问题	批评刑讯、重刑

① 阅尽沧桑道人：“记杨月楼事”，载《申报》大清同治癸酉十一月十一日。

续表

时　间	标　题	报道重点	舆论倾向
同治癸酉十一月十九日	《不平父论杨月楼事》	批评持平子言论	支持重罚、严惩杨月楼、反对舆论监督
同治癸酉十一月二十一日	《公道老人劝息争论》	支持持平子、批评不平父相关言论	批评定罪不公、反对重刑
同治癸酉十一月二十一日	《续公道老人劝息争论》	支持持平子、批评不平父相关言论	批评定罪不公、重刑、支持舆论监督
同治癸酉十一月二十四日	《劝惜字说》	支持持平子、批评不平父相关言论	批评论心定罪、支持舆论监督
同治癸酉十一月二十四日	《新西旁观冷眼人致辞贵馆书》	支持不平父、批评持平子相关言论	批评持平子和报馆言论、反对舆论监督
同治癸酉十一月二十四日	《劝持平子息论事》;《奉劝息争说并俚句一绝》	支持不平父、批评持平子相关言论	批评持平子和公道老人言论、反对舆论干涉司法
同治癸酉十一月二十六日	《广东同人公致本馆书》	批评《申报》馆	批评持平子和公道老人言论、反对舆论干涉司法
同治癸酉十一月二十七日	《书持平子公道老人》	辱骂持平子与公道老人	批评持平子、公道老人和报馆言论、反对舆论干涉司法
同治癸酉十一月二十八日	《本馆复广东同人书》;《杨月楼案内韦王氏已死》	解释报道杨月楼案经过及登载各方来稿原因	坚持公正报道和舆论导向，力挺持平子与公道老人
同治癸酉十一月二十九日	《香山荣阳甫致本馆书》	批评《申报》馆	香山群体因杨月楼案被牵涉，批评媒体舆论倾向
同治癸酉十二月初二日	《论粤东香山县民事后》	批评香山人	因持平子、公道老人和报馆言论、反对香山人言论

续表

时　间	标　题	报道重点	舆论倾向
同治癸酉十二月初四日	《本馆劝慰香山人论》	平息争论	受广东人舆论压迫，“请诸君于杨月楼与香山人二事可不再论”
同治癸酉十二月初五日	《论香山人二则》	平息争论	反驳香山人的狂妄之语
同治癸酉十二月初六日	《目笑过客书奉》	批评持平子相关言论、支持不平父	贬低杨月楼、批评舆论妄加评论司法
同治癸酉十二月十六日	《韦女发落》	报道三个当事人结局	无评论
同治癸酉十二月廿七日	《阿宝乳母荷枷街》	报道阿宝乳母受刑情形	无评论
同治甲戌二月廿七日	《杨月楼办拟遣》	报道杨月楼判决结果	无评论

从以上图表可以看出，从案发到初审定案，舆论重点有四个变化，一是，前三日报道杨案的来源多是街谈巷议，缺少真实、客观、公正的案情评论。二是，从持平子论杨月楼事开始，引发了他与不平父、不平子等人的相互攻击，从而形成了支持杨月楼，反对重罚的民间舆论和支持重罚杨月楼，反对民间舆论干涉司法审判的官方舆论。三是，由杨案引发了广东香山人与《申报》馆之间的群体性舆论之战，从而偏离了杨月楼案件的司法问题评析。四是，由于香山人的群体舆论压迫，最终导致《申报》馆在第一阶段的舆论监督中停止对“杨月楼案”司法问题的评价，在初审结果出来之际，本该针对判决结果大发舆论的《申报》选择了沉默，在《韦女发落》《阿宝乳母荷枷街》《杨月楼办拟遣》的文章中，

无丝毫评论语言。这种舆论变化是不正常的，清末报刊舆论在报道司法问题时所受到的影响不仅仅是官方的势力压迫，也有社会和地方群体舆论的挤压。第一阶段的报道虽然最终没有对初审结果造成多少事实上的影响，但由于《申报》连续追踪报道案情原委、审讯过程，从而引起民众极大的关注和广泛的批判，从而一定程度上揭露了中国司法问题存在的弊病。

第二阶段的报道关注复审中的司法过程和判决预测。复审阶段的全部报道如下：

表2　1874年—1875年《申报》所载“杨月楼”案复审阶段的文章

时　间	标　题	报道重点	舆论倾向
同治甲戌二月廿七日	《杨月楼解郡》	解郡过程	质疑初审定罪不公
同治甲戌三月初八日	《杨月楼翻供》	简报翻供	预测杨月楼将发回重审
同治甲戌三月廿七日	《上海日报之事》	粤人另设官报馆事因	批评官方因杨案压制民间舆论
同治甲戌四月初五日	《记杨月楼发郡复审案》	记述杨月楼复审受刑过程	批评刑讯、同情杨月楼、批评官方压制舆论
同治甲戌四月初七日	《英报论杨月楼事》	记述复审刑讯过程	批评重复的刑讯、批评中国司法弊端
同治甲戌四月初八日	《论杨月楼发郡覆审一案》	评论杨案中的刑讯问题	批评中国司法弊端，批评刑讯、重刑
同治甲戌四月十二日	《新报论杨月楼事》	西方报刊评论杨案定罪不公和刑讯问题	借西方报刊、民间舆论批评司法审判对杨刑讯、重刑

续表

时　间	标　题	报道重点	舆论倾向
同治甲戌四月十二日	《杨月楼解审情形》	讲述杨案解审过程	批评司法不公开、抱怨舆论监督司法无法进行
同治甲戌四月十四日	《记杨月楼在省翻供事》	讲述杨月楼翻供经过	批评定罪不公、官官相护
同治甲戌四月十七日	《录昨日附来信札》	评论司法官员刑讯审案	批评上海县令刑讯恶习、舆论倾向去除非法刑讯
同治甲戌六月十五日	《东洋将议立新章》	评论东洋确立司法主权过程	批评中国无司法主权，因杨案感叹司法不公和落后
同治甲戌七月初四日	《杨月楼发回》	讲述杨月楼发回重审经过	感叹舆论监督司法无力
光绪乙亥三月初二日	《杨月楼遇赦》	讲述杨月楼获赦原因	无评论

由于吸取了第一阶段报道杨案的教训，第二阶段报道只重点评论杨案司法审判存在的问题，不再将舆论导向偏离到对广东人群体性的攻击，故此阶段对司法问题评论更慎重，缺少第一阶段的长篇大论，评论多是点到为止，但对司法官员和司法弊病的批评也更注重有理有据。如大清同治甲戌二月廿七日的《申报》在《杨月楼解郡》中以类同案件相比，指出官员在杨案定罪上有不公之处：

“杨月楼拟以军罪出，详前报业经述及，兹于昨日解郡过堂矣，或有闻而于问我者曰：‘杨月楼一案，失出失入，疑重疑轻，所犯各情似奸非拐，即以诱拐论，同时亦有瞿茂和诱拐上海人潘某之女小金珠一案，情同事同，按律定罪断案，自无不同，何以彼蒙宽与笞责百许保释，而杨月楼诱拐香山人韦某之女，独科以打胫及军遣乎？是前日之断，今日之断，孰是孰非也？大清律例可随意重轻罪，有等差，律无一定，随意援引以定爰书乎？’余曰：‘律有专条，但上海援例之理，是我特不谙也。问人谆谆，以瞿茂和一案为问，野人不知政体，想邑尊必有深意于其间，非局外人所得知也。’”①

上文特别指出上海县令对同类案件不同判决，虽无较多评论，但针对司法官员在杨案的处罚不公上提出了质疑。杨月楼在严刑拷打下屈打成招，后又翻供，经历府、省多次复审，最终仍维持初审的定罪和刑罚，以“诱拐罪”发配充军。通过历时一年之余的媒体报道，杨案在《申报》感叹舆论监督司法无力的回声中落下帷幕：

“盖已经按察使堂上画供，承认奸拐，转详抚宪核明罪案，题咨听候刑部复文即可，请咨发遣矣。本馆于此案议论纷纭，今可无辨。”②

虽然《申报》对杨案复审过程的报道未能导致案件判决结果有新的变化，但其深入报道不断引起民众对杨案的关注，杨案的舆论影响已超出案件本身，媒体与司法之间的关系也因杨案开始

① “杨月楼解郡”，载《申报》同治十三年二月廿七日。

② “杨月楼发回”，载《申报》同治十三年七月初四日。

碰撞与冲突。

二、“杨月楼案”中的媒体与司法之冲突

《申报》等媒体对杨案的持续关注对司法造成了极大困扰，对司法审判过程造成一定影响，同时，司法对媒体行为也进行了相应的反击。

首先，杨月楼一案中，媒体主要关注司法审判过程，批判司法弊端，特别是质疑司法官员的法律素质。如《持平子致辞本馆论杨月楼事》《中西问答》《公道老人劝息争论》《劝惜字说》等文章。其中引起较大轰动的是《持平子致辞本馆论杨月楼事》和《中西问答》，两文在论述上海知县“刑罚不中”与“情轻罚重”等审判问题时有相通之处，尤其《中西问答》借西报之口抨击中国司法弊端更加直接与犀利，兹摘录如下：

> “今始将西报所载，告君数语。报云：杨月楼于问供之先，已将伊拇指吊悬，几乎一夜，甚至膀肩两骨已为扭坏，后皆不能使动。且言于悬时，或后或先又用架以困之，架口最狭，将颈骨紧压，几至不能呼息。既花多金，始得生路云云。其余尚多责備讥讪之言，不堪入耳之语。君不信制遣局津门局以及沪上华人能译西文者甚多，君试为详译，以释君疑，余曰：‘然则西国无刑讯事乎？’曰：‘西国不但无刑讯，即定案亦不加刑，此西国律例也。’数百年前，西国亦有贪酷之官，肆其酷以遂其贪者，后闻于朝英皇恐其害民，遂改定律例，若非死罪，仅有罚无刑，今惟严禁之囚在禁滋事，始用藤鞭畧

以示辱而已，之刑典如此其宽，未闻犯罪之人多于中国，可见治国亦不必尚刑也。吾尝读中国历代史书及现在日录邸抄，见人主每遇水旱偏灾日食星变，輙下恤刑之诏，而刑部及外省大吏章疏于刑名案件，动谓体皇上好生之德，慎刑之意，不敢经纵，亦不敢滥刑，故于临刑呼冤，尚令覆讯，岂非君上仁慈，臣下恺弟，欲使盛世无枉民耶。屡见懦弱之官自谓慈祥，于杖笞小刑亦不敢用，甚至劫盗重犯凶恶棍徒，任其残害良善，竟不能设法严惩。以期暴安良至严明之宰又复残酷。每于犯法之民，不论罪之轻重，动用非刑，毫无哀矜勿喜之心。自命能疾恶如仇，余则谓，是二者皆过也。中国之隆莫过于三代，以后则汉文诸君均能使时刑措，故后世皆称为圣主，迨至武氏临朝，始有周兴来俊臣之徒，大肆罗织较之，郅都甯成辈更甚焉，使后世皆詈为酷吏。究竟历来酷吏，未闻其得令终有善报也，由是观之与其为酷吏，使万世唾骂何如为循良，使万世钦仰乎。……虞书有之罪疑惟轻，与其杀不辜，甯失不经。孔子亦言刑罚不中，则民无所措手足旨哉，其言子中国人也未知，以余言为当否，若余言为当，请列之以备世之司刑者之弃取焉。”①

以上《中西问答》一文，作者通过对中国历来的司法状况进行描述，并介绍西方司法文明的审判情况，从而认为自古以来，中国的刑讯与刑罚不是过轻就是过重。文章通过对杨月楼刑讯之苦的描述，明显看出作者对西方司法有推崇之意，认为西方司法

① “中西问答”，载《申报》同治癸酉十一月十七日。

审讯不用刑，一般刑罚也只是有罚无刑，这是中国司法所缺乏的，其批判的意味较重，并希望司法者能听取他的意见而对重刑有所“弃取”。随着杨案的不断发展和升级，舆论更感司法的不公与刑讯的残酷，针对杨月楼在郡守处又受刑罚，《记杨月楼发郡复审案》一文的作者指出：

> “此案也，吾不论杨月楼罪恶之重轻，惟知于审际极刑以临之，三木之下，何求不得，则供词亦惟随问官听欲也，所又惜者，太守即闻刑审之惨，而又加刑以使犯人不准翻厥先供，则解审于上官者，其设理果何在乎？叶邑尊之筹设新报馆，意由杨月楼一案所基，新报将取公报之名，公字其尚可存欤？”①

上文作者对杨月楼再次遭受刑讯大为愤慨，认为中国司法官员从下级到上级只知以重刑加身，以刑讯威吓犯人不能翻供，此种行为令人不解，从而批判了中国当时司法不公、刑讯滥用之严重。《英报论杨月楼事》与《记杨月楼发郡复审案》一文互为呼应，《申报》借英报言论批判中国司法官员办案中的刑讯之惨：

> “该官其将重加以惨刑，以使复认先供欤，夫此事也已得之有据，查先后皆属残惨备至，中国自称文雅，与泰西并等，而犹有此等害，闻取辱之行欤。斯事也，仁义攸关，想驻扎上海诸领事，义应联名与中国官宪为辞，使中国官宪咸知有是等审断之恶，天下各文雅仁义之国闻之而无不憾然非之也。

① “记杨月楼发郡复审案”，载《申报》同治十三年四月初五日。

况查杨月楼原系英国巡捕拿获，解于其怨主也，通文馆之言如是，译录之下而为我国俯首含羞，不可驳矣，幸我国亦有秉公仁义之官，请西人不以一案而归罪一国，可也。然一国不取其辱，惟在上宪严加办理，庶几我华民可仰首曰：王例虽以办罪，亦即所以制官而保民者，庶几知所所戒焉。”①

《英报论杨月楼事》的作者也针对中国司法中存在的刑讯问题展开批评，并提议由上海领事联名为杨月楼申诉，从而让中国官员知晓审案的文明性和重视保民的理念。在前两文的基础上，《申报》继而通过《论杨月楼发郡覆审一案》对司法审判中越例加刑、刑讯逼供行为加大了批判力度：

“中国县官其肆私以残民，私刑以随私意而索供，其可忍乎？县官挺逆，与论背违上意，如欲拚官职以肆其私意，以紊乱，定阅其事，尚可问乎，其情尚，可容乎？县官越例以残民，人事即播于远迩，而为上司者，其尚能因循又加刑审，以掩饰众人耳目乎？夫此案也，即扬之远迩，三者若果能也，则不啻树天下诸县之榜样，而各官曰，肆私而可免，越例残人亦无妨也。噫如是者，置民于何地？……以杨月楼之罪为重否，须只念上海即极残刑以索供，至郡内又加刑，以逼迫此人不使翻其前供也，审人莫有不公于此，残忍之事从未闻有如此之甚也。如字林新报所云，或逼犯随官意，以招供否则，三木之下，可毙身者，实则其势然也。……然则我国以一县之行，而见辱于天下，使各国讪我国家以审民无例之言

① “英报论杨月楼事”，载《申报》同治十三年四月初七日，

者，其可乎？本馆今说此事，言辞或太质直，然以恤民瘼之切切，请各官预事者原之，且虽为民人所申，亦知惜民有仁心者，诸官亦必然其言耳。”①

《论杨月楼发郡覆审一案》一文表明了作者对“非法刑讯”的极大愤慨，直接对参与审判的两级官员进行了毫不留情的批判，认为审判是“不公”和“残忍”的。紧跟上文，《申报》借来稿人的评论文章发挥舆论看法，反对审判用刑，批判司法不公，质疑量刑过重，《记杨月楼在省翻供事》和《录昨日附来信札》两篇文章将媒体对司法的批评引向了深入：

“杨月楼之罪有应得，原无可逃，不过到案之用以极刑，而必欲其问成诱拐之谳，则案之失入，殊觉太为过分，宜其人言之藉藉，外论之哓哓也。今因已得其供词实际，而函致贵馆以察度焉，且俟上宪之如何定案，以成信谳而生新例，自有公论耳，自有明征耳。”②

“余闻杨月楼之受刑已可谓至矣，举其所受各端，实似有意置之死地，而其未罹于死者无他，盖其斡旋于狱吏耶，否则其死必矣，盖搥打胫骰，荷天平架吊指，受责各刑，使狱吏不宽贷之，其有不死也，亦几希矣。贵馆所谓望上官严行查究前审案情，想上宪体恤下民，则未有不行者。夫以私刑可准用也，则一县之人惟赖县官之令，县官不令而以私刑之，则无所不至矣。夫例所以庇民也，一官欲反其庇民之，则殃

① “论杨月楼发郡覆审一案”，载《申报》同治甲戌四月初八日。

② 苏台八十四叟：“记杨月楼在省翻供事”，载《申报》同治甲戌四月十四日。

民孰甚焉。民之父母将为民之仇雠，其何所取义耶？如上宪愚以民为仇，而任之于民，上其可乎？至覆审此案，所望于上者另派一委员以研鞫，寔情持平定谳，庶足以折服众心而恊与论焉。”①

在以上论述中，虽然媒体依旧是重点批判司法官员在“杨月楼案”中刑讯和判决不公的问题，但其质疑的语气和态度明显有加重的味道，对一县之长的审判行为进行了直接发问，并对杨案的审理提出要“另派一委员以研鞫”为好，这对于当时审判杨案的司法官员来说，无异于重重一击。同时，长时间的媒体报道使杨案的社会影响力快速扩大，《申报》有相关报道如下：

“杨月楼不过一优人已矣，而所出案情实为当今之大事也，固不以杨月楼一人之所干而论也，以兆民之得失，国家之尊严，两者所关系而论之耳。此案也，非上海一隅之人所共为称论者耳，实在中国十八省传杨已遍矣，非为中华一国内之人所谈论，经英京伦敦大新报名代默士亦为传论，几于天下士人，无一人不知悉。”②

其次，针对媒体对杨案的干涉，司法对媒体舆论作出极力反击。虽然媒体通过对杨案的报道所营造的舆论气氛形成了，同时媒体也收到一定经济效益，但媒体舆论对于司法的干涉，势必引起司法的反感与回击。媒体对杨案司法过程的评论及因此产生的

① 旁观冷眼人稿：“录昨日附来信札”，载《申报》同治甲戌四月十七日。

② “论杨月楼发郡覆审一案”，载《申报》同治甲戌四月初八日。

影响力，引起了司法官员的仇视，从而通过多种途径回击媒体，尤其针对《申报》为主的民间媒体。《申报》刊载的《上海日报之事》对上海县令打击《申报》的行为给予了揭露：

“国盛行之故，不患人之多言，而转患人之不言，是以博未舆论以见政之善否？其所善者则行之，其所恶者则改之．故每遇可行可止之事，得以抒所见闻，直陈议论，上下一体，诚意交孚，不但官与民不至乖睽，即君于民乐闻谠论，盖君固不以忠言为逆耳，在官亦不以直言为疚心也，即子产所谓：我闻忠善以损怨，不闻作威以防怨是也，虽然本地方官其又何为，而以民报为仇耶？本馆之设志为闾，申疾苦，为大局切图维也，所陈之说或卑卑不足道也，亦置之不论不议之列可耳，为官者则何为而欲毁之耶？查本馆之所以特启官之嫌怨者，盖于杨月楼一案，以为问官应当依照大清律例惩办，似不应于未断之先而加残酷之严刑也，且其言固出自各处人民之公论，亦非本之议而云然也，然本馆因列其论于报中，而官宪遂于本馆而生嫌与，粤人会议另设官报馆以图灭制计，而不使民人复为乡校之清。且前此，邑尊又出告示毁谤本馆以受贿等语，欲图坏本馆之名噫，此行也，岂得谓听民之议而从民之心乎？夫另设日报，使为民间所设，固美举也，如欲设官报以灭民报，亦如塞众口而独逞己志矣，则善善恶恶之意，其何在乎？”①

《上海日报之事》一文揭露上海县令因杨月楼之事屡次打击

① “上海日报之事”，载《申报》同治甲戌三月二十七日。

《申报》馆，其主要方法有两种：一是通过告示毁谤《申报》馆受贿，欲图损坏《申报》馆之名声；二是意图设官报，以官方舆论反抗民间舆论，官方与粤人“会议另设官报馆以图灭制计，而不使民人复为乡校之清议”。从以上《申报》所刊载言论可以看出，由于报刊舆论评论司法，媒体与司法之间的关系出现紧张的态势。

三、《申报》报道“杨月楼案”的教训与启示

《申报》对杨案的报道形成巨大的舆论效应，乃至影响到西方报纸，“经英京大新报名代默士（即泰晤士）亦为论传，几于天下士人无一人不知悉也。”[①]同时，对杨案的报道使《申报》赢得了良好的民间口碑，从而提升了报纸的民间形象，但早期《申报》报道“杨月楼案”时所遇到的问题，值得当代社会在协调媒体与司法关系时思考与借鉴。

首先，司法信息的封闭导致媒体舆论的混乱。《申报》作为清末时期一份民间报刊，司法信息来源有限，导致信息不准，案件前后观点和态度相互矛盾。当时《申报》获取此类司法信息的本埠访员为“官署之书役人等承充，即非书役，亦必与书役等相稔者为之”[②]，报道上难免受官方消息源的影响，因此初始报道常常对杨月楼带有“有罪推定”的嫌疑。报刊最初信息的不准确招来强烈的指责和讥讽，如《申报》专门为此种现象进行了说明：

① “记杨月楼发郡复审一案”，载《申报》同治十三年四月初八。

② “本馆告白”，载《申报》同治十一年四月三十日。

“此案之初发也，敝馆胪列杨月楼罪状，得诸谣传，未免过甚。至邑侯严刑之后，匿名揭帖遍贴于法租界内，或谓敝馆受韦姓贿属，或谓敝馆受韦党情托。”[①]

随着民间关注杨案，针对司法弊端和司法官员法律素质的来稿和评论随之而来，《申报》选择各方来稿予以刊登，表明在司法信息不公开的情况下，报刊只能采取尊重各方信息来源的态度，以避免舆论的猜忌，正如《申报》所言：“本馆视各方人如一，毫不偏袒”。[②]这其实是避免司法信息封闭的现实而不得已为之。之后《申报》自身也逐步参与到讨论中来，明确站在民间舆论的一边。当时，《申报》对杨案的报道来源是多样化的，有官方的、民间的、西方的，各自为论，虽然能一定程度上化解当时《申报》所面临的官方压迫，但也说明司法信息的不公开导致了社会舆论的混乱，互相猜测、批评甚至讥讽谩骂之语不绝于耳。

其次，媒体舆论的监督权缺少法律保护。《申报》在“杨月楼案”初审阶段，因持续报道和关注，并刊载对上海县令与香山人有严厉批评的民间来稿，引起了广东商人的群体性反击，报馆也受到主审官叶县令的打击，为了能够继续关注、报道杨案，《申报》宣布暂时停止刊登一切和杨案有关的民间来稿，只单独刊登香山籍商人的来稿，一再示好。在复审阶段，相关报道基本都停留在客观陈述的层面，不再刊登过激言论以避免招惹官府和粤商，从而来保证对杨案的正常报道可以继续进行。就复审阶段而言，《申报》

① “本馆复广东同人书”，载《申报》同治十二年十一月二十八。

② “本馆劝慰香山人论”，载《申报》同治十二年十二月初四日。

对杨案的报道和评论慎重有余，而激情不再。媒体在“杨月楼案”中面对司法所表现出来的弱势，和当时舆论监督没有法律保障有直接关系。清末时期，有关新闻的专门立法有《大清印刷物专律》《报章应守规则》《大清报律》和《钦定报律》，同时还有一些有关新闻的法律条文，散见于宪法、刑法、民法及出版法等其它法律文本中。在以上专门立法中均涉及媒体报道司法的限制性条款和法律责任条款，如《报章应守规则》（光绪三十三年）第六条规定：“凡关涉词讼之案，于未定案以前，该报馆不得妄下断语，并不得有庇护犯人之语。”《大清报律》（光绪三十二年）第十、第十一条规定：“诉讼事件，经审判衙门禁止旁听者，报纸不得揭载。”“预审事件，于未经公判以前，报纸不得揭载。”相应的法律责任在《大清报律》第二十一条：“违第十、第十一条者，该编辑人处十元以上、一百无以下之罚金。”《钦定报律》（宣统二年十二月）第十三条规定：“诉讼或会议事件，按照法令禁止旁听者，报纸不得登载。”《钦定报律》第二十五条规定了法律责任：“违第十二条、第十三条者，处该编辑人以二百元以下、二十元以上之罚金。”从以上清末相关新闻立法中可以看出，媒体报道司法是无法律保护的，有的只是相关义务。此种状况下，《申报》在“杨月楼案”中前后舆论态度和观点屡次变化，实属痛苦而无奈之举。另外，《申报》出于自保，也常借用西报之言对中国司法进行批评、嘲笑，为自己的言论寻找支持者，论证自己观点的合理性，因为在舆论上要避免与政府直接冲突，只能倚重西人的话语。[①] 对此，民初上海名人姚

① 马薇薇：“《申报》‘杨月楼案’报道研究”，载《浙江传媒学院学报》2009 年第 1 期。

公鹤曾说过："上海报纸，于不受政治暴力之外，尤得有一大助力，则取材于本埠外报是也……转登外报，既得消息之灵便，又不负法律之责任，其为华报之助力者大矣。"[①] 以上状况与法律不健全、媒体生存状态不良密切相关。

《申报》从连续刊登来稿、发表评论、转载观点，反映案件的司法进程，到顶住政治干涉和司法压力，以连续不断的媒体信息构筑了一个"杨韦婚姻合法，杨月楼情有可原，官府挟私报复，量刑不公"的舆论。[②] "市井之言"借助晚清报纸这一新型传播平台被放大，"文士和商人是上海市民的中层，社会舆论的中坚，他们的言论代表了上海这个小社会的民间主流观念。"[③] 从而导致司法开始失去舆论上的绝对强势，民间支持杨月楼的声音得到扩大。

单就司法的角度而言，主导司法审判的官员在"杨案"中似乎是取得了胜利，杨案维持原判，杨月楼发配充军。但就社会文化而言，"在这场涉及华洋两界不同社会阶层的'对话'冲突中，代表租界华人新生力量的知识群体，积极利用近代传播媒介不断地对地方官员的过度刑罚的行为'说三道四'，不仅削弱了传统士绅在引导社会舆论上的优势地位，降低了地方官绅的威信及其行为传统'正确性'；同时也为租界华人'正当'娱乐权利和生存权利提供了'情理'上的支持。"[④]《申报》的报道在很大程度上扭转

① 姚公鹤：《上海闲话》，上海古籍出版社 1989 年，第 130 页。

② 马薇薇："《申报》'杨月楼案'报道研究"，载《浙江传媒学院学报》2009 年第 1 期。

③ 李长莉："从'杨月楼案'看晚清社会伦理观念的变动"，载《近代史研究》2001 年第 1 期。

④ 瞿志宏："'女扮男装'与'诱拐潜逃'"，载《读书》2000 年第 7 期。

了对杨月楼不利的舆论导向，杨案没有被淹没在里巷琐谈中，而是转为司法公正和公开等问题的讨论，锋芒直指主持审判的官府和司法行。舆论的“监督”使审案官员不敢草率审理，最终案件经历了省、府、县一审再审，尽管审判结果仍然以“奸拐罪”发配充军，但杨月楼作为一个被清末官府歧视的“戏剧明星”，本来在司法审判中处于弱势地位，但《申报》等媒体舆论改变了行政和司法公权力在社会舆论上的主导地位，在很大程度上扭转了民间舆论的“失语”状态，从而对清末时期的司法弊端进行了强有力的攻击，这无疑是近代中国司法改革民间舆论的开始，由此开启了近代报刊媒体在社会事务中发挥舆论监督作用的端绪，也导致了近代媒体与司法的首次强烈碰击。

第二节　《申报》与“杨乃武案”

“杨乃武与小白菜案”（以下简称“杨乃武案”）是《申报》继“杨月楼案”后又特别关注和报道的司法事件。在《申报》创刊的第二年秋冬之际，浙江余杭县发生了“杨乃武案”，《申报》除了及时转载《京报》披露的上谕、奏折等公文外，前后还陆续发表相关报道和评论，数量约有60余篇，堪称中国近代新闻报道司法案件之最。正由于《申报》的“推波助澜”，“杨乃武案”终于轰动京沪杭，后经文人改编为戏剧而家喻户晓。从1874年1月6日的《记禹航某生因奸谋命事细情》一文开始，到1877年6月8日的《论松江杨太守左迁去言》，《申报》坚持客观、真实以及民本的立场，对整个案件中显露出的司法弊端、官场陋习无情指斥，《申报》在社会上掀起了一股对“杨乃武案”密切关注的舆论力量，最终推动、促成此案的昭雪，“杨乃武案”昭显了近代报刊舆论的启蒙与监督功能。当然，“杨乃武案”最终平反的原因很复杂，但当时《申报》起到的舆论监督作用不可小视。《申报》作为近代西人在华创办的早期华文报刊之一，对“杨乃武案”进行了长达三年多的连续追踪报道，不仅有效地影响了案件的最终审判结果，充分彰显了近代报刊对司法的关注程度以及监督功能，也显示了报刊媒体作为一种社会舆论力量的巨大效用，同时也是清末时期继“杨月楼案”后媒体与司法关系再次出现互动与冲突的典型案例。

一、《申报》对“杨乃武案”的报道过程

“杨乃武案”发生在清同治十二年（公元 1873 年）秋冬之交。其起因是余杭县仓前镇豆腐坊伙计葛品连暴病身亡，其母沈俞氏怀疑儿媳葛毕氏（俗名“小白菜”）与他人有奸而毒杀亲夫，向县衙告状要求验尸。余杭知县刘锡彤经派人验尸后，断为“服毒身亡”。刘知县拘拷葛毕氏，供出奸夫是新中举人杨乃武。重刑之下，杨乃武坚不肯招。待案移交杭州府二审，杨乃武受酷刑不过，只得招供。但他在狱中又写下翻供材料，亲人也到处喊冤。1874 年 1 月 6 日，《申报》以《记禹航某生因奸谋命事细情》为题予以刊登，尽管远非第一时间内的报道，也并不客观真实，然《申报》仍是当时沪上首家报道此案的报刊。

从案件的初始报道来看，“杨乃武案”与“杨月楼案”具有共同性，“杨乃武案”初始的几篇报道言语也不够严密，多是传闻与猜测，与当时“杨月楼案”的初期报道极其相似。在“杨乃武案”

中，当事人的姓名都未曾交代，仅称为“禹航（余杭）某生”，全文有很多夸张失实之处，如：“妇曰：‘倘事败，为令君拘去，将奈之何’？生曰：‘我今已贵，令君其奈我何’？妇意遂决。”报刊媒体的报道文字将杨乃武描绘成无视王法的小人，同时文中也存在一些揣测和传闻之语：

“某生诚有隐匿，则不宜玷此秋榜，何以始则显扬之，而终则戮辱之哉？是殆淫人富为之，殃之义乎？是天之所以益其疾也。又闻某生之卷到房，房师某大令已欲斥去，因见灯下似有妇人跪及磕头状，疑其有阴德也，遂因鹗荐。”[①]

以上文中怀疑杨乃武有阴德才使其高中等情节，完全就是传奇小说的风格，[②]因此初期的案情报道充斥着传闻、猜测和不确定。另外，文章通过表面化的逻辑推理直接确定案情，《申报》刊载的文章写道：“并提药肆主人至，则事皆属实，无疑义矣。”[③]，从而直接认定杨乃武就是犯罪之人。为提高阅报率，抓住读者“猎奇”心理，初次报道不仅语言粗糙，也含有故意炒作桃色新闻的嫌疑。直到后来民间舆论怀疑“杨乃武案”为冤案，才开始进行连续深入与贴近真实的报道。

如果说《申报》关于“杨乃武案”的早期报道只是粗糙的猎奇新闻，随着案情的逐渐升级和事态的日趋明朗，接下来的报道

① “记禹航某生因奸谋命事细情”，载《申报》1874年1月6日。

② 李勇军：“试论晚清新闻媒体的社会舆论作用——以《申报》关于‘杨乃武案’的报道为例”，载《江西师范大学学报》（哲学社会科学版）2008年第2月。

③ “记禹航某生因奸谋命事细情”，载《申报》1874年1月6日。

则愈来愈理智和严肃，逐渐彰显出近代报刊的舆论监督作用。在事隔一星期后，即1874年1月13日，《申报》刊发了关于“杨乃武案”的第二篇报道，题为《详述禹航某生因奸谋命事案情》，在这篇报道中，《申报》通过认真分析案情，提出了该案的四大可疑之处，认为这是一桩冤案；并把攻击的矛头直指该案的司法审判者余杭知县刘锡彤。兹摘录如下：

“前录禹航某生因奸谋命一事，现已由府过司，业成铁案矣，其中情节则余尚有疑焉，自来淫妇无不护其奸夫，盖以谊重恩深，方将为终身之托，岂肯遽害其性命。故有置之炮烙之刑而尚不招明为某者，此番卖浆者之妻一上县堂不待刑讯，即行招出，可疑一也。某生读书明理，卽使忍心为此，亦必有遮饰周旋之计，何至冒昧若此，此至愚极昧者之而不为，而谓智者为之乎？可疑二也。当邑尊刘公傳到某生时，某生方从行省赴鹿鸣宴归，衣冠而往，邑尊一见，不问情由即喝令褫去冠带，长跪刑拷，某生抵死不承，加以大杖决臀者千数百下，使其死而复苏，招成屈打，可疑三也。上府时府尊有意开导，意存免死，而刘邑尊忽提到药肆伙友，硬作见证，而某妇又矢口不移，于是案遂如山矣。按此药肆伙友既非某生自供，又非白打投到，何以而为此肆中购买哉？可疑四也。查得此妇秽名狼藉，所欢不下十余人，其最昵者有无赖某，向系发逆，今充管卒，与某妇啮臂之盟，而难于作合，因施此毒计，而欲以首犯置某生重典，而妇可从未减，仍得遂白首之欢耶，或以某生新登贤书，或可借此脱逃，而特为攀陷耶？余独怪夫为邑尊者，既不能保全书生，又不能讯明疑案，徒听一面之词，非刑拷打。至令虎榜蒙羞，枭徒漏网。噫！岂曰能吏哉！”

以上评论显示了《申报》坚持客观性与理性的原则，对于案中主人杨乃武的屈打成招寄予同情，也开始了继“杨月楼案”之后对司法刑讯的再次批判。

但由于杭州距上海路途遥远，关于“杨乃武案”的审判消息较为闭塞，甚至一度传出杨乃武毙命于狱中的谣言。如1874年1月14日，《申报》登载了杨乃武狱中毙命的消息：“乃生于入狱之后，即发愤不食，至前日夜间竟溘然逝矣！异哉！是岂前生冤孽耳，不然何相逼之甚也。”[①] 次日，又更正了传言：“收监生入狱后，即有馈壶浆者，生愤不食，泼以予狗，狗毙，盖无赖某欲死之以灭其口也。故外间遂传言，以为庾毙云，实则禹航生仍在监中也。恐讹以传讹，故特辨之如此。”[②] 可见，由于清末各地消息传播的困难，也使外地报刊媒体对司法信息的获得有很多失实之处。这也造成《申报》等媒体在初期报道“杨乃武案”时，在报道司法案件的时效性、真实性等方面都存在诸多问题，这一点与“杨月楼案”报道中出现的司法信息不公开的问题同出一辙。

但随着案件的不断发展，《申报》为主的报刊在报道上逐渐理性化与准确化，1874年12月，“杨乃武案”经过杭州知府、浙江巡抚的层层复审，非但没有昭雪，且其反被复审官多次严刑拷打，仍定为死罪。《申报》多方派人打听有关案情，并进行深入剖析。

---

① “禹航生狱中自毙”，载《申报》1874年1月14日。

② “禹航生狱中自毙”，载《申报》1874年1月15日。

如12月8日的报道提出该案有八大疑点，称“不可解者八”。并指出“此案如再由本省问官审讯，势必回护前非，仍照原审议结。不过氏与氏夫又多受一番刑楚，而沉冤终无由昭雪”。①12月10日的报道称：“此案众心为之大疑，所求于上司者，于复审之际，勿为同僚情分所惑，须彻底研鞫，使水落石出。”② 通过以上的报道，《申报》对官府复审此案的公正性表示怀疑，并要求复审官不要滥施刑虐，不要官官相护。《申报》刊发以上报道时，案件正处在复审过程中，如此反复敦促政府和司法官员秉公办案，体现了当时报刊媒体对司法问题的重视性和新闻舆论的进步性。1875年4月10日，《申报》又刊发题为《天道可畏》的文章，报道了嫌犯的翻供过程，对复审过程中严刑逼供、残暴虐民的官员大加鞭挞。文末加上了一段“本馆附识”，进一步表明了《申报》的公正立场：“杨孝廉一案本馆屡为刊登。案中诸人，本馆亦并无恩怨于其间；且相去五百里，何能知其底细。然杭友函寄，或自沪投来者，不惮繁言，恐其中亦自有公道存焉，顾不敢不备录以供众览。”7月16日，刊发了题为《审案传闻》的文章，叙述了重要证人药肆老板钱宝生的翻供情形。8月14日，又刊载了浙江提督学政胡侍郎（胡瑞澜）复审杨乃武的过程，并对官吏的酷刑逼供再度评述：“嗟乎！刚正之官，当勤求民瘼，不当惨残民体，何必以酷虐为能也。”

随着舆论气氛的不断高涨，1876年，浙江绅士联名公呈都察院，指出杨案“出入甚重，疑窦甚多”，实乃冤狱，“若不究出确情，何以仰副圣朝明慎用刑之意”，而冤狱之根由在于各官“复审回护

① “接续浙江余杭杨氏二次叩阍原呈底稿”，载《申报》1874年12月8日。

② “论余杭案”，载《申报》1874年12月10日。

之处，情弊已属显然”。[①] 再加上杨氏亲人上京控诉、浙江籍京官的联名参劾，强大的社会舆论力量的汇聚，使得杨乃武一案“势固不能不平反矣”。此案越闹越大，终于惊动了整个朝廷乃至最高当权者慈禧太后。1875年底，为了保证再次复审的公正性，慈禧太后传旨将案犯、证人及案卷押解到北京，由刑部亲自审讯。

1876年初，在杨乃武即将被押赴北京之前，《申报》时刻关注案件的动态。就在“杨乃武案”有关人犯起解前夕，关键证人钱宝生（传闻该案中卖砒霜给杨乃武者）猝死，给本来复杂的案情更增加了一分神秘。4月4日，《申报》刊出了题为《论钱宝生之死》，指出钱宝生死因的可疑。4月18日和21日，《申报》又接连刊发了署名“呆呆子”的来稿，论及葛毕氏（小白菜）的为人和前审案官员的枉断，指出：“此案以杨乃武为的，以葛毕氏为矢，夫矢用以射的也。杨乃武果有冤，葛毕氏亦可疑也。”6月26日，在全案人犯押京后，《申报》又刊出了题为“禹航（余杭）案密拿人证”的新闻，指出此案“牵连余杭县（指县令刘锡彤）父子、书役”。大有为此案平反造舆论的意味。并进一步肯定：“本馆前论此案，以杨乃武为的，以葛毕氏为矢，夫矢用以射的也。细思亦不为无见矣。”《申报》在随后案件反复审理的两年中一直给予密切关注。间或因消息难以访悉也会予以说明，“余杭杨氏京控一案已于初十日改在水利厅衙门晚堂讯问……严密谨慎外间无从闻知，讯后口供亦尚难以访悉……俟有确实口供再行登录以供众览”。[②]

① “光绪元年十一月二十二日浙江绅士递都察院公呈”，载《申报》1876年2月4日。

② “审杨氏案略”，载《申报》1875年1月8日。

1877年，清王朝最高统治者慈禧太后亲自下令命刑部重审此案。时隔三年，杨案最终以“杨乃武之罪名已脱已……不特杨乃武系此案毫无干涉之人，即葛毕氏亦并无因奸谋夫情事”[①]定案，以两当事人昭雪而告终。其间，《申报》作为近代新起的媒体，其对案情的关注是推动该案最终得以水落石出的重要舆论力量。在报道事件进展的同时，《申报》尽量保持了媒体舆论的客观性与真实性。不仅如此，在报道过程中，对于一些人的无端指责与诬陷，《申报》不畏所惧，坚持近代报刊应有的立场，并给予驳斥。[②]

《申报》对“杨乃武案”的一系列追踪报道，对揭露与传播案情真相、激起国人同情、引起官方重视、平反冤案起了一定的作用。《申报》对杨乃武案的关注显示出在近代中国，媒体舆论正逐渐渗入社会生活之中并发挥着应有的功效，并且一定程度上影响了司法审判行为，从这个意义上说，“杨乃武案”对司法的碰撞产生的社会效应远远超过了“杨月楼案”。

二、媒体对“杨乃武案”的关注要点

《申报》以主动进攻的态势，屡次抨击传统司法制度的流弊。《申报》作为西人创办的华文报刊，其主笔大多受过西方文化的浸染，不可避免地受西方思想文化的影响，故中国传统法律制度呈现出来的司法弊端自然在其关注之下。在“杨乃武案”中，《申报》更是籍此对中国传统司法制度存在的问题进行猛烈抨击，主要表

① “书刑部验讯余杭案奏稿后”，载《申报》1877年3月9日。

② “驳武林生告白”，载《申报》1876年5月22日。

现在以下诸方面：

首先，强烈反对酷刑逼供，主张禁止刑讯。《申报》关于“杨乃武案”的报道多次提到刑讯逼供的问题，其中《论听讼》一文描述了中国司法审判刑讯的残酷：

> “犯人无供或所供游移，则问官必严刑以逼之，轻则批颊杖臀，重则鞭背击胫，再重男则加以夹棍，女则施以拶指，三者并用，必得犯人亲口招供而后已。”①

而杨乃武、葛毕氏所受之刑更甚。其中，杨乃武“极加五刑，使之七次昏绝”；葛毕氏“刑讯至之昼夜，铁链之陷入膝骨而抽之复出者，至再至三”；“锡龙滚水浇背，火烧铁丝刺乳”；残酷的折磨致使葛毕氏“投缳抑药，经十余次，只以防守严密，均为救活。”对于酷刑逼供，《申报》表示强烈反对：

> “盖民为邦本，本固邦兴，岂有听人日残其邦本，犹能望其邦之兴旺乎？前任本埠知县常用极惨之刑，为中外远迩，各新报称非者，而同城道台目击，既不阻止，又不参处，乃道台反升任按察，知县亦升任道台。喜用非刑，纵容用非刑之人，均得高位，岂百姓反该受此惨刑乎，安得不生隐怨也？”②

针对“杨乃武案”中屡屡施用极刑，《申报》提出要“慎刑”，认为“酷刑之下何求不得”，“讯案用刑，即令得情尚恐不实，何

---

① “论听讼”，载《申报》1874年12月14日。

② “论复审余杭案”，载《申报》1875年8月14日。

况不得，故深戒其严刑也……”[①] 对于杨乃武的屡遭极刑，《申报》表现出极大的同情与悲怜，“以血肉之躯，横加三木之下，何求不得，何事不言”，“非刑拷打，致令虎榜蒙羞，枭徒漏网。噫，岂曰能吏哉”。[②] 对于审讯时滥施刑罚的行为，《申报》有如下评论：

“国家之设立刑罚也，本为小民犯法讯问得情，定案之后，然后再施之以刑。若以甫讯之时即用刑求，是其罪尚不知应受何刑，而干讯问之际光受无端格外之刑。均不在于应受刑内，……此岂国家立法之初意哉。……盖民为邦本，本固邦宁，岂有听人日残而其本，而犹望其邦之兴旺乎？”[③]

因此，《申报》认为刑讯不禁，后果将危及清廷的根基。

其次，反对秘密审讯，提倡审判公开。《申报》认为案件要公开审理，这样才能使是非曲直有所公论。《申报》对于“杨乃武案”中“封门讯问”、“严密谨慎外间无从闻知”的审讯过程极其反对，《申报》主张应在公堂公开审理，以保持审案公开、公正。其观点如下：

“夫衙署之立有大堂也，名之曰公堂，取其为众所共见而不能任意行私也。故凡有与民交涉之事皆须在公堂以办理，亦所以昭其至公无私也。……吾尝闻故者，有言中国昔日各官清理政事听断讼狱本应在公堂施行，令民观瞻，且于公堂之侧设立替政厅，所凡有公务均延同官以及绅耆一同听理。

---

① “论慎刑”，载《申报》1875 年 5 月 29 日。

② “详述禹航某生因奸谋命事案情”，载《申报》，同治癸酉年十一月二十五日。

③ “各官宜在公堂理事”，载《申报》1875 年 4 月 1 日。

倘有不合之处诸人皆能进言匡救，意美法良莫过于此。不知何时此制始废然。……四洲之大国无不皆然，不意堂堂中国素称政治昭明，反不与他国相同，何居然”。[①]

具体到“杨乃武案”的秘密审讯，《申报》评论如下：

“盖此案既经提讯，则是是非非自有公论，又何必秘密而不使外人与闻乎？夫各衙门既设有公堂而此又系极大之案，众人于未提审时无不各有疑意，今既复审则正当咸使闻知，而必仍问于私室者何也？”[②]

再次，极力抨击官场陋习，倡导司法公正。传统的司法和行政合而为一，地方行政首脑同时就是司法首脑。虽然历史上不乏像狄仁杰、包拯那样的审案能手，但对于许多地方官员来说，普遍缺乏断案的专业知识和实践能力。在“杨乃武案”审理的过程中，《申报》始终站在大众舆论的立场，高举伸张正义的旗帜。所谓大众舆论，在当时情况下实际就是对官方屡次断案的不信任与抨击。1877年4月7日，《申报》刊出了题为《书邸抄王御史奏浙省大吏承审要案疏后》的论说，现摘录如下：

“当此案之初发也，禹航（余杭）县令以为案无可疑，故解府解司解院均已按律拟断，一凌迟，一大辟。官场诸人亦皆以为铁案如山，无可平反。乃浙江阖省与邻近之士民，若深悉此案者，又皆无不为之呼冤。本馆屡接各处来信，亦皆

① “论各官宜在公堂理事”，载《申报》1875年4月1日。

② “杨氏案略”，载《申报》1875年4月12日。

无不为之诉枉。因见众口一词，始为录列于报，并非一有所闻即为列报也。迨既已列报端，闻浙省官场亦皆见之，若能少动天良，或者尤可另讯。反谓《申报》向来喜列谣言，不惟不肯见听，且欲污蔑《申报》，意图禁止。是何其厚于责人，薄于责己，固执如此乎？乃至杨乃武之妻与姊一再京控，并闻浙省在籍之绅，亦有向当道言及者，又闻新任湖州太守锡君，初到派此审案，一讯之后，即辞不讯，似乎当道亦可以少悟矣。乃再讯三讯，仍然固执前见，照原定拟，毫不更改，大有'此腕可断，此案决不可移'之意。何其迷而不悟若此乎？未几，而台鉴诸公交章论列矣；未几，而浙省京官联名公诉矣。……是非之见大抵相同，何以旁观者清，当局者迷，竟至如此耶？是真不可解矣。"

上文提及司法审判中出现的官官相护问题，实为中国古代司法体制之"肿瘤"，这在"杨乃武案"中表现得淋漓尽致。在"杨乃武案"发生不久，《申报》即指出此案"有疑焉四"，并责怪邑尊者"不能讯明疑案"，然而正是这疑窦丛生的案件在层层重审复审之后却维持了最初的判决。对此，《申报》一针见血指出：

"本馆屡经说及刑讯之弊……然近日于此刑弊之上似又加一堕风矣，系官途又有互相回护之成习。明知一下官横行且或私示非然，犹必扶护而不公加处分。两习并行则民枉不可尽言。一县之人安有伸冤理枉之望乎"。[①]

① "论余杭案"，载《申报》1874年12月10日。

鉴于官官相护之陋习，《申报》认为复审之案不应发回原地重审，而主张：

“现在民人伸冤，则上司每委原问官复审，该民既已被原官刑迫而使之再经其刑迫，此事实为杜禁上控。而特立此法者既于理不符，而未免有涉于忍矣，所谓回护者即为此也。惟望日后各官慎之又慎，无效如此办案，民定谓于公再世龙图复生也”①。

对于“杨乃武案”中，复审之官屡屡回护下级之官的状况，《申报》痛心言之：

“伏查此案奉旨饬交抚臣详核于前，钦派学臣复审于后，……不料徇情枉法罔上行私颠倒是非至于此极。……古之人杀人媚上，官尚不可为，何况杀人以媚下吏耶？……前车既覆，后轸方犹，吾愿世之为督抚者鉴诸”。②

从以上内容可知，《申报》始终立场坚定地站在社会舆论的一方，并试图通过新闻媒体和民间舆论影响官方的决断。更为可贵的是，当官方对该报的新闻报道深恶痛绝，污蔑该报“喜列谣言”，并“意图禁止”时，《申报》不为官方压迫所惧，继续刊发和报道大量揭露“杨乃武案”的司法审判情况。让人称道的是，“杨乃武案”中《申报》除了对新闻事实进行披露，其评论也已超越一个单纯的刑事案件，并以此案为契机，大胆揭露清末司法弊端，并

① “论余杭案”，载《申报》1874年12月10日。

② “京报全录”，载《申报》1874年4月5日。

期冀司法变革。如当时不少报道以西方国家的审案方式作对照，对中国官方习以为常的秘密审讯进行了批评，认为“审断民案，应许众民入堂听讯，众疑既可释，而问堂又有制于公论”，“吾因此案不禁有感于西法也。西国之讯案有陪审之多人，有代审之状师，有听审之报馆，有看审之万民。”[①] 可以说，《申报》在“杨乃武案”中有意或无意中提及的公开审理、陪审团、律师、记者旁听、民众旁听等一系列现代法治概念，展现了清末时期法治思想的萌芽。而更为重要的是，司法案件经过大众媒体的传播和评判，无形中推动了近代司法的转型。

第三节　媒体与“沈荩案”

一、“沈荩案”简介

沈荩（1872~1903），初名克诚，字愚溪，号潇湘渔太郎，湖南省善化县（今长沙市）人。沈荩曾参加维新变法，变法失败后又成为革命派，并长期担任记者。冯自由《革命逸史》中《兴中会时期之革命同志》一文介绍沈荩时说：“只身走北京，创设报馆。丁未（1907）六月，以揭发中俄密约为清西后刑毙杖下。”[②]《庚子唐才常汉口自立军实录》一文讲沈荩“因在报上揭发清廷

① 转引自张艳红、谢丹：“近代媒体舆论推促司法公正个案分析——以〈申报〉‘杨乃武与小白菜案’报道为例”，载《当代传播》2008 年第 3 期。

② 冯自由：《革命逸史》第三集，中华书局 1981 年版，第 45 页。

与俄人私订密约，事为李莲英、庆宽告密，清太后那拉氏命以非刑立毙杖下，中外哗然，时在丁未（民国前五年）六月初八日。”[①] 审讯期间，沈荩毫不讳言自己的言行，并大声揭露慈禧企图掩盖中俄密约的卖国行径。慈禧恼羞成怒，发布谕旨：“着即日立毙杖下。”于是，刑部大堂8个狱卒手拿特制的大木棍，轮流捶打沈荩的四肢和背部，整整4个小时后，沈荩血肉横飞，白骨尽露，可他还没有死，最后，狱卒用绳子把他勒死。沈荩去世时年仅31岁，沈荩成为中国历史上第一个因新闻言论触怒政府而被杀的记者。

沈荩

“沈荩案”引发的媒体舆论影响是清朝政府始料未及的。清廷杖毙沈荩的事件一经批露，一时间舆论哗然，海内外报刊相继发表评论文章，上海先是开追悼会，之后出版名为《沈荩》的书。[②]“沈荩案”之所以引起人们的关注，是因为它在当时的巨大影响。当年上海《文汇报》曾介绍一位西方人士对此案影响的评论：“沈荩之死，震动人心较之俄日开战尤当。”[③]“沈荩案”在当时的影响力可见一斑。

① 冯自由：《革命逸史》第五集，中华书局1981年版，第27页。

② 章士钊以黄中黄为笔名，著《沈荩》一书，以悼念我国第一位因爱国和主张正义而献身的新闻记者。

③ 黄中黄：“沈荩”，载《辛亥革命》第一册，上海人民出版社2000年版，第285页。

二、媒体对“沈荩案”的报道过程

对于“沈荩案”的报道过程，各大报刊虽言语稍有不同，但从整个报道来看，处于中立的报刊媒体对案件的关注较为持久与全面，而《浙江潮》等革命倾向性较强的媒体则主要是评论“沈荩案”的司法后果与恶劣影响，甚至发表反对清政府的言论。因此能完整报道“沈荩案”的主要是一些态度比较中立的媒体，如《申报》与《大公报》。“沈荩案”发生之时恰恰是《大公报》初创时期，1902 年 6 月 17 日，《大公报》创刊号在天津法租界首次出版，其创办人是英敛之。英敛之在创刊号上发表《〈大公报〉序》，说明报纸取大公一名为“忘己之为大，无私之谓公”，办报宗旨是“开风气，牖民智，挹彼欧西学术，启我同胞聪明。”英敛之主持《大公报》十年，政治上主张君主立宪，变法维新，以敢议论朝政，反对袁世凯著称，成为华北地区引人注目的大型日报。初创刊的《大公报》对“沈荩案”进行了全部报道，现摘录如下：

1903 年 7 月 21 日：肃亲王于 23 日奉旨交拿人犯三名，于虎坊桥地方拿获。其被拿之故及所拿者何人，俟访明再布。（编者按：文中报道日期均是按西历计算，而本报道内容中涉及日期则是清光绪二十九年五月二十三日，即公元 1903 年 7 月 17 日）

1903 年 7 月 23 日：前日本报纪肃亲王奉旨交拿人犯一节，兹探悉，被拿者为沈某。系经某大员面奏，并牵涉戊戌之事云。

1903 年 7 月 24 日：沈某在北京被拿，已纪本报。兹得悉北京来函云，沈某系江苏太湖洞庭山人。此次被拿之故，因无赖倪某向沈借银三百两，沈未诺，倪遂衔恨。故被诬告被拿云。

1903 年 8 月 2 日《沈荩之绝命词》：前北京拘拿之沈荩，已于初八日被刑。今得其绝命诗四章，照录如下……。

1903 年 8 月 4 日：拿来刑部之沈荩，于初八日被刑；已志本报。兹闻是日入奏，请斩立决。因本月系万寿月，向不杀人。奉皇太后懿旨，改为立毙杖下。惟刑部因不行杖，此次特造一大木板。而行杖之法，又素不谙习。故打至二百余下，血肉飞裂，犹未至死。后不得已，始用绳紧系其颈，勒之而死。

1903 年 8 月 16 日：刑部司官自杖毕沈荩后，托故告假者颇多，绋以杖毙之惨，不忍过其地也。

1903 年 9 月 14 日：探闻政府自杖毙沈荩后，各国公使夫人觐见皇太后时，谈及沈之冤抑，皇太后亦颇有悔意。已面谕廷臣，会党要严拿，万不可株连良善，致离人心，等语。近日政府十分和平，绝无不合公理之举。盖恐驻京各国公使啧有烦言也。

1903 年 9 月 16 日：骨已如粉，未出一声。及至打毕，堂司以为毙矣。不意沈于阶下发声曰：何以还不死，速用绳绞我……。又闻发旨之先，有政务处某君面奏于皇太后云：万寿在迩，行刑似不吉祥，宜轻其罪。皇太后遂改旨速杖毙。

可见，《大公报》从 1903 年 7 月 21 日的时事要闻栏目中报道这一消息后，之后连续报道，直至沈荩被廷杖处死。对案件起源和行刑过程极尽描写，虽对抓捕沈荩的原因有错误报道，但之后对沈荩在监狱中的情况及刑罚过程描述比较真实与详细。不过，从报刊对“沈荩案”的描述来看，此案的司法过程极其仓促，基本从抓捕到处死之过程极其迅速，报刊对审问过程并无丝毫线索和报道言辞，这是极不正常的现象。但后来报刊也作了相应说明：

> “（沈荩）为满政所杀，而竟毙于满政府惨毒之杖下。夫沈荩以何罪死，满政府因未尝有一纸死罪宣刑书以告我国民也。夫杀而不能言其罪。……天下不正之裁判，孰有过于是也？”①

与《大公报》比较，《申报》对“沈荩案”的相关报道只有1903年8月20日的《杖毙余闻》一文，并无多少评论，其报道内容也充满对沈荩的排斥与对案件的不实言辞，之后也不转载其它报纸的相关内容。

《大公报》和《申报》同为比较保守的刊物，但《大公报》作为刚创刊的媒体，其舆论自由的渴望强于已注重自保的《申报》，故在描述沈荩被处死的过程时充满了同情的色彩。不过，作为清政府统治下的两个大型媒体，它们不会发表过多“过格”的舆论，因此，能更深入探讨沈荩死因及对晚清司法问题进行强烈抨击的则以激进型的报刊媒体为主，如《江苏》和《浙江潮》等。

三、媒体揭露沈荩被处死的主要原因

沈荩为什么被处以非刑而死？当时报刊所载，各有异同。说

① 中国近代史资料丛刊：《辛亥革命》（一），上海人民出版社1956年版，第309页。

得较多的是，除“自立军案通缉犯”这条“罪状”外，沈荩还在报纸上披露了所谓“中俄密约”，从而触怒了当政者。章士钊在其所撰《沈荩》一书将沈荩所揭发的俄政府与满政府之密约七条具体罗列出来，并论说道：

“此密约也，乃诡秘不可端倪，虽得联俄派之画诺，方未得间以暴白于外。无何，尽腾载于日本各新闻，‘号外’、‘号外’之声，大激动东京吾国留学生之脑，电达全国，到处响应。义勇队、革命军等名词，突兀出现。而各国亦大起不平之论，咸用诘责。满政府……茫然不知所为。久之思得其故，必发于白云观之中也，则机事之泄，群言沈荩之所为，盖荩乃任日本某报之探访员者也。此次密约，确由荩以侦探手段得之。”①

当时国内媒体发表了一系列论说，尤其是以章士钊言之凿凿为典型，使人确信沈荩之死是因在报刊揭发清廷与俄人私订密约事。发表于《江苏》和《浙江潮》上的同一篇时评也验证了相关舆论：

“沈荩之被惨戮，其原因终不得而知。或曰：满政府与俄人订密约七条时，沈君适为天津某报馆之访事，闻之而首发表于某报纸。其事既表白于天下，于是内地各处电达政府，竭力抗拒者踵相接。满政府因而怒沈君，遂杖杀之。”②

① 黄中黄：“沈荩”，载中国史学会编《辛亥革命》第一册，上海人民出版社 2000 年版，第 299 页。

② “沈荩之惨戮”，载《浙江潮》1903 第 7 期；“沈荩惨死问题”，载《江苏》1903 年第 5 期。

而国外媒体对沈荩被处死有自己的看法，西方舆论认为沈荩之死是因为他是清政府所痛恨的改革者和革命者。《纽约时报》报道“沈荩案”时就称“沈荩是一个不屈不挠的改革者”，[①]“慈禧太后下令处死沈荩是为了威慑改革者”。[②]针对西方舆论的认识，中国媒体做出了更深层的剖析，《浙江潮》和《江苏》两刊物认为：

“夫满政府刑人之罪，非曰‘大逆不道’，即曰‘腹诽朝政’，彼固言之有据矣，或刑或流，数见不鲜，未闻有今日廷杖之甚者也。或者沈氏殆荆轲、聂政其人乎？然彼亦未明宣其事也。且吾恐沈氏亦无此手段也。夫既无罪名，何以受极惨之刑。政府之眼中，得毋以为无辫子洋服者皆革命党耶？杀其一以警其余，庶足以寒全国志士之心胆也。虽然志士抱爱国爱种之热诚，岂刀锯鼎镬所能恫愒。吾闻数月来上海乱拿新党，有某某者皆自行投到，惟无治外法权，固终究不能引渡。沈氏以迹涉嫌疑，徘徊于辇毂之下，唾手可得，不扑杀之以为快哉。满政府之手段可谓无聊极矣”。[③]

“杀其一以警其余”的企图使沈荩之死更多了一些冤枉，他的死不是因为罪行有多严重，而是为了警戒其他革命志士。特别是恰逢当时清政府在“苏报案”中遇到阻碍，清廷引渡诸人，最后处以极刑的目的未能得逞，十分恼火而又无处发泄，便用声东

① Shen：A Strenuous reformer，The New York Times，Aug. 19，1903.

② Chinese Editor Torture，The New York Times，Aug. 2，1903.

③ “沈荩之惨戮”，载《浙江潮》1903 年第 7 期；“沈荩惨死问题”，载《江苏》1903 年第 5 期。

击西，杀一儆百之计，以其他有革命嫌疑的党人，如沈荩之类为打击对象来发泄其戾气。且杀一沈荩，还可以示威于天下，让那些激烈反清的革命党人知道清廷的厉害。但清廷伎俩为党人识破后，不仅失去其威慑力量，而且引起了更大的舆论反对与社会震动。

四、媒体对“沈荩案”司法问题的抨击

沈荩案发后，《新闻报》认为政府处置不当，国家缺乏给予犯人“自新”的司法思想，对沈荩的司法遭遇表示同情，相关评论如下：

> “夫政府之拿获章邹谓之除逆党，政府之拿获沈克诚，咸谓之翻旧案，非不可翻，特宽政之上谕煌煌在人耳目，故无论旧案，已许人自新，即未尝许人自新，但使其人实已大改从前之所为，则亦既往不咎，故即康梁回国，亦可不加之罪，而况沈克诚之案乎？”[①]

对于沈荩被处死的惨烈景象，《大公报》曾有报道：“骨已如粉，未出一声。及至打毕，堂司以为毙矣。不意沈于阶下发声曰：何以还不死，速用绳绞我。”[②]《大公报》的报道引发了舆论高潮，不少报纸为此刊登评论：“吊国士之伤亡，斥清廷之残酷”，大声疾呼

---

① “公信失则人心失说”，载《新闻报》1903年8月13日。

② “沈荩案”，《大公报》1903年9月16日。

"我国民不可不株马厉兵，以与满政府宣战"[①]。媒体舆论对清政府的非法廷杖行为极为愤怒，较突出的是《浙江潮》的质疑与评论：

> "莫须有之狱，廷杖之刑，之复见于今日也。受其惨者为谁？曰沈荩。沈荩者，如何人？生平历史不传人口，何以触政府之怒？何以受不测之刑？据各报所论，虽有异同，而其死于廷杖者，则言之鉴鉴矣。呜呼，沈荩何罪？廷杖何刑？吾不知定此谳者果何辞乎？夫满政府刑人，非曰大逆不道即曰腹诽朝政，彼固言之有据矣，或刑或流数见不鲜，未闻有今日廷杖之甚者也。或沈氏殆轲聂政其人乎？然彼亦未明宣其事也，且吾恐沈氏亦无此手段。既无罪名，何以受极惨之刑？政府之眼中得毋以为无辫子服洋服者皆革命党耶，杀其一以警其余，庶足以寒全国志士之心胆也，然志士抱爱国爱种之热忱，岂刀锯鼎镬所能恫吓？"[②]

《浙江潮》提出几个尖锐的问题：沈荩所犯何罪？廷杖是何种刑罚？判决官员以何为判决依据？无罪名，何以受极惨之刑？一系列问题的提出，直指清政府司法审判中的软肋，"沈荩案"的审理过程和处刑过程暴露了晚清政府司法问题的严重性，这是自"杨月楼案"后，媒体对司法酷刑的再次激烈抨击。针对沈荩被杖死事件，各方媒体都对清政府司法问题提出抗议，并在全国激起一

---

① "苏报鼓吹革命清方档案"，载中国史学会编：《辛亥革命》第一册，上海人民出版社2000年版。

② "沈荩之惨戮"，载《浙江潮》1903年第7期。

股汹涌的反清浪潮，各地纷纷集会，8月23日，上海民众数百人在愚园举行沈荩追悼会，会上由章士钊宣读了章太炎在狱中书就的《祭沈荩文》，祭文悲怆激越：

“不有死者，谁申民气；不有生者；谁复九世？……以为今日可以无故杀一沈荩，则明日可以无故杀吾四万万同胞。”①

直到1939年报刊媒体在回顾此案时，依然能清晰地描述出清末各媒体对“沈荩案”的反响：“沈荩被杖死以后，各方面起了大的震动，国内外新闻杂志，无不对清政府大加抨击。”②当时英国人在中国出版历史最久的英文报纸《字林西报》针对中国司法审判存在的问题也提出质疑：

“审讯没有出示证据，甚至没有说明谁指控、指控的罪名是什么，仅仅是中国式的讯问，以酷刑促使其招供……”。③

判决不是由主持审讯的法官作出，更没有公开审判，而是报告给皇上，由皇上作出最终的判决。“沈荩案”背后显现出的就是北京官方的野蛮谋杀，是中国司法制度滞后的表现。为此，《泰晤士报》驻京记者莫理循十分震惊，对中国最高统治者的不明智做法相当愤慨，并直言不讳：“老太后的令人难以置信的愚蠢，使得沈克伟（即沈荩）被乱棍打死，引起了满洲人极大的惊恐……”。④

---

① 黄中黄：“沈荩”，载《辛亥革命》第一册，上海人民出版社2000年版，第285页。

② 《战时记者》，1939年第2卷第10期。

③ The Barbarous Official Murder at Peking，N. C. Daily News，Aug. 11，1903.

④ ［澳］莫理循：《清末民初政情内幕》，骆惠敏编，刘佳棵等译，世界知识出版社1986年版，第280页。

由西方传教士在上海主办的《万国公报》载有《沈荩案之后语》一文，言称：

> “中国北京杖毙沈荩之电传，五洲全球为之震动，而令政府之地位骤形降低，盖苟非野蛮决无以此法待其人民者也。日本某西字报不信中国之竟有此事，著论疑之，故驻京公使又特派参赞密访，还报属实，且谓出自皇太后之本意，于是各国闻之无不怫然者矣。”①

“沈荩案”能产生巨大社会反响，对人心的震动甚至比俄日开战还要强烈，原因是“苏报案”与“沈荩案”的交互影响。②当时，“苏报案”与“沈荩案”几乎同时发生，两大案件均让清政府心烦意乱，特别是清政府在“苏报案”引渡等问题上受到阻后，便将怒火撒在沈荩身上，导致了“沈荩案”审判中的不公与重刑，而“沈荩案”的媒体舆论则又反过来直接影响到“苏报案”的审判过程与结果。当时英国外交部正在就中国政府要求引渡“苏报案”被关押者一事征求国内皇家法院的意见，外交大臣蓝斯唐侯爵倾向于在不实施酷刑的条件下交出被关押者，但中国各媒体关于“沈荩案”的相关报道与《泰晤士报》对“沈荩案”的大力宣传，使得沈荩之惨死引起英国议员的注意，革命派报纸《中国日报》验证了以上事实：“沈君之死，鬼神为之号泣，志士为之饮血，各国公使为之震动，中西报纸为之传扬，是君虽死之日，犹生之年！”

---

① 方汉奇：《中国近代报刊史》，山西人民出版社 1981 年版，第 22119 页。

② 严昌洪：“1903 年‘沈荩案’及其影响”，载《中南民族学院学报》（人文社会科学版）2001 年第 6 期。

从而媒体的大力报道导致另一著名案件——“苏报案”的审判发生了戏剧性逆转。

第四节　媒体与“苏报案”

1896年6月26日，《苏报》创刊于上海，主办人为胡璋，以其日籍妻子生驹悦的名义注册，报刊内容多载市井琐事。1900年由陈范接办，倾向改良。1902年南洋公学发生退学风潮，《苏报》首先报道，旋设“学界风潮”专栏及时报道学潮消息，引起社会各界的关注。1903年夏，《苏报》支持中国教育会和爱国学社的活动，聘请章士钊为主笔，章太炎、蔡元培为撰稿人，报道各地学生的爱国运动。以后，《苏报》又陆续刊登了许多激烈地宣传革命的文章，旗帜更为鲜明。自拒俄运动之起，国内知识界与留日学生界由爱国走向革命，清廷十分清楚，也十分害怕，以学生“名为拒俄，实则革命”为由，欲行镇压。恰逢当时章炳麟、邹容等革命党人的文章在《苏报》发表，清吏遂奉旨要求上海租界工部局查封《苏报》馆，并逮捕《苏报》诸人，先遭工部局拒绝，后经清吏一再交涉，且以“中国政府”名义到会审公廨控告《苏报》诸人。工部局卒徇其请，逮捕了章炳麟等人，于是影响较大的“苏报案”由此开始。1903年发生在上海的“苏报案”，

蘇報

《苏报》

是中国近代史上的著名案件。“苏报案”从个体案件发展成为公共事件，再演变为著名事件，重要的因素就是媒体的广泛关注和全面报道。“苏报案”的诸多产生和发展变化的因素符合新闻价值的需求，在其宣传、关注和评判中又夹杂了政治、社会、文化等因素，加剧了案件的冲突，进而使“苏报案”立刻成为媒体、司法、政治和民众关注的焦点。[①] 各种新闻媒体的推波助澜和造势影响，使得“苏报案”中司法与媒体的关系变得十分密切和复杂。

一、媒体聚焦“苏报案”

目前初步发现参与报道“苏报案”的中外媒体有40多家。中文报纸有《申报》《大公报》《新闻报》《中外日报》《国民日日报》《华字日报》《新民丛报》等；外文报纸除上海本地的《字林西报》《文汇西报》《捷报》等外，还有世界各地的外文报纸，如《泰晤士报》，其关于“苏报案”报道评论共37篇，《纽约时报》，其评论报道共24篇，《洛杉矶时报》，其报道评论共11篇，《华盛顿邮报》，其报道共10篇。[②] 甚至连很多中国新闻人不熟悉的外国媒体对“苏报案”都有所报道。由于中外报纸的立场不同，对“苏报案”的报道内容、解读和评析也有所不同，正如多年以后，吴稚晖在评论冯自由的著作《革命逸史》第二集时指出：“大著记苏报案，

① 蔡斐：“影响与造势：1903年上海苏报案中的媒体表现”，载《新闻春秋》2014年第3期。

② 王敏：《苏报案研究》，上海人民出版社2010年版，第116~117页。

系据当时香港、上海报纸，颇有不同。”[①]但相同的是各类报刊的交相报道对“苏报案”的发展进程和审判结果产生了不可轻视的影响。

首先，媒体报道“苏报案”具有及时性。6月29日，也就是租界巡捕搜捕章炳麟、邹容等革命党人的当天，《申报》就发表了《饬查叛党》的新闻，赫然载明朝廷要在上海租界严密查拿爱国学社内“猖狂悖谬，形同叛逆”之“不逞之徒”的密电。虽《申报》对革命党人的态度并不恭敬，但由于《申报》自身的媒体地位，其相关报道使得“苏报案”开始引人注目。仅事隔3日，远在英国的《泰晤士报》就发表了《政府与改革党》（The Government And The Reform Party）的通讯员文章，主要论述中国保守势力镇压革命党，报道报刊主笔及职员被捕的过程，并第一次明确被查报刊是《苏报》。可见，中外报纸都在第一时间关注到“苏报案”，从而拉开了“苏报案”被国内外报刊媒体同时报道的序幕。

其次，媒体报道“苏报案”具有持续性。对于“苏报案”的跟踪报道，报刊媒体不遗余力，较全面多方位地展现了案件进展和动态。如《中外日报》在1903年7、8、9三个月转引外文报纸关于“苏报案”的报道就有近40条。《国民日日报》在1903年8、9两个月期间转引外文报纸关于“苏报案”的报道就有近30条。《申报》前后共发表《饬查叛党》、《会党成擒》、《会党自首》、《四讯革命党案》、《党魁移禁》等10多篇报道，这些报道贯穿整个事件始终，对案发原因、开庭时间、地点、庭审过程、审判结果等各种消息都事无巨细的进行关注和报道。《纽约时报》的报道也有20多篇，前后长达数月。《泰晤士报》前后关于“苏报案”报道评论

① 冯自由：“苏报案纪事”，载《组织》1943年第2卷第7期。

更是有 37 篇之多。[1] 自 1903 年 5 月开始至 1904 年 5 月“苏报案”判决形成，时间跨度近一年，中外媒体对此案的关注和产生的影响远远超过之前的任何一个案件。

二、中外报纸关注的司法重点

各类报刊媒体在报道“苏报案”时，最大的特点是观点、态度的交相冲突和碰撞，反映了近代中国社会转型背景下各种思潮激荡交错的现象。

第一种类型的报刊，完全支持晚清政府和司法机关的做法，力主严惩苏报案犯，以《申报》为代表。1903 年的《申报》厌恶新思想，痛恨革命党，对章炳麟、邹容等人表现出一种排斥态度，抨击革命党并主张严惩，表现出守旧的立场，因而常常使用极端的言辞，这在《申报》的诸多报道中都有反映。以上表现与当时《申报》主笔黄协埙有关，黄厌恶西学，思想守旧，戊戌政变后，黄协埙完全站在清政府的一边，著文批判“康梁邪说”。1903 年前后，针对革命风潮和学生运动，《申报》更是大加鞭挞。苏报案发后，除连续报道事件进程外，在清政府以苏报案被关押者是国事犯为由要求引渡时，《申报》也一知半解地认为章炳麟、邹容等人“与国事犯有殊”，实质上是“忤逆不孝子”。完全从封建纲常的角度来看待案件，认为公共租界工部局定会明辨是非，不会庇护案犯。[2]

① 蔡斐：“影响与造势：1903 年上海苏报案中的媒体表现”，载《新闻春秋》2014 年第 3 期。

② “保护说”，载《申报》1903 年 7 月 19 日。

后来，还特刊发表《爱国忠君说》一文，言称：

"今天下有创为爱国社者矣，有结为爱国党者矣，有著为爱国篇爱国论者矣，议论激昂，乍聆听之，一若真赤心为国也者，及徐而考其宗旨，则嚣嚣然，扰扰然，曰我将藉以行革命之事也，我将因上遂易代之谋也，我欲保国土之不凌夷，不得不急图灭清排满也。"[①]

文章指出与章炳麟等人关系密切的爱国学社名为爱国，实为犯上作乱，意图不轨。从整个时局来看，《申报》倡导的忠君、卫君、爱国论调，与当时日益开化的风气不相符合，黄协埙的一味守旧更是让《申报》声誉倍跌。即便《申报》长篇大论地为政府说话，但旧传统的忠实卫道士却并没有得到清政府的认可，参与案件的武昌知府金鼎在向梁鼎芬汇报时，就提到《申报》"素以守旧，为人所恶，故其言亦不足重"。[②] 可以想象，《申报》对"苏报案"最终判决的影响并不大，其舆论力度与媒体声誉已远远不及报道"杨乃武案"之时。

表 3　1903 年—1904 年《申报》所载"苏报案"过程的主要文章

时　间	标　题	舆论倾向
1903 年 7 月 2 日	《会党成禽》	贬低案件当事人
1903 年 7 月 3 日	《续获会党》	贬低案件当事人
1903 年 7 月 7 日	《发封苏报》	贬低案件当事人
1903 年 7 月 16 日	《初讯革命党》	贬低案件当事人

① "爱国忠君说"，载《申报》1903 年 8 月 3 日。

② "金鼎致梁鼎芬书"，载《近代史资料》1956 年第 3 期。

续表

时　间	标　题	舆论倾向
1903 年 8 月 29 日	《奥使覆书》	贬低案件当事人
1903 年 9 月 1 日	《美人越俎》	排斥外人干涉
1903 年 9 月 13 日	《命讯党人》	贬低案件当事人
1903 年 10 月 5 日	《领事公文》	贬低案件当事人
1903 年 11 月 24 日	《示禁逆报》	贬低案件当事人
1903 年 11 月 28 日	《订期再讯》	贬低案件当事人
1903 年 12 月 8 日	《四讯革命党》	贬低案件当事人
1903 年 12 月 14 日	《示禁逆报》	贬低案件当事人
1903 年 12 月 17 日	《订期再讯》	贬低案件当事人
1903 年 12 月 21 日	《案将谳定》	贬低案件当事人
1903 年 12 月 26 日	《订期再讯》	贬低案件当事人
1904 年 5 月 22 日	《革命案结》	贬低案件当事人

第二种类型的报刊，态度变化多端，前后观点不一致，受社会舆论与政局影响较大，以《新闻报》为代表。“苏报案”发前，《新闻报》曾多次发表论说，批判政府，痛陈时局，指出导致革命党人和革命思想趁机而起的原因是政府的无能与黑暗。“苏报案”发之时，却又发表《论革命党》，笔锋突转，将批判的矛头对准章炳麟、邹容等人，大加嘲讽。“沈荩案”发后，受社会舆论影响，《新闻报》又回归原先立场，认为政府处置不当，对章炳麟、邹容表示同情，“乃上海方在办交犯之案，而北京忽插入沈克诚一案，同时并举，于是天下以冤沈者转而冤章邹二人。”[①] 可见，《新闻报》

① “公信失则人心失说”，载《新闻报》1903 年 8 月 13 日。

的立场仅限于批判政府和司法，虽然时而会同情案件当事人，但绝不会颂扬革命党和鼓吹革命，对于舆论分寸把握的很准。

第三种类型的报刊，对“苏报案”持有鲜明立场，颂扬革命，塑造章炳麟、邹容等人的反清英雄形象，讽刺清朝政府，指责政府无能，批评司法黑暗，以《国民日日报》为代表。1903 年 8 月 7 日，《苏报》被封仅月余，另一份宣传反清革命的报纸《国民日日报》就开始在上海发刊。该报由谢晓石、章士钊、陈独秀、张继、何枚士、陈去病、苏曼殊等主持。

《国民日日报》名义上是一份外商报纸，实际上是资产阶级革命党在上海办的报纸，是当时屈指可数的革命报纸，“发行未久，风行一时，被称为《苏报》第二”。《国民日日报》前后有 30 多篇论述“苏报案”的文章，大部分是支持国家改革和进行革命的内容，指出“苏报案”的被关押者是推翻野蛮政府的有志之士，评论如下：

> “中国有志之士观政府之日非，不利己也，亦摧陷之而靡己，而令野蛮政府仍立于天地间，且推翻政府之热度，日加而愈高，而政府恶其两者相持不下，使吾文明各国不能助志士之力，是吾人之所耻也。”①

以上言论充满了对清政府野蛮行径的抨击，表达了对“苏报案”当事人的推崇与敬佩，并明确表明其宣传民主、恢复民权、反对封建专制的宗旨。但革命性报刊对“苏报案”新闻价值和司法问题的关心程度远远不及“苏报案”在政治方面的影响，多数革命性报刊主要关注“苏报案”发生的政治原因，偏好讨论维新

---

① “论苏报”，载《国民日日报》1903 年 9 月 15 日。

与革命在政治上的对立，而对案件真正涉及的司法问题并未特别报道和分析。

第四类报刊是外文报刊，与中文报纸舆论交错、立场多变不同，外文报纸几乎是一致抨击清政府的司法作为。“外文报纸也有苏报案问题评论中国政治，但焦点不是维新与革命问题，而是指责中国政府保守，批评中国文化野蛮。”[①] 在西方媒体视野中，中国政府是一个野蛮政府，中国司法文化是一种野蛮文化，充满了愚昧、酷刑等落后的成分。其主要舆论观点有：

一是指责清政府利用“苏报案”打击改革力量。1903 年 6 月 6 日《泰晤士报》刊载评论《针对改革者的行动》（Action Against The Reform Party）中说：

> “这个事件给人印象深刻的是，中国北京和地方政府的糟糕状况。高官对失去东三省和国家的内忧外患漠然置之，但是对一小部分爱国者却高度警觉，这些人的主要罪行不过是要改革政治体制和废除满族人的特权。”[②]

8 月 13 日的《泰晤士报》刊载《年轻的中国》（Young China）评论说：

> “苏报案吸引了人们的普遍兴趣。中国政府为此使出浑身解数，如果他们使用一半的热情保卫国家的其他权利，中国也不会沦落到如此令人绝望的地步。”[③]

---

① 王敏：《苏报案研究》，上海人民出版社 2010 年版，第 132 页。

② Action Against the Reform Party，The Times，June 6，1903.

③ Young China，The Times，Aug. 13，1903.

二是指责当时中国司法制度野蛮，反对移交“苏报案”的被关押者，声称人权高于主权。《纽约时报》直接指出：

“中国政府不是一个文明的政府，它的腐败臭名昭著，欧洲各国在条约或者待遇上没有将它作为一个平等的对象。我们之所以强调治外法权就是要承认这样的事实——中国的法律和司法系统仍是野蛮的——这在苏报案中也极其重要。”①

《纽约时报》甚至直接声称：

“无论美国驻华公使（注：指康格公使）的个人态度怎么样，但是美国政府不能将这些不幸的人交给慈禧太后，以及她那些可怕的宠臣手里，否则，等待他们的将是可怕的命运。”②

再如《泰晤士报》在得知法国驻华公使吕班和美国驻华公使康格倾向将章炳麟等人移交清朝政府后，立即呼吁各国，要支持英国政府拒绝移交被关押者的立场。③可见，外文报纸的报道，毫不掩饰他们的西方文化价值中心，对清朝政府的行为不屑一顾。

三是外文报刊积极维护治外法权，极力维护他们的在华利益。西方列强认为一旦释放“苏报案”的被关押者，将会成为清朝政府冲击租界司法权力的开端，有文章指出：

“不久以前我们提到，中国政府起诉在《苏报》上发表文

① The Supao Case, N. C. Daily News, July 27, 1903.

② The Chinese Reformers, The New York Times, Aug. 6, 1903.

③ Chinese Reformers, The Washington Post, Aug. 31, 1903.

章的作者，真正目的是确保对有问题的报纸的镇压，进而形成一个先例。在租界，中国人被认为受到保护而免于被中国官员起诉，如果道台可以镇压租界里令人讨厌的报纸，那么内地的反动官员就会利用这个先例以加强他们的力量。”①

有治外法权的外国人认为一旦给了清政府在租界的司法权，就会影响到各国治外法权的利益。如当时美国总领事古纳在致函上海道时说道：

“外国人之租界原非中国有罪者避难之地，以大义论之，当将反抗政府诸领袖，如今之苏报案诸人，一律交华官听其治罪。……使非治以重罪，恐其势力不久扩张，必有害于各国商务，及骚动全国，而外人之居住中国者亦将罹其危难。”②

即便是后来外方作出让步，同意上海知县汪懋琨参与到会审公廨的审判中，依然强调“公共租界当局希望这只是一个临时的安排，不构成先例。”③表明西方国家对拥有租界司法管辖权的坚决态度。外文报纸毫不掩饰对中国保守势力的厌恶与对“苏报案”被关押者的同情。西方舆论不仅坚决反对交出“苏报案”被关押者，而且要求对章炳麟、邹容等人只能轻判。中外报纸连篇累牍的报道，使得普通民众知晓了“苏报案”的发生和主要司法过程，而被告律师琼斯也试图利用舆论来影响审判，防止主审法官恣意枉

---

① The Supao Case，N. C. Daily News，July 8，1903.

② 中国史学会编：《辛亥革命》(一)，上海人民出版社 1956 年版，第 380 页。

③ [澳] 莫理循：《清末民初政情内幕》，骆惠敏编，刘佳棵等译，世界知识出版社 1986 年版，第 285 页。

断，他指出："此案东西各国均已知之，现在定案时，各国莫不留意，须请堂上照公法判断，不能凭政府之意。"[①] 因而"苏报案"的走向乃至最后的解决，着实受到中外报纸舆论的较大影响。

三、"苏报案"中司法对媒体的关注与利用

"苏报案"是一起有关言论自由和政治改革的案件，体现了中国保守的旧势力对进步力量的镇压。因此，清政府在针对媒体的相关司法评论时，并没有以开放的心态去对待舆论，而是持以敌视的态度去对付媒体的舆论监督行为。

时任湖广总督的端方负责"苏报案"，他非常重视上海的媒体舆论，要求手下赵竹君等人关注上海报纸的言论动向，随时汇报"各报馆议论如何？"[②] 赵竹君等人则奉命一直监控各报的舆论立场，"……申报持论甚正，新闻亦然，中外报不易化导。"[③] 同时"命令律师将《苏报》和《革命军》诸谬说译成英文，登于《字林西报》，俾众咸知其谬"。"苏报案"发生后，为争取在舆论上主动，推动案犯的引渡，负责该案的端方指示："《申报》及《中外日报》，能为运动，使之助力尤好。"[④]

---

① "三讯革命党案"，载《申报》，1903年12月6日。

② 中国史学会编："光绪二十九年闰五月十三日兼湖广总督端方致探员志赞希赵竹君电"，载《辛亥革命》(一)，上海人民出版社1957年版，第454页。

③ 中国史学会编："光绪二十九年闰五月十三日探员志赞希赵竹君致兼湖广总督端方电"，载《辛亥革命》(一)，上海人民出版社1957年版，第414页。

④ 中国史学会编："光绪二十九年六月三十日内阁大学士张之洞致兼湖广总督端方电"，载《辛亥革命》(一)，上海人民出版社1957年版，第452页。

政府为制造有利于“苏报案”的审判舆论，将《新闻报》作为其利用的媒体工具。《新闻报》对“苏报案”的报道主流虽然“持论甚正”，但由于政府和司法的干涉，其报道倾向出现前后不太一致的情形。《新闻报》的幕后老板福开森一直被端方所倚重，同时福开森也是上海道台袁树勋、各国驻沪领事和租界工部局之间就苏报案交涉的重要斡旋者。《新闻报》主笔金煦生是端方亲信金鼎的弟弟，又是福开森的学生。端方秘密联络《新闻报》的幕后老板福开森并转主笔金煦生，要求明确“六犯确系中国著名痞匪，竟敢造言毁谤皇室，妨害国家安宁，与国事犯绝不相同，务将此义著为论说，登诸报端”，认为“该犯已犯众怒，此报一出，众论翕然，不必游移。”[①]于是,《新闻报》遂有《论革命党》一文发表。值得注意的是,《论革命党》不是一般的报纸论说，而是清政府选用媒体精心策划的一个圈套，目的是搜集更多章炳麟、邹容和《苏报》的反清革命言论作为庭审指控的证据。[②]《论革命党》以挑衅口吻，点名攻击章炳麟、邹容等。致使狱中的章炳麟被激怒，气愤之下写出《狱中答新闻报》，并于7月6日发表在《苏报》上，文中多处写有“仇满”“排满”字样，其行为恰好中了政府的阴谋。[③]在章炳麟《狱中答新闻报》发表后，金鼎得意地说，“新闻报《论革命党》用讥讽之法，逆党果中计。有闰五月十二日答说一篇亲供，

---

① 中国史学会编：“光绪二十九年闰五月十二日兼湖广总督端方致福开森金煦日电”，载《辛亥革命》(一)，上海人民出版社1957年版，第453页。

② 王敏：“新旧与中西之间：晚清报纸视域中的‘苏报案’”，载《学术月刊》2009年7月，第41卷。

③ 蔡斐：“影响与造势：1903年上海苏报案中的媒体表现”，载《新闻春秋》2014年第3期。

宛然自认。”[①] 对于金煦生利用媒体舆论欺骗章炳麟的积极表现，端方专门发电表示嘉奖，“此事深倚大才，为国出力，拿获逆党，金令世和，竭力相助，均甚感佩。”[②] 从《新闻报》对“苏报案”的前后态度变化可以看出媒体在报道司法时受到的利用与干涉，部分媒体一度被官方操纵，因此有些报刊在报道“苏报案”的过程中，态度前后变化，忽而同情，忽而批判。而清政府通过利用媒体影响司法，从密切关注舆论走向策略性利用舆论，更加体现出媒体、司法与政治等因素之间复杂的关系。

清末时期，虽然媒体舆论曾在揭露司法问题上不遗余力，但一旦涉及到统治利益，统治阶级就会通过法律或行政手段阻止舆论自由。但清末已到了封建社会的最后阶段，各种病症已不是可以通过一两部法律的制定或修改就能改变的，随着武昌起义的枪声的响起，辛亥革命的胜利使媒体与司法的关系迎来了一个短暂的春天。

第五节　媒体与司法关系的冲突

清末时期“杨月楼案”“杨乃武案”“苏报案”和“沈荩案”发生之时，中国报刊业已经得到迅猛发展，涌现出大批报纸和期刊，国外媒体在华也多有通讯机构或派驻记者。正是这样一个中

① “金鼎致梁鼎芬书”，载《近代史资料》1956年第3期。

② 中国史学会编：“光绪二十九年闰五月十七日兼湖广总督端方致福开森电”，载《辛亥革命》(一)，上海人民出版社1957年版，第457页。

西互相交流的时代，时人以报纸为舆论之机关，使得以上案件能够超越一隅，并成为国内与国际舆论共同关注的内容。媒体不仅深刻影响了四个案件的司法审判过程，而且进一步加快了清末时期新闻法制建设的进程，尤其“苏报案”因为司法过程与结果的特殊性，通过媒体的造势，为中国司法独立、司法改革与进步提供了重要的机遇。

市民文化的开放性、公众性以及群体批判意识，使行政和司法权力在社会舆论中的权威地位不断被动摇，取而代之的是公共性的意见表达和相对自由的争论与选择。正是在这一大的时代背景下，《申报》方能从初创之始就发挥着媒体舆论的介入、监督功效并产生重大影响。这点在《申报》报道“杨月楼案”与“杨乃武案”中可得以真切诠释。《申报》创刊即旨在“凡国家之政治、风俗之变迁、中外交涉之要务、商贾贸易之利弊，与夫一切可惊可愕可喜之事，足以新闻听闻者靡不毕载，务求其真实无妄，使观者明白易晓，不为浮夸之辞，不述荒唐之语。庶几留心时务者于此可以得其概要，而出谋生理者于此亦不至受其欺”。且欲达致“雅俗所共赏，求其纪述当今时事，文则质而不俚，事则简而能详，上而学士大夫下及农工商贾皆能通晓者”。[①]“真实性”“社会性”“大众性”确立了《申报》的舆论取向。正因着这一舆论取向，故原本普通的“杨月楼案”与“杨乃武案”才演化为国人瞩目的焦点。在两杨案件中，《申报》作为近代兴起的报刊媒体，充分发挥了媒体舆论积极参与社会事务，并在司法审判过程中进行监督的功效，开辟了近代报刊舆论干预社会生活监督司法行为的先河。《申报》

① “本馆告白”，载《申报》1872年4月30日。

的如此作为，除因其为外国人所创刊，接受西方新闻舆论思想的影响较大外，主要的还是因为随着近代中国民族资产阶级的兴起，已形成了市民文化的雏形。这就意味着在清末社会已形成了一个初步的公共舆论空间。对“杨月楼案”与“杨乃武案”的深度报道和参与，使《申报》在融合上海各阶层社会心理基础上，凸显其大众传播功能，从而初步融入上海大众文化市场和社会生活。[①]《申报》对“杨月楼案”与“杨乃武案”中所体现出的刑讯制度弊端的尖锐质疑，不仅涉及“时人初萌”的民权和法律观念，而且凭借两杨案中的民本主义立场，树立了民间舆论代言人的公众姿态，并逐渐使自己成为强大的舆论引导力量，使更多人关注两杨案，并一步步走向深度参与。两杨案由普通社会新闻走向全国焦点问题的过程，应被视为以《申报》为代表的近代媒体舆论参与并介入社会生活，于司法审判过程中发挥积极监督功效的开端。籍此开端，雨后春笋的报刊媒体汇聚成一股强大的舆论力量，在近代社会生活中发挥着不可忽视的作用。

但从《申报》先后参与到“杨月楼案”与“杨乃武案”的报道过程中不难看出，清末时期的媒体在报道司法案件时受各种因素影响较深，如《申报》在报道“杨月楼案”时受到审判官员与原告当事人及其家族乃至整个香山旅沪民众的强烈攻击，以至后期相关报道给人的感觉如同隔靴搔痒。《申报》在报道杨乃武案时除了地域因素外，案件信息过度封闭，司法控制在行政权手中，使得报道司法案件时信息来源困难重重。并且封建时期的清末媒

① 范继忠：“晚清《申报》市场在上海的初步形成（1872—1877）”，载《清史研究》2005年第1期。

体报道舆论的自由总是受到政府或司法的仇视，随着“杨月楼案”与“杨乃武案”的相继结案，《申报》在报道司法案件时越来越慎重，“沈荩案”等晚清一系列报刊案，也促使清廷对于僵化的舆论钳制政策进行反省，并最终促成相关法律的出台。“沈荩案”与“苏报案”由于不是纯粹的刑事案件，而被清政府视为危害国家安全之犯罪，《申报》对以上两案件基本上不作政治意义上的评论，相关报道也极少。而主要由《苏报》等革命性报刊打舆论头阵，但也正是因为革命报刊的相继出现，清末政府开始加强了媒体舆论的限制，相关法律法规相继出台。1906 年，奉命出洋考察宪政的载泽等五大臣先后回国，在奏折中提出“定集会言论出版之律”。晚清风起云涌的舆论环境迫使他们承认唯有主动立法，放宽一些言论自由空间，才能有效加强舆论控制。由此，清廷先后在 1906 年和 1908 年颁布了《大清印刷物专律》和《大清报律》等新闻法规，同时还有一些有关新闻的法律条文，散见于宪法、刑法、民法及出版法等其它法律文本中。《大清报律》第十、第十一条规定：“诉讼事件，经审判衙门禁止旁听者，报纸不得揭载。”“预审事件，于未经公判以前，报纸不得揭载。”[①]《钦定报律》第十三条规定：“诉讼……按照法令禁止旁听者，报纸不得登载。”[②]以上规定，是法律对新闻媒体报道司法权力的禁止性规定。《大清报律》和《钦定报律》是在“杨月楼案”，尤其是“苏报案”后，为媒体报道司法所引起的舆论狂潮所惧，可见，制定和颁布新闻出版法律，虽是清末实行新政的一项内容，而“沈荩案”的发生、处理及其产生的

① 刘哲民：《近现代出版新闻法规汇编》，学林出版社 1992 年版，第 32 页。

② 刘哲民：《近现代出版新闻法规汇编》，学林出版社 1992 年版，第 40 页。

社会影响，无疑对此起了重要促进作用。

而从现代司法与传媒的关系来说，传媒对于司法的报道，必须恪守公正与平衡的态度，并且必须保证不能影响司法裁判的过程与结果。但在当时，这些报道差不多都是具有特定立场的，报纸背后的力量决定了新闻的言论倾向，其传播效果对司法的影响没有被媒体考虑在内，有的报道甚至就是为了对司法产生影响。这种情况与当时中国和租界没有新闻法律法规有关，与“苏报案”背后各种力量的角逐有关，更同传媒与司法的天然密切性关系相连。

第三章 南京临时政府时期：变幻风云下的媒体与司法

第一节 媒体与“姚荣泽案”

“姚荣泽案”即民国初年围绕姚荣泽杀害革命志士周实、阮式二人所引发的对姚荣泽是否审判、如何审判的一个案件。因案件所牵涉的人物广，[①]受关注度高，案件所反映的司法独立及文明审判方式在民初实施的效果影响大，故被称为“民国第一大案”。关于此案，学界有不少研究，多集中于司法独立，或是关键人物的思想表述，或是有关案件的起因、发展、结果及其相关法律分析，但对报刊等社会舆论对此案的影响因素着墨不多或不全，多少影响各位读者对“姚荣泽案”的兴趣和理解，尤其“姚荣泽案”之所以成为“民国第一案”，很大因素是由报刊媒体等社会舆论所促成，《申报》《太平洋报》《民立报》《时报》等对此案的关注及其对司法官员的评论不同程度影响了姚案的审理，对民国初年司法

---

① “姚荣泽案”受到袁世凯、孙中山、伍廷芳、陈其美、柳亚子等社会各界名人的广泛关注与参与。

独立进程有双重的作用和影响。

一、媒体视野："民国第一案"之案情起伏

周实、阮式[①]，二人均为江苏山阳县人，南社社员、同盟会友。"武昌起义爆发后，周实、阮式在山阳共同组织巡逻队，担任正、副队长，为光复山阳立下功劳。二君办事认真、嫉恶如仇，污吏劣绅，皆当面呵斥。独立时，姚荣泽被推举为县司法长，独立之日姚荣泽匿不到会，阮式当众斥责其有骑墙观望之意。次日，姚到团练局，二君遂持枪向姚质问，姚对此怀恨在心，于是杀机动矣。1911年11月17日，姚荣泽派人以议事为名，将二人骗至府学杀害，周实连中七枪毙命，阮式被剐腹剖心。姚荣泽手段毒辣，杀人后还污蔑二人是土匪，要把两家家属抓起来。后因镇江军分府的部队驻扎在淮安县，要查究周阮案，姚开始感到害怕，借口母亲有病，辞去职务，逃匿到通州，受到通州总司令张察的庇护。"[②]案发后，南社社员、著名诗人柳亚子等人在《民立报》《太平洋报》披露姚案，之后《申报》《时报》等上海各大报刊开始追踪报道姚案，对案情起伏、官员态度、民众反应详细披露与记载，尤其对此案司法全过程特别关注，一时间舆论哗然，群情激愤，从而形成民国

① 周实，字实丹，名桂生，淮城名士，两江师范学校优级毕业生，"淮南社"发起人。阮式，字翰轩，号梦桃，《克复学报》记者，各大报义务通信员，山阳县高等小学教师，淮南社编辑。

② 姜泣群编：《民国野史》（《民国笔记小说大观》第四辑），山西古籍出版社1999年版，第204~207页；并参见1912年1月至1912年6月份的《民立报》《太平洋报》《申报》《时报》《临时政府公报》等民国报刊。

初年媒体与司法间的紧密联系与互动。

“姚荣泽案”的受关注度与当时社会背景和媒体的推波助澜有密切关系。一方面，当时的社会背景是重要影响因素。民初局势异常混乱，姚案的发生并非个案，是新旧势力冲突斗争的必然反映。姚荣泽杀人的残酷、阴险狡猾，伍廷芳、陈其美的激烈争议反映了新势力间的分歧，也由此引发这么多的曲折，引起这么多的关注报道。[①]另一方面，姚案的来龙去脉，经过报刊报道与渲染，更增添了此案的复杂、生动、曲折等诸多色彩。而上海报刊对此案的关注也与周、阮二人的身份有密切关系，周实是“淮南社”成员，阮式是上海《克复学报》记者，上海各大报义务通信员，淮南社编辑，二人又均是文学社团南社社员、同盟会友，与柳亚子等名士均为媒体中人，这种特殊的职业背景也使得上海整个报刊界为同仁复仇的心态比较强烈。如1912年2月12日上海《时报》转载柳亚子在《南社》第5集所撰《追悼会祭周阮二烈士文》中描述：

> “余观烈士生平，盖缠绵悱恻多情人也。一朝见危受命，慷慨慕义，奋为鬼雄，贤者不可测，亦足为我南社光矣。……他日道便，当以一杯酒，招烈士之魂而奠之。”[②]
>
> “会周君父叔轩先生出狱来海上，南社同人始悉殉义颠末，思昭雪其冤。苕溪陈其美者，革命党人也，……同人告以虏

① 赵晓耕、何莉萍：“法治理想与现实的反差——姚荣泽案的法学思考”，载《河南社会科学》2006年第5期。

② “周烈士实丹传”，载《时报》1912年2月12日；同时参见姜泣群编：《民国野史》（《民国笔记小说大观》第四辑），山西古籍出版社1999年版，第208页。

令无状。一日杀二烈士，不扑杀此獠，无以谢天下。其美以为然。……同人念大仇未复，虏令稽诛。无足稍慰烈士与周君在天之灵者，爰以中华民国元年二月十一日，开会追悼，玉麒持烈士状，乞余一言，义不获辞。”[①]

同日，上海《申报》等报刊也对周阮两烈士追悼会做了详细记述。[②]从上海《时报》和《申报》的报道中不难发现，“姚荣泽案”受到媒体关注，很重要的原因是各媒体“同人”之愤慨。1912年2月初，同为南社社员又是沪军都督的陈其美根据南社公函及周父告发，行文通州，要求捉拿姚荣泽到沪讯办，但通州分府拘姚后，迟迟没有将姚押解到上海。值此僵持之际，淮安学团顾振黄等五十余人到上海请愿，而皖南同乡会（姚荣泽是皖南人）也力挺姚荣泽，两团体为各自利益争论不休，一时间军界、政界、学界、被害者家属的公函、公禀、呈文也雪片般投向都督府，由此，“姚荣泽案”的资料来源主要包括官方的来往电函、受害人家属的诉状、皖南同乡会电文、淮安学团绅团的电文等，以上资料均在第一时间被《民立报》《太平洋报》《申报》《时报》等媒体报道和评价，部分报刊资料后被收录到《孙中山全集》《伍廷芳集》中。媒体的高度关注促进了“姚荣泽案”案司法审理过程的公开化、复杂化与戏剧化。

---

① “阮烈士梦桃传”，载《时报》1912年2月12日；同时参见姜泣群编:《民国野史》（《民国笔记小说大观》第四辑），山西古籍出版社1999年版，第210~211页。

② “周阮两烈士追悼会纪事”，载《申报》1912年2月12日。

二、相互关系：媒体舆论与司法反应

（一）媒体对“姚荣泽案”的舆论导向

从当时主要报刊来看，报道倾向大致分为两种，一种是革命型的，力图为周、阮二人报仇雪恨。如《太平洋报》和《民立报》等，这类报刊由具有革命倾向的知识分子主笔，多是周、阮二人的“同人”，如柳亚子所言：“同人告以虏令无状。一日杀二烈士，不扑杀此獠，无以谢天下。其美以为然。”[①] 同作为南社成员的陈其美在当时报界“同人”的鼓动下，对“姚荣泽案”的关注不同寻常，他对案件的态度也深受报界“同人”影响。另一种是中立型的，能对案件较为公允报道，对原、被告双方的态度较为平和，如官方主办的报刊和《申报》等一些外国人主办的报刊。官方报刊与民办报刊区别在于，官方报刊的语言极其简洁，对案件只报道相关过程，没有评论性语言，如《临时政府公报》对“姚荣泽案”的报道只有“命令”“咨”和“纪事”三种方式，语言都很简短。《临时政府公报》第十一号“命令”栏目载：“大总统令江苏都督庄蕴宽据左横等呈诉周阮冤案，请交沪军都督办理。”[②] 仅一句话而已。而《申报》对案件的报道除了态度较为中立外，评论都较为翔实，不仅刊载官方电文，也全文刊载原被告双方的争论，并将当时上海各界言论以“来稿”或“评论”的方式刊载。如 1912 年 1 月 28

---

① “周烈士实丹传”，载《时报》1912 年 2 月 12 日；同时参见姜泣群编：《民国野史》（《民国笔记小说大观》第四辑），山西古籍出版社 1999 年版，第 210 页。

② “命令”，载《临时政府公报》1912 年第 11 号。

日《申报》刊载来稿《皖南同乡审查姚案被逮案情》，文章从“事理、法理、治理”三个方面为姚荣泽申辩。而仅四天之后，《申报》刊载来稿《淮安旅沪学团之质问》一文，对上文作了回应与评价，争论充满火药味。[①]《申报》从1912年1月开始报道案件起到1912年4月案件审理结束，整体倾向是中立的，但从另一种角度看，正因为报刊的全方位报道和报刊的关注，媒体的“可重复性是主宰我们世界的机械原理的核心”[②]之作用，充分体现在“姚荣泽案”的审理中。即便对此案态度较为公允的一些报刊也无法避免文章转载过程中多次重复性的舆论倾向和导向，如《申报》，看似无偏无倚报道，也充满了一边倒的措辞。1912年2月12日《申报》“本埠新闻”栏目刊载《周阮两烈士追悼会纪事》：“……诸君相继演说，均激昂慷慨誓殛姚荣泽，为两烈士复仇。”1912年2月29日《申报》刊载《醋讯姚荣泽之预备》：“前清山阳县知县姚荣泽因冤杀击周阮两志士，致动公愤。……”。1912年3月18日《申报》刊载《定期审讯姚荣泽》：“姚荣泽惨毙周阮一案……”。以上《申报》在报道案件过程中，虽然标题是中立性的，但文章在叙述中使用了“烈士、公愤、惨毙”等情绪化语言，表现出对周阮二人的同情色彩，无形中造成“有罪推定”的嫌疑。

（二）媒体对“姚荣泽案”的报道与评议

“姚荣泽案”发生时，报刊对案件做了全方位报道，包括立案

---

① “淮安旅沪学团之质问”，载《申报》1912年2月1日。

② 马歇尔．麦克卢汉着，何道宽译：《理解媒介——人的延伸》，商务印书馆2000年版，第204页。

过程、审讯程序和审讯结果。按照当时法律规定，对公开审理的案件，媒体有权进行报道。[①] 媒体对“姚荣泽案”的关注和详细报道，对于民众了解民初司法独立过程与学习西方审判形式有极好的宣传作用。如当时《申报》从 1912 年 2 月 29 日至 1912 年 4 月 4 日分别刊载了《醋讯姚荣泽之预备》《定期审讯姚荣泽》《外人注意中国刑律》《审讯姚荣泽案之预备》《研讯姚荣泽案初志》《复讯姚荣泽案之预备》《琐闻城内》《会审姚荣泽案之程序》《续讯姚荣泽案之预备》《续讯姚荣泽案之纪略》《第三次研讯姚荣泽》《姚荣泽案之死活问题》，一个多月时间里仅《申报》就有 12 篇关于“姚荣泽案”审讯程序的报道，从报道的详细程度与评论的入微程度是其它“新闻”与“事件”所不及的。此期间，《时报》也有 10 篇左右的文章报道案件的审理过程。

以上报道中，难免会涉及司法独立与审讯法官的内容。如《申报》“本埠新闻”栏目《研讯姚荣泽案初志》一文记载：

> “淮安山阳县民政长姚荣泽误毙周阮二志士一案，昨由沪军都督府分函承审各官，先于午前一律前赴白渡桥国民协赞会齐集，正审官陈贻范、蔡寅、丁榕及陪审官胡文甫、周舜卿……，由沪军都督府书记员欧阳烈之宣布开庭秩序，先经陈贻范君言此案关于人民生命，讯断必要公平，照各国法律须有陪审员，中国本无此例，此次陪审员须上委任，陪审责任甚重，外面言辞不必计较，必须持平，下次亦必须到堂

① 民国初年 1912 年 3 月 11 日公布的《中华民国临时约法》第二章第四条、第十五条规定：“人民有言论、著作、刊行及集会、结社之自由。”当时尚未制定对报刊设定权利与义务的专门报律，故当时报刊对司法报道属于不被法律法律禁止之权利。

陪审。”①

叙述中可以看出“姚荣泽案”是中国司法争取独立的第一案，虽然其中还有行政权的干涉，有“沪军都督府分函承审各官”和“由沪军都督府书记员欧阳烈之宣布开庭秩序”之情形，但正式审判官员都是熟知法律的专门人士，并且中国在此案中第一次仿照英美国家的陪审制度。案件第一次审理之后，媒体完整地将审理姚荣泽之案的程序刊载出来，兹摘录如下：

> “今觅得程序单，刊录于后：一、承审官就席后提犯者到堂；二、秘书宣读罪状，质问犯者有罪或无罪；三、若犯者自称无罪，秘书即传陪审员；四、戒誓陪审员；五、原告林行规律师具述事由；六、原告许祥狄，梁孙律师传集人证（原问、反问、复问）；七、被告律师具述事由；八、被告律师传集人证（原问、反问、复问）；九、被告律师申辩；十、原告领袖律师金泯澜为法律上之论告；十一、承审员评论全案；十二、陪审员答报；十三、判决宣告。”②

通过以上媒体报道，民众较为全面了解到审判“姚荣泽案”的整个过程，并详细认识了近代英美国家典型的司法审判程序，如审判过程、法官、陪审员和律师等各自职责。当时民国报刊对审判过程基本上持肯定态度，从报道语言上看，媒体不但对中国法庭采用西方庭审模式没有不适应的感觉，而且对一些不守法庭

---

① “研讯姚荣泽案初志”，载《申报》1912 年 3 月 24 日。

② “会审姚荣泽案之程序”，载《申报》1912 年 3 月 28 日。

规矩的陪审员提出了批评。如《申报》记载：

> “审判姚荣泽一案，中外注意，正副裁判固宜慎选其人，陪审员各员亦不可含混列坐，乃当律师质问原告时，突有列身陪审员中之某君，发言辞退，颀然而去。即退之后，复欲发言，两座旁听中西人士深为诧异，且有匿笑者，此君既不知法律为何物，又不识陪审为何事，当道者胡，竟任意推选，贻笑邻邦。”①

现代学者认为“司法公正与否，离不开司法主体素质的好坏。司法主体面临纷繁复杂的法律现象时，其法律素养、品性修为、道德良心、社会关系、习性、生活环境等，都可能对其所从事的司法活动发生影响，从而影响司法价值判断，左右司法的公正性。”② 而当时报刊媒体对新鲜的司法审判形式是接受的，对审判法官的表现整体评价还是较好的，并且能用批评态度正确评价不懂法的陪审员，只是庭审结束后，因几位法官联合为姚荣泽电请袁世凯特赦而触动了媒体敏感的神经。1912 年 4 月 1 日，姚荣泽经历过三次开庭，最终被判为死刑，而丁榕等四位法官和陪审员考虑到“姚荣泽案”发生在非常时期，情有可原，在案件判决后希望通过总统特赦方式免除姚荣泽死刑，这显然未考虑到当时民众情绪和媒体舆论。因此，从 4 月 4 日开始，媒体对几位法官的行为特别关注，《申报》等报刊追踪报道几位法官联合伍廷芳等人电

① “研讯姚荣泽案初志”，载《申报》1912 年 3 月 24 日。

② 张仁善：“百年中国司法权体系的发展进程及现实反思”，载《河南省政法管理干部学院学报》2007 年第 4 期。

请袁世凯的整个过程。1912 年 4 月 4 日和 4 月 6 日的《申报》对“法官间针对姚荣泽死活问题的争议”进行详细报道，对法官丁榕、陪审员胡文甫等人致函陪审员徐粹庵，要求联合为姚荣泽请命，而徐粹庵等人强烈反对的言辞均在《申报》全文披露，[①] 一石激起千层浪，之后媒体对法官此种行为持批判态度，先后刊载多篇反对法官请求特赦的评论，且持续时间较长，延续两个月之久。[②] 由于报刊媒体对当时案件结果有诸多不理解，并相信传言，尤其针对原司法总长伍廷芳帮助法官向袁世凯请求特赦姚荣泽一事进行大加批评，不乏污辱谩骂之词，并进行人身攻击。《太平洋报》“短评”栏目先后刊载《伍廷芳破坏法律》《赖账》和《伍廷芳说鬼话》等文章，对刚刚卸任的伍廷芳极尽批判之能事。[③] 曾在民国初年掌管全国司法、名声威赫的伍廷芳因姚荣泽一案深受打击。

（三）司法对媒体的反应与态度

从“姚荣泽案”被媒体揭开的那刻起，司法程序与法官行为就处于媒体的过度关注之中，而从当时的司法反应来看，却相当平和。由于当时兼任上海最高行政与军事长官的沪军都督陈其美的插手，媒体与司法间的地位明显发生错位。媒体对司法与法官

---

① “姚荣泽之死活问题”，载《申报》1912 年 4 月 4 日；“姚荣泽之死活问题再志”，载《申报》1912 年 4 月 6 日。

② “反对赦免姚荣泽”，载《申报》1912 年 4 月 18 日；“又是一个反对赦免姚荣泽”，载《申报》1912 年 4 月 23 日；“山阳追悼会补纪”，载《申报》1912 年 5 月 11 日；“内新闻”，载《申报》1912 年 6 月 21 日。

③ “伍廷芳破坏法律”，载《太平洋报》1912 年 4 月 16 日；“赖账”，载《太平洋报》1912 年 4 月 17 日；“伍廷芳说鬼话”，载《太平洋报》1912 年 4 月 16 日。

的报道和评论铺天盖地，而司法机关的反应极为迟钝，基本上任由媒体对案件全程报道与评判，这是在清末与北洋政府及之后任何时期再难以看到的现象。伍廷芳辞去司法总长后，当为审判法官出谋划策申请为姚荣泽特赦而受到媒体误解与狂轰滥炸，甚至受到语言侮辱时，才对媒体作出回应，但语言没有激烈的反驳。据《申报》记载：

> “某君造访伍廷芳曰：本日（即十六日）太平洋报短评有《伍廷芳破坏法律》一则，君承认否？伍为之一笑，徐发言曰：此所谓好人难做也。余为主持遵守法律之人，讵有破坏法律之理。前此对于姚荣泽一案与沪军都督往返辩论，盖以其时身任司法行政，必须设法组织正当法庭，开正式之裁判。迨即审问之后，其权全属于法庭，余即未尝干涉。此中界线甚为明了，何来破坏法律之说耶。”①

从伍廷芳辩解来看，他没有因为不被理解而表现得愤愤不平，反而是笑着为自己“说情”，可见民国初年，法官对媒体的批判处于忍耐中。《申报》等上海各刊刊载上文之后，次日（十七日）《太平洋报》马上又发《赖账》一文，并加“短评”一则题为《伍廷芳说鬼话》，文中极尽贬低伍廷芳之言辞。伍廷芳面对媒体强压，依然很被动地用言语为自己辩解。伍回答记者采访时说：

① “附录”，载《申报》1912年4月16日；同时参见伍廷芳：“答客问”，载《伍廷芳集》下册，中华书局1993年版，第521~522页。

“该报之言论可以欺愚蒙而不值识者一哂。夫有而为无是谓作伪。作伪之事，在吾国社会或习以为常，余虽不敏，尚能免此无端詈人作伪、实毁谤名誉之一端。各国法律类有制裁之力，该报不审事实，而信口詈人，余可曲谅其无识，而不忍与之较量。然为该报计，颠倒是非，变乱黑白，亦足使价值扫地。使余对此案，确有电袁大总统，余何为不肯承认。即使惧舆论之暴彰，亦只可缄口不言，何故确言之曰：无，独不虑从袁大总统处查出此电乎？又不虑从发电之处，查出电底乎？即能赖账一时，不能赖账于明日，余虽愚昧，何至于出此下策？总之，余对于此案自问无愧，何畏人言？如有疑余以私人请托移易者，请向袁大总统处查明……，如有凭据，普告天下以声其罪，余亦无悔，否则，请该报执笔人扪心自省，是否失言，余心慰矣，必不以恶声复加于其身也。”①

在“姚荣泽案”发生前，伍廷芳因熟知外交与法律事务，并为南北和谈的主要代表，后身居司法总长之高位，在民国初年，声名鹊鹤，为舆论推崇，但仅因姚荣泽一案，伍深受媒体指责，在名誉受损情况下却极为克制，以“该报不审事实，而信口詈人，余可曲谅其无识，而不忍与之较量”的申辨为最终结局。值得我们深思的是：民初司法在“遭遇”媒体舆论时何以如此无力？这种媒体强力下的司法能否体现出司法独立，能否促进司法近代化进程？

① 伍廷芳：“答客问”，载《伍廷芳集》下册，中华书局1993年版，第523页。

三、司法之争：伍廷芳与陈其美的首次舆论之战

伍廷芳（1842—1922）

如何对“姚荣泽案”进行处理。在案件转交由沪军都督审理以后，旅沪淮安绅士以“息事宁人、勉徇众以起见，以持平评论，作双方之调停”为理由，致信司法总长，建议对姚荣泽以罚款为主，并为周实、阮式两人建祠出书。[①]受害人周实、阮式的家属也致信伍廷芳，以“证人在沪多日，谋生艰难，一旦回里，实难召集”为借口，又由于旅沪绅士的从中调停，同意“自愿和平了结”。[②]对于“姚荣泽案”双方要求和解的愿望，革命党人坚决不同意，不愿放过姚荣泽。所以，陈其美致电大总统和司法总长，坚决要求严厉惩罚姚荣泽。同时，对通州分府没有将姚荣泽解押来沪、大总统及法部所谓“保护人道、尊重人权”的做法很不满。以陈其美在当时民国的地位来看，案件最终移交给沪军都督府势所难免。但问题的关键并不是案件由谁来审判，而是按照什么法律、什么程序来审判。实际上，在案件移交沪军都督府以后，

---

① 伍廷芳编：“伍秩庸公牍”，卷上．载沈云龙主编：《近代中国史料丛刊》第66辑，台湾文海出版社有限公司。第54~55页。还参考了丁贤俊、喻作风编：《伍廷芳集），中华书局1993年版。

② 伍廷芳编：《伍秩庸公牍》卷上，第53~54页。

1912年2月18日[①]，时任司法总长的伍廷芳就向临时大总统孙中山就如何审理“姚荣泽案”提出相关处理意见，并对拟定审理“姚荣泽案”的具体程序问题提出了质疑，即由谁来组织法庭和按照什么程序来审理，而伍廷芳的一系列质疑也由此揭开了其与陈其美首次司法之争，由于争论的来往书信被上海各大报刊争相报道，两人围绕“姚荣泽案”所展开的司法问题争论在舆论的炒作下万人瞩目。

表4 《申报》刊载的陈其美与伍廷芳关于“姚荣泽案”的书信[②]

时　间	报　刊	标　题
1912年3月23日	《申报》	《司法总长伍三复陈都督书》
1912年3月24日	《申报》	《司法长伍三复陈都督书（续）》
1912年3月26日	《申报》	《司法总长伍为姚荣泽案四复陈英士书》
1912年4月10日	《申报》	《司法总长伍为姚荣泽案四复陈英士书》

1874年，伍廷芳留学英国，进入伦敦学院攻读法学，顺利获得博士学位及大律师资格，成为中国近代第一个法学博士，后回香港做律师，成为香港立法局第一位华人议员。显然，对曾受过西方专门法律教育和司法实践训练的伍廷芳而言，在中华民国初建之际，可以通过姚荣泽案件的审理，宣扬西方文明国家先进的审判理念、办法以及审理程序，为民国的司法改革开辟新的途径，并为民国初年各种诉讼案件树立了新的标准。而陈其美作为民国

① 1912年2月15日袁世凯当选临时大总统，1912年3月10日就任。

② 由于伍廷芳与陈其美初始来往书信未能吸引媒体，故大部分报刊的书信刊载并不完整，全部书信可以参考《伍廷芳集》《孙中山全集》等著作。

上海的最高行政官员和军事首领，还沉浸在革命的狂热中，对法律视而不见，这也导致陈其美与伍廷芳在“民国第一案”的处理上发生了严重分歧。通过报刊所载两人来往书信的梳理，其争论焦点主要有以下几点：

焦点一，关于行政权与司法权关系的论争，主要涉及行政长官能否任命审判人员，司法权是否可以独立。1912 年 2 月 29 日，陈其美对伍廷芳的电文称：“姚荣泽一案已由阁下委任丁榕为陪审官”，并在来电中私自委任军法司总长蔡寅为临时庭长，日本法律学士金泯澜等二人为民国代表。[①]1912 年 3 月 2 日，伍廷芳针对陈其美的来电表达了自己的不满，并认为审判人员应由司法机关来任命，他明确指出：

> “姚荣泽一案，既按照文明办法审理，则须组织临时正当之裁判所，所有裁判所之支配，应由敝部直接主任。应派某人为裁判官、某人为陪审官，其权原属于敝部。前承见商拟，以贵府某君列裁判官一席。当时，廷虽以为可行，然未当允任庭长之名。敝部前无派丁君榕为陪审官之事。来书云云，未免稍有误会。廷令拟审理姚荣泽一案办法，须组成一合议裁判所。派陈君贻范为所长，丁君榕、蔡君寅副之，应设陪审员三人或五人，临时酌定。”[②]

针对伍廷芳的来信，陈其美于 3 月 4 日回信伍廷芳。在回信中，陈其美以“事先将委任审判官一事公诸报端”为借口，继续坚持

① “沪军都督来书（二月二十九日）”，载《伍秩庸公牍》卷上，第 55 页。

② 丁贤俊、喻作风编著：《伍廷芳集》，中华书局 1993 年版，第 502 页。

自己的决定。并为自己的决定说明理由，言称蔡寅的学问、水平是“近时法界中人类能言者”，同时担任沪军都督府的司法裁判事宜，“数月以来亦无损越”，如果更换，对外界不好交代。因此陈其美提出由蔡寅担任姚案的审判长，“审理此案，以昭大信”，由陈、丁二人副之。关于派出民国代表一事，陈其美称，由于姚荣泽是“抵抗民军，非寻常挟嫌故杀可比”，故派律师代表民国。“以昭慎重”。[①] 从回信中内容可知，陈其美根本没有认识到自己私自委任司法审判官的行为有违司法独立。而在伍廷芳看来，陈其美私自委派审判官的行为就是严重侵犯司法权的行为，在 3 月 22 日，伍廷芳发出“五复沪军都督书”，信中对陈其美干涉司法的行为再次表达自己的愤懑与无奈：

> “此案未解沪以前，执事通电力争，曲须索解来沪审讯。查阅原电，含有原告性质，语意之间似坐实姚荣泽为有罪。天下岂有先坐实彼造之人为有罪，而对于此造不生危险之理。执三权分立之说，凡关裁判之事，本不敢烦执事过虑。日前承认执事派人审讯、派人陪审，原系通融办法。尚必事事干涉，司法一部不几同虚设耶。”[②]

但在回信中，陈其美继续坚持自己的主张，仍然坚持行政对案件的干涉权力，他认为：

> “以地位论，贵部乃张力司法行政之机关，于审判案件，

① “审讯姚荣泽案之预备”，载《申报》1912 年 3 月 22 日。

② 丁贤俊、喻作风编著：《伍廷芳集》，中华书局 1993 年版，第 509 页。

似亦未便干涉。惟现在民国初建，司法机关尚未完全成立。一切事宜，只得通融办理，至有临时裁判所之组织。敝处与尊处会同派人审讯、派人陪审，均所以补其不足。且此案，迹仅反抗民军，有关军法，与寻常刑事案件不同。敝处军阀，既设专司以此办理此案，似亦在权限之内。况原告一方面以留沪故，本在敝处诉冤，美素抱积极主义，未得谓之干涉高明”。[①]

从陈其美的辩论中可以看出，他以民国建立之初，司法机关不完备、案件涉及军法为理由，不承认自己有干涉司法的想法和行为。两人各持己见，经过不断升级的辩论，如此鲜明的观点与冲突第一次全方位展现在公众面前，促使民众思想之解放，促进了民国初年的司法独立进程。

焦点二，关于审判程序与律师作用的争论。对此，伍廷芳在“再复沪军都督书”中，建议采取以西方文明司法审判为模本的司法规则和审判程序，其言论如下：

“目下，我国法学渐明。已有律师公会之设。各省裁判所且确许律师到堂办理案件。上海为华洋杂处之区，租界有律师而内地无之。近虽业已准用，而中国律师不能到租界办案，甚不平允。廷意以此案如姚荣泽欲聘用外国律师，拟准其任便聘用，以为将来中国律师得行诸租界张本。且闻姚荣泽有外国人为之到堂指证，如是，则裁判官必须通达欧美言文，且熟悉欧美裁判制度，方足以资应付。……廷所以斤斤以此

① 《伍秩庸公牍》，卷上，第 79~80 页。

为言者，非有他意，盖深知外人轻视我国为不法之国，已非一日。此次民国已成，所有才智之士，均得自行其志。”①

在论述文明裁判方法时，伍廷芳煞费苦心地说明允许外国律师在中国法庭出庭办案可以为中国律师参与租界法庭办案提供先例。同时，伍廷芳主张必须选一名精通西方法律和裁判制度的主审官，以体现新兴的民国已步入文明之列。另外，伍延芳对于西方的陪审制度也很有热情：

“惟派陪审员一节。按照文明固通例，须举地方公正绅士二三十人，将其邀请到堂，即将其人姓名置一筒内，作拈阄办法。拈出七人或五人，随同秉公裁判。如数人中有与原被告夙有嫌怨，或与此案抱有成见者，原被告可不承认，再由筒中拈出他人补充。亦须原被告承认方可。如是，则两方公允，各无异言。否则，将反为之籍口。至尊处所派二人，与敝处所派数人，均当照此办法。”②

在争论中，是否允许聘请外国律师一事使双方的争论不断升级，陈其美对伍廷芳关于准许姚荣泽聘请外国律师一事再次致函伍廷芳：

“试思吾国律师，居留外国时，遇有外人涉讼，或外人与华人涉讼案件，设一方面欲聘中国律师，外国法院能允许吾国律师有莅庭辩护之权乎？即此一端，吾国法庭不能允许外

① 《伍秩庸公牍》卷上，第 58~60 页。

② 《伍秩庸公牍》卷上，第 63~64 页。

国律师到堂，无言而自明矣。且华人素有崇拜外国人之习惯性，依赖一生，则情夺势绌，莫敢争衡，是以易并外人之指证而却之。近闻外国律师，有要求至内地审判庭办事之说。极端争持，犹恐外人难泯觊觎之心。若一经让步，异日援例要求者势必接踵而起，主权丧失、口实贻人，仆与我公将为众矢之的，后悔何及”。[①]

而伍廷芳在回信里表达了要“按照文明国办法”的坚定信念，并对陈其美保守和不符合法治国家的主张提出了强烈批评。[②]

焦点三，司法文明与领事裁判权是否有必然的关系。伍廷芳在“再复沪军都督书”中，首次明确司法文明与领事裁判权有必然的联系：

“仍如前清时代行不规则之裁判，岂不令外人仍存轻视我国之心耶？居恒自待如何，一旦得所籍手。尚不略为整顿。恐非改革之本心。且吾人常存收回领事裁判权之希望，若于本国之裁判不能示人以文明气象，将来承办此事者更何恃以为持论之报据乎？执事深明大局，想不以此言为河汉之无极也。凡此皆为大局起见，非仅职权上之关系。”[③]

3月19日伍廷芳在“四复沪军都督书”中，再次表明司法文明、国家主权、司法独立与收回领事裁判权之间的重要关联：

① 《伍秩庸公牍》卷下，第68~69页。

② 丁贤俊、喻作风编著：《伍廷芳集》，中华书局1993年版，第507页。

③ 《伍秩庸公牍》卷上，第58~60页。

“尊意于此案准其聘用外国律师，及外人指证，终不能释。此诚执事发于爱国之热忱。而为此审慎徘徊之见。惟鄙意则以为不必过虑。吾国法律腐败，审判糊涂，已非一日。故海通之始，外人即将领事裁判权摄而有之。固由当时立约者之不谙外情。然吾国法律及审判方法不满足外人之心。实识其咎。今欲设法收回领事裁判权，必须未收回之先，将法律及审判方法实地改良，示以采用大同主义之铁证，使各国报纸表扬而赞美之。随即编纂完美之法律，昭示中外。然后有所挟持以与谈判。庶于收回领事裁判权一事。”①

可以看出，伍廷芳把姚荣泽案件的审理上升到事关收回领事裁判权和民国司法主权的高度。陈其美同样也是不甘示弱。他在3月21日的电文中，讥讽了伍廷芳“收回领事裁判权，必先将法律，及审判方法，实地改良”的说法，陈其美认为：

“民国成立后，贵部（指司法部——引者注）建设，已及百日，法律亟应编订，即审判方法，亦当实行改良，天下事要在人为，苟能实力进行，何患不有善果。尚仅规模一时，以博虚誉，其结果如何，要难预断。至聘用外国律师，即为收回领事裁判权之希望，是岂外国律师，可为改良之资料耶。抑或有外国律师到庭，方足以示文明规范耶。以阁下之学识从事改良，当能游刃有余，似毋庸斤斤计较于此，以为他日收回领事裁判权”。②

① 《伍秩庸公牍》卷下，第69~74页。

② 《伍秩庸公牍》卷下，第74~77页。

至此，双方的论争从案件的审理方式上升到了民国司法主权和司法独立的高度。司法改革者伍廷芳与革命党人、军方代表陈其美之间就审判方式是实行文明国家的法治，还是传统的人治或革命的专制进行了激烈争论，体现了以伍廷芳为代表的法治派和以陈其美为代表的军方革命派在“道路与方法”上的矛盾与冲突，反映了民国初年法治建设，尤其是实现司法近代化过程中的艰难。[①]最终，伍廷芳获得临时大总统孙中山的支持，“姚荣泽案”按照伍廷芳拟定的审判方案，设置法庭、安排裁判官，并以西方法律程序进行了审理。1912年3月23日，“中华民国第一案”在上海开庭，法庭经过23日、30日、31日的3次审判，最后判定姚荣泽死刑，但法庭给姚荣泽最后陈述的机会，姚荣泽申辩道杀死周实、阮式并非出自本意，而系受地方绅团的逼迫所为，请求减刑。而陪审团也认为，本案发生在光复未定、秩序扰乱之际，与平静之时不同，“该犯虽罪有应得，实情尚有可原”，便决定由陪审员集体禀请大总统“恩施轻减”。[②]此时，袁世凯刚上任不久，一纸大赦令免除了姚荣泽的死刑。姚荣泽的“死而复生”，令革命党人无法接受，他们将责任推到伍廷芳身上，连续在各大报刊发表文章，指责伍廷芳滥用职权、实行专制，破坏民国法制与民权。一时间舆论纷飞，伍廷芳成为众矢之的，伍廷芳民国初年的司法独立理想就这样尴尬收场。但媒体舆论不加求证的指责也成为后来伍廷芳希望对媒

① 韩秀桃：“民国元年的司法论争及其启示——以审理姚荣泽案件为个案”，载《法学家》2003第2期。

② “姚荣泽之死活问题”，载《申报》1912年4月4日。

体加强法治化管理的一种个人背景。[①]

第二节　媒体与“宋汉章案”

当“姚荣泽案”还被媒体舆论如火如荼地报道之时，上海又发生了一件重大案件，1912 年 3 月 24 日，沪军都督陈其美拘捕上海中国银行经理宋汉章，引起舆论哗然，沪上各大报刊争相报道，成为当时社会关注的焦点。在此后长达四个多月的时间里，两任大总统孙中山、袁世凯，两任财政总长陈锦涛、熊希龄都对此案件表现出极大的关切，司法总长伍廷芳与沪军都督陈其美在报刊上再次展开关于司法问题的大论辩，两人辩论的激烈强度不逊于“姚荣泽案”，同时外国领事也积极发表意见，“宋汉章案”遂演化为民国初年轰动一时的案件，伍廷芳与陈其美关于司法争论的焦点也再次充斥媒体舆论，司法独立的呼声更为高涨，“宋汉章案”和“姚荣泽案”同时成为促进民国初年司法改革和司法独立的重要里程碑。

一、“宋汉章案”的媒体报道

1911 年 10 月 10 日武昌起义爆发后，革命风潮席卷全国，多

① 1915 年 3 月，伍廷芳出版了专著《中华民国图治刍议》，书中专门设置“论司法之独立”、“论司法之关系”、“论报纸之言论与报律”等篇章，其中很多司法理念都与姚荣泽案件的司法处理过程有紧密关系。

数省份陆续宣布独立，11月3日，上海成立了以陈其美为都督的沪军都督府。1912年1月1日南京临时政府成立，孙中山就任临时大总统，民国伊始，百废待兴，为尽快发行军用钞票、募集公债以资助财政，新政府接受原大清银行商股联合会的申请，改组大清银行为中国银行，原大清银行上海分行经理宋汉章被任命为上海中国银行经理，但因宋汉章拒绝陈其美向其索银50万两充当军费的要求，于1912年3月被陈以“侵吞公款”的罪名拘捕。陈其美与宋汉章同为民国效力，各司其职，而陈其美逮捕宋汉章的事件突如其来，民众对此极为诧异。

宋汉章被拘捕的消息很快传遍上海滩，陈其美身为沪军都督，竟在光天化日之下擅自抓捕中国银行经理，立即引起舆论一片哗然。沪上各家报刊纷纷报道，如3月26日《申报》报道了宋汉章被拘事件：

宋汉章（1872—1968）

“中国银行经理宋汉章，前日与顾达三、周舜卿、张叔禾等应华侨梁建臣之约，同赴曹家渡小万柳堂廉惠卿家宴，饮时至二钟，未及入坐，忽有小轮船一艘驶至后河停泊，有十余人登岸径入客坐，奉都督府命令将宋汉章拥去。”[①]

《民立报》则在3月26日刊登名为《小万柳堂煞风景》文章，更为详细地报道了宋汉章被捕的经过。《大共和日报》

① “宋汉章被拘”，载《申报》1912年3月26日。

也在这一天刊登了《银行经理宋汉章被捕》的报道。其他如《时报》《时事新闻》等报也都有相关报道。与此同时，为了获得更广泛的舆论支持，陈锦涛请中国银行理监事会致函上海日报公会，讲述宋汉章被捕经过后，对无法律依据，“妄行拘捕”行为进行了指责：

> “值此共和时代，着重人道主义，似此妄行拘捕伤害个人身体之自由，阻碍银行进行之事实，公理何在？法律何存？本行地居冲要，华洋交涉及出入款项均系宋君一手经理，万一市面闻此被捕消息，群起风潮，致生绝大危险，谁执其咎？贵会主持公道，尚祈秉公发议，冀当局之觉悟，全民国之名誉，不胜盼切。”①

媒体除发表自己观点外，也纷纷登载各界人士为营救宋汉章而发表的文章。绍兴旅沪同乡会（宋汉章家乡在余姚，属绍兴行政区）出面致函袁世凯、孙中山、黄兴等人，要求释放宋汉章，并致函陈其美，抗议其擅自逮捕宋汉章，《申报》等报刊将电文全文刊载，从而使民间对此事的态度较为明朗：

> “贵都督此次如此手段，恐于共和国宗旨大相悖谬，即前专制国之官吏亦无如此野蛮……敝会素与台端感情甚深，不得不略尽忠告，且与宋汉章谊关桑梓，尤不得不力为调处，若为顾全两方面计，则莫如交与敝会担保，如欲传讯之时，敝会随时送案质讯，庶与贵都督名誉无妨，而宋汉章之事实

---

① “临时理监事会函”，载《申报》1912 年 3 月 26 日。

亦可彻查。想执事明达，定必曲从。”①

上海租界当局也出面干涉，并在《申报》上表露其态度，表示要“派专员调查当日逮捕情形，并察勘小万柳堂地址是否华界，抑或与租界接壤，以凭禀复领团开会研究。”② 此后，上海领事团决定向华官施压，要求释放宋汉章，并请各国公使支持，并威胁说：“即拟要求上海陈都督将宋释放，陈都督如仍主张将宋羁押候审，则或将用剧烈手段对付之。”③

中国银行监督吴鼎昌分别急电袁世凯、孙中山、内阁总理唐绍仪、财政次长王鸿猷，在向袁世凯和孙中山的电文中称：

> “沪行经理宋鲁今午因华侨梁建臣在小万柳堂宴饮，忽来军队多人持械将宋鲁捉上救生小船，立即开驶。后经本行吴监督面见沪军陈都督，始悉为人告发，饬令拘捕。查宋鲁素为谨慎，兼有妥保，决无徇私罔利情事，纵有控告，亦应咨照监督查办，正式传讯。遽而诱拿，群情哗然。”④

吴鼎昌在向内阁总理唐绍仪、财政次长王鸿猷的电文称：

> “沪行经理宋鲁今午被沪都督派兵拿捕，经昌往询，面称：‘有人控告，未便释放。’查银行办事人员均有殷实妥保，纵有控案，亦应咨照监督查办，或正式传讯。遽尔派兵捕拿，

① “为宋汉章调处者”，载《民立报》1912年3月29日。

② “调查宋汉章被拘情形”，载《申报》1912年3月30日。

③ 孔祥贤：《大清银行行史》，南京大学出版社1991年版，第278页。

④ “中国银行对于宋汉章被掳事之控诉”，载《时报》1912年3月26日。

如获大盗，同为共和政府办事，岂不寒心？即请速电都督，即刻释放，交银行由昌查办，以清权限而专责成”。[①]

吴鼎昌指责陈其美拘捕宋汉章属于越权。陈锦涛也于同日亲电孙中山、唐绍仪和陆军部总长黄兴，电文如下：

> “上海中国银行经理宋汉章，于民国效力有日，今日下午二时，沪都督谓有人控告，派人诱至曹家渡处捉下小轮船驶去，身上带有银行铁柜匙，若不即行释放，则明日本部甚难支持，请即电沪陈都督，准其担保在外候审，方合理法。”[②]

陈锦涛申明立即释放宋汉章，对财政部的维持极其重要，并指责陈其美的行为是违法行为。同时，中国银行理监事会也电函袁世凯：

> “查宋鲁素称谨慎，兼有妥保，决无徇私罔利情事，纵有控告，亦应咨照监督查办，正式传讯。遽尔诱拿，群情哗然。且本行现正代理军钞，收付债款，事极重要，均待该经理签押。除函恳陈都督立即释放外，并乞俯予急电，饬令照准，以重财务而维行务，不胜迫切待命之至。”[③]

3 月 25 日，袁世凯以大总统的名义亲自函电陈其美，要求案件要遵守司法程序：

---

① “吴监督电”，载《申报》1912 年 3 月 26 日。

② 孔祥贤：《大清银行行史》，南京大学出版社 1991 年版，第 269 页。

③ “临时理监事会电”，载《申报》1912 年 3 月 26 日。

“据上海中国银行理监事有电称，该行经理宋鲁忽被军队拘捕，群情哗然，该行现正代理军钞收付借款，事极重要，请电沪释放等情前来。据度支部称，该经理经手中国沪行事宜素称谨慎，果有控案，自应按律由司法正式传谕，未便以兵队诱拿“希即迅饬查明释放。”①

以上电文都刊载在《申报》上，将各方对宋汉章案件的态度表露无遗。陈其美没想到抓捕宋汉章竟招致如此局面，面对各方压力，陈其美发布都督府通告，正式公布这一事件：

“前大清银行经理宋汉章、胡□芗，迭据有人报称：‘乘民军光复之际，捏造假账，私吞巨款’等情。查大清银行即前清政府银行，所有该行款项，除商股外皆系民国公款，宋汉章等究竟有无造假吞款情弊，理应彻底查究，以昭核实。当经本府屡次函传，该经理均抗不到案。昨已派员将宋拘获，暂交第十师长吴绍璘收管，听候查核，秉公讯究。如宋汉章果无私弊，自当许其回复自由，断不至冤滥无辜。诚恐外间未及周知，易生误会，特此通告，以释群疑。此布。”②

但舆论不断，随着事件的不断升级，3月26日，陈其美向大总统袁世凯、副总统黎元洪、孙中山和各部总次长、参议院、各省都督发出通电，详细陈述拘捕宋汉章的缘由，算是对自己抓人

① “袁大总统复沪军都督电”，载《申报》1912年3月28日。

② “沪军都督通告”，载《申报》1912年3月26日。

行为的一次正面说明，全文在《申报》刊载如下：

“查前大清银行总行虽在北京，枢纽全在上海，历年推广分行四十余处，司其事者，籍官权以夺商利，挟部势以捣公款，营业遂占优胜。年来海内商业弊端，不予维持，汇号钱庄大受倾轧，以致相率倒闭，市面一空，贻害大局，实由于此。其资本银一千万两，名曰官商各半，其实商股甚微，股票为京官权要垄断得之，故满清度支部依为外府。官中公款与官中私款又较商家存储为独巨，约计该行收放约银六七千万两，除真系商款往来外，何一非官款？该行经理宋汉章、胡□芗等狼狈为奸，乘机而发。时值上年九月上海光复，预防民军政府干涉，遂觅寓沪三五股东开会于该行，冒称全体股东，以谋抵抗；并将现银契据，寄贮洋行一面移甲作乙，暗将公款改为私款，使民军无从究诘。遍登日报，‘只认官款五百万，其余往来各户存欠彼此结算’等语，逆料民军北伐，满清政府不能图存，道旁苦李，无人过问；而股东多属亲贵官宦中人，可以肆其挟持；即殷富私家存款，亦概置之不付。沪上三五附股者受其利诱，挺然代拄门面，其实内容茫无知觉。因平时每年股东开会皆在北京总行，到会者皆有权力巨款之人；各行监督即属实官，均部员充之；微末商人附有小股，无从插足其间也。今忽俨然充当会员议长，殆念实不及此，而宋汉章等实以保傀儡畜之。上年六月，满清度支部通饬各省财政监理官，行文各府州县，有‘现在大清银行改为中国银行’等因在案，可见该行商家附股已在消灭之中。就令以前官商各半，然其中官款所存，应归民国政府公用，亦属毫无疑义，岂容借口商家股东出而抗拒之理？乃宋汉章等罔利营私，弗顾大局，在银行为巨蠹，在民国为公敌，论其大逆不道，已属罪不容诛。尤可异者，南京政府成立，财政设有专部，又乘间以股东会议名义，请将该行改为中国银行，握持中央财政出入，要求利益，竟敢倡言保存商股五百万两，所有此次民军起义，地方损失，即在官股五百万两内取偿，与上年广告前后两歧，实属贪诈已极"。[①]

基于以上理由，陈其美并不认错，反而继续为自己干涉司法的行为进行辩解：

"民国成立伊始，百端待理，而财政之竭蹶，异乎寻常。宋汉章等身为国家银行经理，理应顾全大局，竭力整顿，乃计不出此，竟敢捏造吞匿，以图中饱，按之法律，实难宽容。迭经敝处函传质讯，奈该经理恃租界为护符，抗不到案，不得已侦其出界，派员捕获。此事关系财政，本可迳送财政部核办，因控案牵涉财政部，故该部理应迴避，由敝处照会沪上南北商会，会同敝处委员，秉公核算，总期一切公款涓滴归公，不使一二奸商任情干没也。"[②]

陈其美的通电发出后，立即遭到多方激烈的反对，如绍兴旅沪同乡会发函指出：

"查各国立法，无论民刑、财政，均有专司，即使有人控

① "上海陈都督电"，载《申报》1912年3月27日。

② "上海陈都督电"，载《申报》1912年3月27日。

告，亦须发交该管法庭传讯。贵都督职司军务，自不应如此越超，乃竟计诱强拘，不畏清议，不但施于商界巨子为不合，即施之于懵懂亦有所不当。”①

以上各界电文和争论主要来自《申报》报道，较全面地反映了“宋汉章案”发生与演变的全过程，但《申报》在“宋汉章案”的报道上，却明显与“姚荣泽案”的报道有明显的不同。下文试通过《申报》与《时报》相关报道，分析民国初年行政权力和政局变化等因素在媒体与司法间发挥的重要作用。

二、《申报》与《时报》报道“宋汉章案”的比较

《时报》创办者狄楚青

《时报》是中国近代有影响的全国性日报之一，也是在旧上海与《申报》《新闻报》形成三足鼎立之势的三大报纸之一。1904年6月12日由狄楚青（狄葆贤）创办于上海，罗普（孝高）任总主笔，历届主编为陈冷、雷奋、包天笑、戈公振等。最初的《时报》是由流亡海外的康有为、梁启超主持的保皇会在国内的机关报。《时报》的名称就是梁启超所命名。1912年，《时报》脱离了康、梁的控制，成为狄楚青独资经营的报纸，其主持《时报》长达17年之久。当时《时报》

① “宋汉章调处者”，载《民立报》1912年3月29日。

首创上海报纸的“时评”专栏，对上海报界影响极大。新闻专栏分为国内大事、各埠要闻、本埠新闻三个方面，由三个主要的新闻编辑专门负责。每则短评文章虽然只有一、二百字，但是由于其文字流畅、言辞冷竣，因而很受读者欢迎。民国初年，该报代表进步党的利益，一度维护袁世凯的统治。1914 年起，因袁世凯排斥进步党，报纸即转为反袁，并抵制洪宪帝制。以后，此报政治色彩逐渐淡去，后因经费困难于 1939 年 9 月 1 日停刊。《时报》之名取意于《礼记》中的“君子而时中”一语，意思是办此报要合于“时”，随“时”而变。因此，该报在创刊初始就以执中公允的姿态出现，既批判顽固派又批判革命派。荻葆贤在《时报》创刊之初宣称：“吾办此报，非为革新舆论，乃欲革新代表舆论之报界。”民国初年，是《时报》最为独立的一段时期，也是其进行报刊改革的一段日子，其“时评”专栏，没有盲目崇拜时兴的革命，对民国行政权与司法权都多有批评，尤其针对“宋汉章案”，对行政与司法的批评明显高于《申报》的舆论姿态。本文以《申报》与《时报》一个多月集中报道“宋汉章案”的文章来比较，从中寻觅不同媒体报道同一司法案件的异同。

表 5 《申报》报道“宋汉章案”的主要内容

时　间	标　题	报道重点	舆论倾向
1912 年 3 月 26 日	《宋汉章被拘》	被拘过程、陈都督通告、吴监督电、临时理监会电文	无评论，仅公开政府及银行对案件的不同态度
1912 年 3 月 27 日	《上海陈都督电》	拘捕宋汉章原因	无评论，仅公开政府态度

续表

时 间	标 题	报道重点	舆论倾向
1912 年 3 月 28 日	《宋汉章被拘续志》	详细解释拘捕宋汉章原因，并附袁大总统覆沪军都督电陈都督	代表上海官方言论，但也公开北京政府的反对态度
1912 年 3 月 30 日	《调查宋汉章被拘情形》	记述租界调查宋案发生的地点	无评论，但表明租界工部局开始关注宋案
1912 年 3 月 30 日	《财政部总长陈锦涛君致沪军都督陈其美君函》	记述财政部总长陈锦涛因宋案与陈其美的争论	无评论，只表明临时政府财政部总长陈锦涛对陈其美的质疑
1912 年 3 月 31 日	《北京袁大总统电》	报道旅沪同乡对宋汉章的救助	无评论，只表明宋案引起社会广泛关注
1912 年 3 月 31 日；1912 年 4 月 1 日	《司法总长与沪军都督往来公文（为宋汉章被捕事）》	伍廷芳与陈其美关于宋汉章的不同态度	无评论，只表明伍廷芳与陈其美之间的针锋相对
1912 年 4 月 1 日	《陈都督之宣言》	陈其美对媒体舆论的解释	无评论，只表明陈其美坚持拘捕宋章的态度
1912 年 4 月 2 日	《告之辩驳》	报道民间对陈其美拘捕的疑问	无评论，表明民间舆论倾向宋汉章，反对行政干涉司法
1912 年 4 月 8 日；1912 年 4 月 10 日	《沪军陈都督覆司法总长书》	报道陈其美对伍廷芳观点的反驳	无评论
1912 年 4 月 10 日；1912 年 4 月 11 日	《伍廷芳复沪军都督书》	报道伍廷芳对陈其美观点的反驳	无评论

续表

时　间	标　题	报道重点	舆论倾向
1912 年 4 月 12 日	《宋陈二案之异议》	报道大陆报的相关新闻态度	无评论，借转载大陆报观点表明对宋案的态度
1912 年 4 月 17 日	《宋汉章闻已保释》	报道宋汉章获释	无评论
1912 年 4 月 19 日	《派员清查大清银行帐目》	报道政府对宋汉章案的后续清查	无评论
1912 年 4 月 12 日	《银行簿据之可疑》	报道政府对大清银行和宋汉章的清查过程	代表政府态度，认为银行和宋汉章的行为有可疑之处
1912 年 4 月 23 日	《大清银行商股联合会函》	报道大清银行商股联合会对账簿问题的解释	无媒体评论，代表大清银行态度，反对政府以疑入罪的做法，呼吁各报支持
1912 年 4 月 28 日；4 月 29 日	《伍廷芳君复陈督书（为宋汉章案）》	刊载伍廷芳对陈其美干涉司法的批评	无媒体评论
1912 年 5 月 3 日	《彻查大清银行弊窦之电稿》	刊载陈其美对宋汉章案的查验过程	无媒体评论，仅反映陈其美对宋汉章犯罪嫌疑的推测
1912 年 7 月 30 日	《陈都督之对于宋汉章》	刊载陈其美对宋汉章案的后续查究	无媒体评论，但反映出陈其美对宋汉章犯罪的深信不疑之态度

表 6 《时报》报道宋汉章案的主要过程

时　间	标　题	报道重点	舆论倾向
1912 年 3 月 26 日	《再记被掳事》	报道民间关于宋汉章被拘传言	对政府拘捕宋汉章的行为表示怀疑
1912 年 3 月 26 日	《沪都督对于宋汉章之通告》	陈其美通告宋汉章被拘原因	无评论，仅公开政府对案件态度
1912 年 3 月 26 日	《中国银行对于宋汉章被掳事之控诉》	报道中国银行对政府拘捕宋行为的不满	代表中国银行态度，指责政府无视司法
1912 年 3 月 27 日	《记宋汉章被捕之原因》	详细解释拘捕宋汉章原因	代表民间和媒体言论，反对政府随意逮捕民众
1912 年 3 月 28 日	《宋汉章押在海运局》	记述宋案发生原因与关押地点	无评论，只表明民众对宋汉章的关注
1912 年 3 月 28 日	《宋汉章讯供情形函》	记述宋汉章供词一部分	无评论
1912 年 3 月 29 日	《关于宋汉章之电文》	报道袁世凯、孙中山等人对陈其美的通电	媒体无评论，只表明宋案引起高层及社会广泛关注
1912 年 3 月 29 日	《绍兴旅沪同乡会致辞沪军都督函》	报道绍兴旅沪同乡对宋汉章的救助行为	媒体无评论，报道表明宋汉章同乡对陈其美利用行政干涉司法的不满
1912 年 3 月 30 日	《袁大总统电令释放宋汉章》	刊载袁世凯命令释放宋汉章的电文内容	无评论，只表明北京政府对宋汉章案的态度
1912 年 3 月 30	《外交团注意宋汉章案》	报道租界对陈其美拘捕宋汉章的疑问	无评论，表明国外舆论倾向于宋汉章

续表

时间	标题	报道重点	舆论倾向
1912年4月8日	《交涉司调查宋汉章被捕之详情》	报道上海通商交涉司对案件的关注	表明租界外国领事对宋案的关注和交涉，并促成上海通商交涉司对案件的查核
1912年4月8日	《沪军都督陈覆司法总长伍函——为宋汉章事》	报道电文内容	无评论
1912年4月12日	《西报记陈玉麟宋汉章两案》	报道上海领事关注宋汉章案	表明上海领事团对陈其美拘捕宋汉章的不满
1912年4月18日	《宋汉章交保出外》	报道宋汉章保释过程	无评论
1912年4月19日	《宋汉章案实行清算账目》	报道清算过程	无评论
1912年4月20日；4月24日	《陈英士再复伍廷芳——为宋汉章事》	报道电文内容	无评论
1912年4月28日	《伍廷芳君复陈都督书——为宋汉章事》	报道电文内容	无评论

从《申报》对宋汉章的报道可以看出，评论性文字很少，舆论基本上是倾向于政府，仅从报道名称就可以看出对政府的恭敬和顺从。如《上海陈都督电》《财政部总长陈锦涛君致沪军都督陈其美君函》《司法总长与沪军都督往来公文（为宋汉章被捕事）》《陈都督之宣言》等文章，文章名称对新成立政府官员的尊敬有余，质疑不够。几十篇报道中只有两篇文章对政府的行为抱有怀疑，《告

之辩驳》和《宋陈二案之异议》主要报道民间对宋案的质疑与《大陆报》等媒体舆论的异议，《申报》在报道“宋汉章案”的过程中，不像“杨月楼案”和“杨乃武案”一样无所畏惧，大胆评论，在“宋汉章案”中如同失声，在报道作用上，似乎只是发挥了传话筒的效用。相比之下，《时报》对“宋汉章案”报道更有舆论导向，首先在对政府官员的称呼上，更为随意和生硬，如《沪都督对于宋汉章之通告》《绍兴旅沪同乡会致辞沪军都督函》《沪军都督陈覆司法总长伍函——为宋汉章事》、等文章，有些报道标题甚至直接称呼官员名字，如《陈英士再复伍廷芳——为宋汉章事》。在揭露案件的真相上，报道也更全面，而不像《申报》主要选择有利于政府的一些言论，相比这下，《时报》更直接反映了普通民众和中国银行方面对宋案的质疑，如《再记被掳事》《记宋汉章被捕之原因》反映了民间对政府拘捕宋汉章的行为表示怀疑；《中国银行对于宋汉章被掳事之控诉》一文代表中国银行态度，指责政府无视司法，《外交团注意宋汉章案》《交涉司调查宋汉章被捕之详情》《西报记陈玉麟宋汉章两案》等文反映国外人士对“宋汉章案”的密切关注，并表明各界对陈其美拘捕宋汉章违法行为的不满，在无形中给中国政府造成了不小的压力。

以上两报刊报道同一司法案件表现出不同的姿态，根其原因，与报刊自身发展与政治影响有很大关系。《申报》一生服务于社会，但也随着主办人、社会与政局的动荡而浮沉。1909 年《申报》由美查公司转入国人之手。买办席子佩接手后，由于经营不善，于 1912 年 5 月转让给张謇、史量才、应季中、赵竹君等 5 人，由史量才任总经理。因此，1912 年是《申报》生存最艰难的一年，其影响力与斗争力明显与创办初期无法相比，尤其脱离了外国人的庇护，其新任主人具体明显的软弱性，其舆论导向也是随政局而不断变化。自1911年武昌起义后，《申报》为自身生存，舆论开始倾向于革命，[①]尤其在政局未定之时，对上海新军革命政府不敢有太多非议，对新军都督陈其美也是恭敬至上。相比之下，《时报》在报道宋汉章案时基本上代表民间态度，不以官府为上。1912年，《时报》脱离了康、梁的控制，成为狄楚青独资经营的报纸，其自身发展属于改革与上升期，而"宋汉章案"的报道恰恰在这一时期；而此时期《申报》面临生存危机，对于涉及政治案件的报道极为敏感与慎重，这也在情理之中了。

三、陈其美与伍廷芳关于"宋汉章案"的争议焦点

中国银行监督吴鼎昌曾于案发后的次日，即致函临时政府司法总长伍廷芳，认为宋汉章被人诬告假造账目侵吞公款，宋即使有罪，也应送交财政总长或本行监督查办，而陈其美身为沪军都督，直接派兵逮捕，实为"藐视司法，侵犯权限"。[②]伍廷芳对陈其美以都督身份擅自抓捕银行经理的行为的确强烈不满，认为他藐视司法程序，因而质问陈其美：

> "为保障人民之自由起见，究竟宋鲁一案，系何人告发？在何处法庭控诉？诉讼手续是否完全？现在共和确立，廷关于保障人民之自由，已于临时约法规定。似不应有损害民权，

① 赵建国："1905—1912年《申报》对革命的态度演变"，载《广西社会科学》2004年第8期。

② "司法总长与沪军都督往来"，载《申报》1912年3月31日。

违背约法之事，致启人民之危惧。”[①]

陈其美立即给予回应，回电如下：

“查宋汉章一案，系王兴汉、陈聚来府告发，其时在元月四号尚在贵部组织伊始，兼以续控案内，牵入财政部并该银行监督，照例处嫌疑地位者，均应回避，当由本府批准，饬传宋汉章到案，惟以该经理抗不到案，不得已派员在租界外捕获。查侵蚀国款，妨害公项，致金融奇紧，有碍民国进行，本军政府应负捕拿之责。况宋汉章于光复时原因本府委任，本都督自有清查之权，现已照会南北商会派遣代表会同本府人员清理账目以重公款，所谓侵越司法者何在？本部都督嫉恶如仇，决不以消极的观念而徇个人之自由，所谓损害民权违背法力者何在？”[②]

由以上来往电文为开端，两人开始了长达两月的笔战，两人往返的主要书信刊登在《申报》《时报》等报刊上，见下表：

表 7 《申报》《时报》刊载的陈其美与伍廷芳关于“宋汉章案”书信

时　间	报　刊	标　题
1912年3月31日；4月1日	《申报》	《司法总长与沪军都督往来公文（为宋汉章被捕事）》
1912年4月8日；4月10日	《申报》	《沪军陈都督覆司法总长书》

① 伍廷芳：“为妄事捕逮咨陈其美文”，载《伍廷芳集》下册，中华书局出版社1993年版，第512~513页。

② “司法总长与沪军都督往来公文”，载《申报》1912年3月31日。

续表

时　间	报　刊	标　题
1912年4月10日；4月11日	《申报》	《伍廷芳复沪军都督书》
1912年4月20日；4月24日；	《时报》	《陈英士再复伍廷芳——为宋汉章事》
1912年4月28日；4月29日	《申报》	《伍廷芳君复陈督书（为宋汉章案）》

此次争辩与“姚荣泽案”中的两人争论有相似之处，都是围绕司法独立问题而展开，但细究过程，又能发现有不同的侧重点。如果说伍廷芳在办理姚案中主要关注并推进了近代司法诉讼法律制度的改革与完善，那么，他在“宋汉章案”中则侧重于司法独立于行政的法律制度近代化问题。正如伍廷芳最后总结他和陈其美的往来电文，认为两人所争执的问题主要有以下四个：

“（一）宋汉章一案，前据来文，原告起诉，在正月初四，其时为中央政府已经成立之时，至其逮捕，则在三月廿十四号，又为约法确定之时，是不得再以军政时期为藉口，侵害人民之自由。（二）三权分立，约法确已规定，与徒演绎学理者不同，则受诉及处理自有一定之机关，一定之手续。不得以民军初起之时，一切大权全握诸都督一人之手，施行其漫无限制之权力。（三）宋汉章是否侵吞，尚在未知之数，且当时仍有职务，又有担保人，即使侵吞，尚可追偿，是与逃犯及盗贼不同。……再，捕获权为法律之特权，非法律所规定，及经法院之委托，无论何人，不能行使捕获之权力。”[①]

伍廷芳认为以上问题的根源是陈其美行政干涉司法，他坚持认为：

> “综核执事办理此案始末之情形，其大错误，首在司法与行政界限不明，遂以为行政官可受人民之诉状，因受诉而被捕，而审判，毫厘之差，谬之千里，实为此案争辩之根源。”[②]

观伍廷芳针对宋案与沪军都督陈其美多次的往返辩论材料，其认为行政权与法律的关系可归纳为：第一，行政权力之行使范围及内容必须以法律程序为依据，而不能漫无限制，侵越权限；第二，行政权力如果超越法定的程序，那么，公民有拒绝服从和依法反抗之权力；第三，行政权力因非法行使而造成对公民自由权利的侵害时，公民有获得政府赔偿的权利。这些主张因涉及了行政法律制度近代化内涵得以实现所必须具备的“政府守法”、“越权无效”、“行政救济”等多项价值标准，因而具有鲜明的近代特色。[③]

纵然伍廷芳提出了质疑，但陈其美对自己行政越权司法的做法并没有任何的悔改之意，其提出的辩护理由也颇具革命时代的特征，故附录于下：

---

① “伍廷芳君复陈督书（为宋汉章案）”，载《申报》1912年4月28日。

② “伍廷芳复沪军都督书”，载《申报》1912年4月10日。

③ 王东宾：“试析作为民国议和代表与司法总长伍廷芳的贡献”，载《唐都学刊》2007年第23卷第1期。

> “民国各种手续，法尚未蒙颁布统一办法，自难一致焉，可遽执此以相责乎？如该经理于审后有犯罪之证据，应送何处法庭正式审判，临时应用何种制度，事关贵总长权限，务乞指示，俾得遵从。至应否交保，可由法庭主裁，未审之前，贵总长与本都督似未便擅专，以尊法权。总之本都督为慎重民国公款起见，问心毫无愧怍，无论如何，一日不解组，对于此案即一日不能稍宽，其责断不因无意识之人言，变移初志，若徒博流俗之虚誉，不顾民国之大计，同流合污，求容当世，乃旧政府最无人格之行为，岂当共和时代，尚敢出此。本都督嫉恶如仇，方冀痛除旧染，力图改革，甯为众矢之的，不愿以道徇人，知我罪，我所不敢计，若宋汉章审查后果无营私实，据所有被逮以后，照法律上可得指为损害之处，尽可要求赔偿，承示以勿施积极手段，为恳击之诰诫，本都督良深感佩，但革命事业，本以积极为进行之手段，甘冒不韪非一日，乃并以革命告成，而犹销铄于众口，指光复为非是者，则是非毁誉，岂能斤斤于一时。”①

经过伍廷芳的多次理论，反对陈其美的社会舆论较多，而且陈其美拘捕宋汉章也不是目的，只是手段而已。②最后，中国银行方面答应由伍廷芳劝宋汉章停止将款项解往北方，给沪军都督府一定的援助，并由钱业董事请商会议董转向陈其美申请保释，陈其美才终于在 4 月 15 日下午 9 时释放了宋汉章。③但陈其美坚持

① “沪军都督覆司法总长书”，载《申报》1912 年 4 月 10 日。

② 张徐乐：“民国初年‘宋汉章案件’评析”，载《社会科学》2012 年第 7 期。

③ “宋汉章闻已保释”，载《申报》1912 年 4 月 17 日。

释放宋汉章的条件是交出大清银行账簿。此后，查账过程也是一波三折，但政局已有了彻底改变，孙中山辞去临时大总统的职务，袁世凯成为大总统，唐绍仪内阁也被迫辞职，陈其美失去了政治上的支持和后台。到7月31日，沪军都督府被取消，陈其美转而忙于反袁，此案不了了之。由此，沸沸扬扬四月余的“宋汉章案”尘埃落定。

在“宋汉章案”中，伍廷芳反对陈其美的革命权威论，坚持法律至上。他指出：陈所说的积极，只是一种破坏手段，用它推翻旧的法制可以，但绝不能用之于建设新法制。[①] 伍廷芳坚持法律建国，而陈其美主张革命建国。陈其美当时仍置身于激烈的革命浪潮之中，严峻的现实斗争，动荡的政治局势，还缺乏按照资产阶级法律原则行事的情绪和条件，故陈其美的所作所为，也是特殊时代和政治背景下的“正常”现象。时至今日，在许多人的心目中，争夺政治权力的价值与意义仍然远高过法治的权威，不得不说是历史的缩影。

第三节　媒体自由对司法的影响

清末时期，《大清报律》的制订使媒体在法律的授权范围内利用舆论监督司法，但从媒体与司法的权利分界来看，清末时期的媒体对司法监督的作用极为有限。但民国初年，社会变革使媒体作用得到较大发挥，媒体与司法关系在南京临时政府时期发生扭

① 伍廷芳：“复陈其美书”，载《伍廷芳集》下册，中华书局1993年版，第520页。

转。特别是民国初年的两大案件，一是“姚荣泽案”，二是之后发生的“宋汉章案”，[①]两案均因媒体曝光而在上海乃至全国引起轰动，并且凸显了报刊媒体对司法的舆论监督作用。“姚荣泽案”从进入司法程序到结案被全程报道，民众对民国初年的司法新型审判形式和司法独立的进程，通过媒体报道而有所了解。而“宋汉章案”更多体现的是司法与行政干涉的斗争，由于媒体的大力推波助澜，“宋汉章案”没有进入司法审判程序，宋汉章被无罪释放。虽然媒体对两案的报道过程有所不同，但媒体极富感情倾向性的报道，很大程度的促进了民国初年司法程序的良性发展，也起到法律宣传的重要作用。

中华民国临时政府时期，媒体与司法间没有明确的权限界线，司法审判过程与法官行为被媒体无限制地报道，这种现象与当时法律授权有关。1912 年 3 月 11 日南京临时政府公布了《中华民国临时约法》，其第二章第四条、第十五条规定：“人民有言论、著作、出版及集会、结社之自由；”“本章所载人民之权利，有认为增进公益，维持治安，或作常紧急必要时，得依法律限制之。”[②]可见，在民国建立之初按照《宪法》规定，在正常情况下，言论出版自由不受干涉；只有在特殊情况下，言论出版自由才会依法受到限制。[③]中华民国临时政府时期，只有《宪法》相关规定，没有清

---

① “宋汉章案”在《申报》《时报》等近代报刊上均有报道，其影响力不亚于“姚荣泽案”。

② 夏新华、胡旭晟：《近代中国宪政历程：史料荟萃》，中国政法大学出版社 2004 年版，第 521~522 页。

③ 殷莉：《清末民初新闻出版立法研究》，新华出版社 2007 年版，第 142 页。

朝末期《大清报律》一样的专门报律，[①]民国临时政府时期法律没有对媒体舆论的权利与义务作出明确界定。

从以上对媒体舆论的司法限制不难看出，在资产阶级革命知识分子占主导地位的临时政府时期，言论自由受法律保护，政府没有通过专门法形式控制舆论，而在其他时期，媒体都要遵守不同程度的立法和司法控制。民国初年，司法与媒体显示了两者之间的紧张关系，但作为社会运行治理中的两支力量，司法与媒体对维护和促进民主法治发挥着不可替代的作用。司法过程所展现的内容，尤其是曲折离奇、震撼世人的内容是媒体需要的，而媒体舆论产生的放大效应亦是司法机关不能忽视的。不仅如此，司法与媒体之间始终存在着相互评价的制度性结构与普遍实践。可以说，司法与媒体相互关系的恰当构造是现代国家社会统治内部协调的重要标志。[②]在“媒体与司法关系”这一热门研究课题中，学者们往往引用不同国家的立法来评论中国应当开放还是限制“媒体对司法的报道和评论”，而笔者认为应从中国自身历史发展的角度来研究。通过对“民国第一案”的分析可以看出，媒体自由会更好地促进司法进程，司法独立并不需要通过限制媒体来实现。表面上媒体表达的民众情绪容易扩大化，使司法不能理性地进行裁判，但司法应主动通过自我约束来避免民众情绪的影响。如在“民国第一案”中，法官、陪审员乃至司法总长伍廷芳都是以自我

① 1912年3月南京临时政府内务部制定和颁布了《民国暂行报律》，对报刊舆论权利与义务有所界定，但内容苛刻，媒体以此次立法违背立法程序为由大力反对，并电陈孙中山，《暂行报律》被大总统以命令方式取消，故南京临时政府时期没有专门的新闻立法。

② 顾培东：“论对司法的媒体监督”，载《法学研究》1996年第6期。

约束、自我忍耐的方式平息媒体的评判，不像北洋政府时期动用国家力量来限制媒体，通过向媒体发布禁令，限制媒体对案件的报道和评论。其与南京临时政府时期自由理念中“言论出版自由不受干涉”的观念不相符合，正是在这样一种理念之下，而任由媒体自由报道司法，使得司法活动中新闻自由优先，这种理念受到现代法学理论的推崇：“司法独立与表达自由两者虽然都是民主社会的重要价值，但当两者进行平衡时，新闻自由应当是放在第一位的”。[①]

但另一方面，由于中华民国临时政府处于社会变革时期，对媒体与司法的关系处理还不成熟。媒体有极度的自由，也在某种程度上对司法的进程产生了不良影响，尤其在某种程度上对司法官员个人造成了较大伤害，伍廷芳对此深有体会：“惟以办报不谙规则之故，如誉一好官，则颂德侪于神明，刺一常人，俨烁金于众口。又其甚者，论一时事，辄攻揭个人私德不留余地，节外生枝，言之若甚确凿，人之受者，名誉与关系若何，均非所计也……中国报界，乃以更正为耻，而遇事不俟详查，诋人则徒一时之口。中西相较，其程度，其理由，抑何相距之远也。”[②]伍廷芳曾在1912年4月“姚荣泽案”审判结束后，受到当时媒体指责，名誉受损，以上言辞明显看出伍廷芳对当年之事耿耿于怀。时隔多年，伍廷芳对媒体言论的过度自由提出了自己的思考，针对如何良性地控

① 高一飞：“国际准则视野下的媒体与司法关系基本范畴”，载《东方法学》2010年第2期。

② 伍廷芳：“中华民国图治刍议”，载《伍廷芳集》下册，中华书局1993年版，第609页。

制报刊舆论，伍廷芳提出："泰西各国，均有报律，准报纸有自由言论之权，然言论有界，诋谤有条，不能轶出范围之外。"[①] 因此，伍廷芳建议制定报律，首先用法律确定言论自由的权利，其次言论自由也要有一定限制，这种观点符合近代多数学者的舆论观，也符合当代处理媒体与司法关系的观念。临时政府时期媒体自由无疑对司法案件的处理发挥了积极的作用，然而，媒体自由的春天是短暂的，随着北洋政府专制统治的开始，政府与司法机关对舆论的控制逐渐加强，媒体与司法的冲突更加激烈，媒体所处的困境越来越艰难。

---

① 伍廷芳："中华民国图治刍议"，载《伍廷芳集》下册，中华书局出版社 1993 年版，第 609 页。

第四章　北洋政府时期：政治主导下的媒体与司法

第一节　媒体与“宋教仁案”

宋教仁，字钝初，号渔父，湖南常德市桃源人，中国“宪政之父”，民国初期第一位倡导内阁制的政治家，是同盟会主要创始人和主要领导人，中华民国临时政府唐绍仪内阁的农林部总长，国民党的主要筹建人。1912 年 8 曰 25 日，宋教仁代替孙中山主持改组国民党，并当选理事，他主要以同盟会为基础，吸收各个党派的优秀思想成立了资产阶级政党。1913 年初，他使该党在国会选举中获胜，造成内阁总理“非宋莫属”之势。但是不幸的是，1913 年 3 月 20 日，宋教仁突然在上海北站遇刺，22 日医治无效去世。23 日，巡捕连夜赶到妓院迎春坊将买凶杀人的应

宋教仁（1882 年—1913 年）

夔丞捉拿归案，并赴应宅拘捕凶手武士英。次日下午复去应宅搜得函电及密码文件，该函电及文件证实，应夔丞受国务总理赵秉钧与内务部秘书洪述祖之命布置杀宋。当“宋教仁案”罪证被媒体公众于世时，全国哗然，以国民党为首在全国掀起一场声势浩大的反袁舆论风潮。“宋教仁案”成为民国北洋政府初期最重要的政治事件和司法案件，激起了国民党人的极大愤慨，因而其借媒体舆论大造声势。在民国初年，“宋教仁案”一度形成“媒体审判”的迹象。

一、“宋教仁案”的媒体舆论

全国各大媒体对案件的发生备加关注，纷纷在头条进行报道。《申报》在 22 日宋教仁逝世当日详细介绍了案件发生的主要过程，对“遇刺时之情形”“行刺人之状况”“宋君之入院”“同志之激愤”“缉凶之布置”“巨金之悬赏”“检察官之验伤”及“各界之揣度”等内容均作了详尽描述，并对案件引发的各界传言总结如下：

“此事发现后，各界对于凶徒之来历揣测极多，大约可分为七类：（一）谓此事与内阁总理问题有关系者；（二）谓此事或出于反对党之指使者；（三）谓此事由于宋君近来在沪演说种此祸根者；（四）谓此事或出于宗社党之所为者；（五）谓此事或出于不得志之武人所为者；（六）谓此事或非国内人所为者；（七）谓宋君素文弱或为凶徒所误击者。以上七说言者，皆持之有故，但皆理想之词，本报不敢遽信为真，必俟凶徒拿获后，始能水落石出也，姑志之以观其后。”①

其它如上海《时报》、天津《大公报》等知名报刊也对案件的发生发展表现出极大关注。但由于民国初年媒体有不同的办报理念和不同的后台背景，导致媒体在报道宋教仁案中的舆论导向也出现不同。

（一）以《申报》等为主的民间普通报刊媒体对宋案的关注和报道态度较为平和，相关报道主要侧重于促进司法审判的效率、公正及公开化等方面。

《申报》本着新闻专业精神，对此案采取全程性的审理跟踪报道、判断和预测，新闻舆论的力量随之蔓延开来，新闻信息化也达到了最高，在初期审判之时，《申报》在各种复杂的评论中体现出大众的期望，承载着民意的使命，起到社会舆论监督的作用：

“自宋案出，人人希望凶手之速获，自应夔丞被拘，人人希望审讯之速得结果，乃被告律师偏欲延宕时日，非特使希望者不能遽達希望之目的，且益引起研究斯案者之种种设想，种种揣测，而希望斯案之结果愈益迫切。

希望神速之侦探。或谓以如此巨大案件如能以简单之理论推断之，则福尔摩斯亦无价值矣，诚哉斯言，今此案虽破，而洪尚在逃，应尚未认，迷离惝恍不可捉摸，故欲悉此案之究竟者，莫不希望诞生一中国之福尔摩斯。

希望公允之问官。朝鲜谋刺总监案牵涉多人，问官某氏曾宣誓于众曰：必公平判断，无枉一人，无纵一人，以保我神

① “宋教仁被刺纪详”，载《申报》1913年4月17日。

圣之法权。今斯案有移归中国法廷审办消息，吾故希望我法庭有无枉无纵之问官。

希望真相之速白。世界政客之被刺者。如伊藤、如大隈、如俾斯麦、虽或死或不死，而其内容、其原因不数日卽皆大白于世界，斯案之关系重要不亚于伊藤诸人，我故希望一旦开审而真相卽大白于天下。

希望速获漏网者。湘人士开讨论宋案大会，因踏碎楼板，致演跌毙二人之惨剧，诚所谓池鱼之殃及矣，吾哀殃及者无端殃及，吾尤希望漏网者之终不漏网。

希望此后之政局或谓此后政局将因宋案而有大变动，夫变动之结果有善，亦有恶，因变动而陷于纷乱，恶变动也。因变动而发生新气象，善变动也，此后之政局果有变动者，吾希望其入于善变动，毋陷于恶变动。”①

当初审开始后，报刊媒体主要目的是揭露审判中所存在的弊端，如《大公报》揭露双方律师之间相互为难，故意拖延时间的行为：

“闻讯刺宋一案，到堂律师多至八九人，某某为原告律师，某某为被告律师，某某为政府律师，某某为捕房律师，某某为尸亲律师，不啻以会审公堂，成一律师会堂。故此案提讯四次，问官无正当之判语，凶犯无确实之供词。独此八九律师，各受其一方之委托，各挟一方之理由。或相问难，或相辩护，以消耗此四日之时间。即查阅证物一事，或主宣布，或主秘密，

① 佚名：“杂评三・关于宋案之希望”，载《申报》1913年4月3日。

或指为伪造，或认为铁据，时间有限而议论无穷，恐再讯几堂，此案尚无终结之望。万一屡讯不结，各方面更添请律师若干人。或证据发现后，所受株连之嫌疑犯，每人亦各延律师若干人，不但此案永无了期，恐公堂虽大，亦无地以容律师之座位矣”①

而《时报》则在报道中批判司法审判的公开程度较小，如在报道第三次审讯时，《时报》言称：

“昨日上午十点钟为第三次复讯刺杀宋教仁案之期，观审者寥寥数十人，一因审期在上午，又因门禁森严，自大门以迄楼上，大堂更加派西印捕探，故观者大多望而却步。”②

时隔一日，《时报》又登载民间舆论的多种揣测，言论反映出当时在审理和侦查“宋教仁案”中的诸多神秘感：

“昨两日又起一种谣言，觉得此案与其党内各有名之人物有极重之关联，并谓捕房已经捕获一人，只以事关重大，办理一切手续非常严密，以故此中情形尚未知其究竟云。”③

而对宋案审判的拖延态度，《时报》也表明了反对的态度：

“刺杀宋钝初之凶犯应桂声、武士英自获案后，英法公堂业经研讯五次，不忍去律上之手续，对犯罪问题仍未明白宣

---

① 佚名：“闲评二”，载《大公报》1913年4月12日。

② “纪事·续讯暗杀案详情”，载《时报》1913年4月6日。

③ “纪事·暗杀案又起一种谣言”，载《时报》1913年4月7日

布，以致各界人士闷恨不平。”①

同时，《时报》对宋案引渡后的审判前景充满担忧：

“前明末适党祸剧烈，所谓红丸、梃击、移宫三大案遂翻覆蔓引以迄于亡，近日中国党争方烈，而宋案适于此时发生。旬日以来，外人办理异当慎重，证据尚未宣布，犹不免瞻首影射嫌忌日多，如归中国自办，恐党争以是为烧点，此案真相终不能再见天日。且牵动政界，不幸而蹈前明之覆辙矣。是所望于终重法权者，勿以私见破坏之也。”②

可见，报刊舆论对中国司法与政府对“宋教仁案”的解决抱有怀疑态度，立于中间立场的一些媒体评论体现出民众对“宋教仁案”审理程序的不满和未来结果的信心不足。

（二）以《民立报》为代表的国民党报刊则政治化倾向过于明显，媒体干涉司法之嫌随着宋案的审判越来越严重。

在“宋教仁案”发生后不久，国民党人借机利用新闻舆论力量对政治进行炒作，强力反对袁世凯政府的专制，对宋案的侦察与审判起到推波助澜的作用。尤其以国民党为主的革命人为了揪出犯罪凶手的罪证，借用媒体舆论的力量，在上海报纸和各地方党报大量发表文章，强硬认定谋害宋教仁的幕后主使，必有赵秉钧和袁世凯。在真相未明的情形下，多数人推测此事与政治斗争颇有关系，或直指为政府所为，或斥责政府治安不力。3月22日

① “纪事·关于暗杀案之种种”，载《时报》1913年4月11日。

② “时评·宋案引渡”，载《时报》1913年4月15日。

国民党人徐血儿在其主编的《民立报》，登载的《呜呼，万恶之奸徒，人道之贼，公理之贼》一文中断言道：

> “知此可骇、可诧之暗杀案，非仅二、三奸徒为之，而内幕中，必有政治关系有力之人，为之指使。宋先生之死，吾不敢谓为主张总统制及混合内阁者所主使，然必出于反对平民者，可断言也。”[①]

因被害者宋教仁是国民党人，政府的杀人嫌疑确实较大，或者说至少是治安不力，因此虽然国民党言论激烈，但出于同情心、正义心，舆论最初是倾向于国民党的。随着案情的一步步发展，程德全将在应夔丞处搜集出的公文证据在《申报》《民立报》《时报》等各大报刊分别登载出来，[②]国务总理赵秉钧被牵涉进来，国民党各报指认其为“宋教仁案”主谋，证据是从应夔丞处搜得的内务部秘书洪述祖致应夔丞的密电，该电内容有“毁宋酬勋位”一语。国民党认为所谓“毁宋”的真实意思就是“杀害宋教仁”，因而此电文成为赵秉钧主使应夔丞谋杀宋教仁的铁证。除公示证据外，国民党还提出因案件牵涉到国务总理赵秉钧，应组织特别法庭审判宋案，为此，媒体又掀起一轮要不要设立特别法庭的争议。为扩大舆论的影响力，上海《民立报》在4月27日发行临时增刊，登载有关“宋教仁案”的各方来往电报，将全民对宋案的各方态

---

① “呜呼，万恶之奸徒，人道之贼，公理之贼”，载《民立报》1913年3月22日。

② “四明逸士:《附应夔丞致洪荫之函（外函）”，载《申报》1913年4月11日；“关于暗杀案之证据”，载《时报》1913年4月27日；《宋案证据全録》，载《申报》1913年5月1日。

度昭示天下，并将国民党对“嫌疑犯”的斥责刊载在报，《民立报》登文指责赵秉钧：“尔非万恶政府之国务首领耶？尔之名字，何赫然发现于宣布证据之通电耶？”甚至激烈地声称“海运局之营仓，检察厅之横舍（监狱），现已准备欢迎（赵秉均）矣。”[①]并将案件性质上升为政治层面，痛斥北京当局为背后主谋，且怙恶不悛，警告政府若继续不顾大局，倒行逆施，虽“能横行于一时，能常保于永久乎？”[②]九江的国民党人还公然散布袁世凯与赵秉均同谋行刺宋教仁的传单，并发往北京。其文曰“袁总统不能再称为大总统，而赵秉钧不能为总理，该二人实为犯罪，要求大总统与国务总理送往上海审讯。”[③]至此，国民党借助“宋教仁案”舆论进行政治斗争的态度已逐渐明朗，国民党人在面对宋教仁被刺杀的事件时反应和行为过于强烈与激动，在国民党的推动之下，舆论难免也会受其影响，但这种做法对于司法独立的进程却是一种不利干扰，甚至会造成“媒体审判”之嫌，也最终加剧了“宋教仁案”中的媒体、司法与政治之争，而媒体过度干涉司法也往往会伤害到自身利益。

二、“媒体审判”现象及引发的争议

在“宋教仁案”的媒体报道中，不乏如《申报》《时报》等折中公允的民间媒体对案件的分析与评论，但由于民初特殊的政治

① 上海春秋：“杀人犯之主名，欢迎赵秉均”，载《民立报》1913年5月11日。
② “宋案痛言（为宋案证据宣布后作）”，载《民立报》1913年5月13日。
③ “九江反抗政府之猖獗”，载《盛京时报》1913年4月26日。

状态，也不乏如《民报》《民立报》等激进的报刊对“宋教仁案”的过格发挥，从而导致“媒体审判”现象的出现。被国民党报刊极力攻击的赵秉钧深受舆论所伤，不堪其扰，据《申报》报道：

“国务总理赵秉钧氏进谒袁总统大略，言我不愿为总理，实以总统委托不敢放弃国民责任，受职以来朝夕劳苦，发白齿摇，不意区区苦衷，无人见谅。现在宋钝初一案，外间某党竟疑秉钧主使，此事毫无公理，秉钧万难缄默，拟请即行辞职前往上海与凶手对质，以期水落石出云云。词意异常愤慨，经袁总统再三宽譬，谓此辈悠悠之口，不足较量云云，赵氏始兴辞而出。”①

“宋教仁案”中媒体干涉司法主要体现在媒体公开该案证据的问题上。对于媒体公开证据及舆论对证据研究结论不同之后所引发的舆论混乱，不少报刊也认识到问题的严重性。如《时报》借“宋教仁案”审判和湖北匪乱指责谣言对司法的不利影响：

“宋案未了，鄂乱继起，此则牵涉中央，彼则牵涉某伟人，此亦有证据，彼亦有证据，两个闷葫芦，不知所卖何药？试问中央果何为而死宋？伟人果何为而有此举动？以记者良心目之，揣测均为必无之事，然而之人言之鉴鉴，则又令人将信将疑，于是谣言起，人心慌，险象环生。”②

继而，《时报》又对宋案证据的泄露也提出质疑：

---

① “赵总理之愤慨”，载《申报》1913年4月3日。

② “时评·两个闷葫芦”，载《时报》1913年4月17日。

> “自暗杀案引渡内地后，人人所盼望者曰开放审判，曰宣布证据。乃开审尚无期，而证据突然泄露，人心未尝不为之一快。……此四十三件之证据果得为完全无缺否？此证据上之种种不经法律上之解释及质对，即可据此以定断否？由前之说恐有遗漏，由后之说必无是理。即宋教仁地下有知，本其尊崇法律之意，亦觉诸君之办事太无秩序矣。然而事既如此，吾愿上海之法官勿再放弃职责，当拒绝特别法庭，公开普通法庭审判，以求此案之结果，是不可须臾缓矣。”①

从《时报》所言可以看出，由于当时真相不明，证据公开后产生极大争论，使“宋教仁案”的审判在舆论中已举步维艰，而谣言的散播也使以袁世凯为首的北京政府形象受损。袁世凯、黎元洪、被告律师等表示反对媒体审判，国民党以上海报纸与各地党报为舆论阵地，直指赵秉钧、袁世凯为“宋教仁案”幕后指使，对此袁世凯极为不满，1913年5月9日，袁致电黎元洪副总统、各省都督、民政长、议会等，电文曰：

> “检查证据，自有专司，非经法庭，无从判决。……以影射勾串之虚言，为牵连政府之确据。”……政府为全国政令所自出，中外具瞻，岂可臆断是非，自污国体！”②

袁世凯并以《临时约法》的规定为法律依据来指责舆论上的过格行为，此电文刊载在《申报》上：

① “时评·审判与证据”，载《时报》1913年4月28日。

② 佚名：“大总统痛斥四督之逾越范围”，载《盛京时报》1913年5月15日。

“约法第五十一条法官独立审判，各国法律凡案在预审期中，各报纸不得发布此案。当宋君被刺之始，未获真凶，即有人预设成立，诬指政府，继又凭影射之词，牵混之据，断章取义之文电，预侵法官独立职权，实为文明国所未有。据所呈证据而言，赵秉钧尚无嫌疑可说，设将来法庭判决应行被质政府，断无袒护理由。但未经判决以前，无论何人不得妄下断语。判决以后，当事亦何得抗不受理。而感情用事者，日逞其不法之言论自由。果使国民共同维持政府，方从善如流，岂肯以少数人之主张尤而效之。”①

黎元洪也在《盛京时报》上发表言论反对媒体对赵秉钧的审判，反对国民党借助舆论攻击政府与干涉司法的行为，文曰：

“果否政府主使，仰系应洪揣测邀功，招摇欺诈，均不可知，狡黠者流，希图功利，或假一二大人为之标帜，且沪报所载未经电布之证据牵涉尚多，即愚如元洪亦遭诋毁。要犯尚未就擒，爰书尚未确定，自当要胶督以引渡听法庭之裁判，万目睽睽，岂能掩饰。即政府有罪，亦不难详求信谳，昭示国人。各省团体法厅未判决以先，党派借助新闻舆论，动辄任意通电，阑入政治，动摇邦基。加人以犯罪之名，而先自居于违法之实，不知而言之，是谓昧理，知而言之，是谓侵权。”②

① “公电·电局分送各政党各报馆兹有大总统致”，载《申报》1913年5月13日。

② 佚名：“黎副总统沥情主持镇静”，载《盛京时报》1913年5月15日。

国务院也因“宋教仁案”通电全国，表明对该案所引发舆论的相关态度，其中对报刊的不实之词表示反感：

> “（宋案）此是法律，与政治判然两途，好事之徒不候法律解决，直欲使法律泯灭，政治以达其破坏之计。……证据既在公堂，中外具瞻，绝无掩饰，未经宣布，仍待办明，在报纸不根之语，别有用意，若政府效其逆意，张冠李戴，含沙射人，则是浮议可作，关键法庭皆为虚设。即非人民之荣，又岂逝者之心。”①

以上通电可以看出国务院官方对“报纸的不根之语”极为愤慨，认为媒体言论“别有用意”，对法庭审判的影响极为恶劣，使法庭成为虚设。另外，被告律师等参与“宋教仁案”的审理者，对该案中出现的“媒体审判”现象也很反感。被告律师关君公开表示：

> “此（宋）案未经讯明，各报记载，务宜从实，宜较为平允。……此亦一是非，彼亦一是非，此亦一谣言，彼亦一谣言，此亦一证据，彼亦一证据，此亦一发表，彼亦一发表。”②

可见，以国民党为支撑的一些报刊，先后发表的一些过激言论遭到从上到下公众舆论的强烈反对。在“宋教仁案”发生后，甚至一些来向不与袁世凯为伍的名人，如岑春煊、伍廷芳、李经义、

---

① “国务院关于宋案之通电”，载《时报》1913年4月30日。

② 佚名：“时评”，载《申报》1913年4月18日。

谭人凤等人也强烈反对国民党的激烈言论："政府固不便强辞辩护，抗不受理。攻政府者宜静听法律制裁，不必纯尚感情，过于激烈，公理当尊视，大局亦当维持。"作为中间派的报刊《大公报》也指责国民党以"莫须有"三个字，故入人罪，不但加重双方关系恶化，更是破坏民国前途。

三、"媒体审判"之殇

由于民初政治局势的多变，"宋教仁案"的审判虽然最初舆论如潮，但审判过程和结果并不如人愿。该案所引起的全国性舆论浪潮，为当时国民党反抗袁世凯的统治斗争奠定了一定思想基础，某种程度上也影响了袁世凯政府的执政形象，这让袁世凯政府不得不为"宋教仁案"的舆论发展忧心如焚，故为遏制报纸对该案的报道，特由警察厅对报界发出禁令，明确规定：

> "预审秘密，向为东西文明各国通例，宋案未公开以前，一切进行顺序姑无论虚伪如何，请勿登载，以维持法律"。[①]

袁世凯政府并规定预审期间严禁报馆记者旁听，使报纸无从探其内容。尤其是在宋案结束以后，在1914年前后，袁世凯对报刊的出版与发行加强了法律的控制，尤其强化了媒体报道司法案件的的相关义务性规定，这不能不说是"宋教仁案"中媒体过度干涉司法所造成的恶劣后果。由于民国初始媒体过度干涉司法，最终导致政府出面干涉媒体自由，这也是当时媒体、司法与政治

① 佚名："应夔承已受预审"，载《盛京时报》1913年5月11日。

间无法割裂的畸形关系所致，这也是“宋教仁案”中“媒体审判”所造成的媒体之殇。

第二节　媒体与“章士钊系列案”

一、“章士钊系列案”的简况

章士钊（1881—1973），字行严，汉族，湖南长沙人，著名学者、作家、教育家和政治活动家。本文重点描述的是1925年章士钊任司法总长兼教育总长期间为被告的三桩司法案件。第一桩是“北大教授高一涵状告章士钊侮辱与诬告案”，第二桩是“北京女子师范大学学生状告章士钊人格侮辱案”，第三桩是“鲁迅状告章士钊违法免职案”，三桩案件有着内在的、隐秘的关联。案件来源依据的主要材料是当时一些报刊、日记和回忆录等，足以重建案件的基本史实。[①] 三桩案件均轰动全国，媒体始终介入其中。

章士钊（1881—1973）

① 本文主要考察（上海）《申报》，（北京）《司法公报》、（北京）《京都副报》、（北京）《国民政府监察院报》、（重庆）《政治生活》、（北京）《莽原》、（北京）《妇女生活报》等报刊的相关刊载。

（一）高一涵等状告章士钊侮辱与诬告案

高一涵（1885—1968），原名永浩，别名涵庐、梦弼、笔名一涵，六安县南官亭人。1916年7月与李大钊同办《晨报》，1918年入北京大学编译委员会工作，兼任中国大学、法政专门学校教授，经常为陈独秀主编的《新青年》撰稿，并协办《每周评论》，积极宣传科学与民主，后与章士钊同办《甲寅日报》。1920年之前，高一涵与章士钊都属热血青年，政见基本相同，无不合之争。但在1925年，因一件刑事案件的审理，两人关系发生扭转，从而引发了高一涵与章士钊之间的一桩刑事官司。据1925年3月5日的《中华民国史事日志》记载："移北京办理之倪道烺杀安庆学生姜高琦案在检察厅预审。"北大教授高一涵等因是安徽人，对其家乡人安庆学生姜高琦被杀一案备加关注，本来案件是应由倪道烺所在地江西地方检察厅进行审理，[①]却不知何故被司法部下令移送北京地方检察厅审理，高一涵等人先后几次向司法部询问理由，却受到司法总长章士钊的言语侮辱，并受到章士钊的控告。高一涵等人为此受到北京地方检察厅的几次传讯，并与章士钊的代表当堂对质了很久，高一涵不胜其烦。[②]在1925年3月11日，司法总长章士钊对倪道烺杀安庆学生姜高琦案移北京办理之理由作出公开说明，全文在《申报》上刊载。[③]但由于言语上的不恭敬，更加引起了高一涵等人的不满，高一涵等人遂向北京地方检察厅以侮辱与

① "高一涵等控章士钊原状"，载《申报》1925年3月28日。

② "姜案继续侦查"，载《申报》1925年3月11日。

③ "姜案继续侦查"，载《申报》1925年3月11日。

诬告为由对章士钊提出反诉。此案历经波折，最后检察厅以此案证据不足为由不予立案，案件不了了之。

（二）北京女子师大学生状告章士钊人格侮辱案

此案起因与北京女师大学潮有关。1925 年，北京女子师范大学学生发起了反对校长杨荫榆的风潮，3 月，因为杨校长不准学生参加悼念孙中山的活动，此后学潮便明显地带上了政治斗争的性质。教育总长章士钊下令停办北京女子师范大学，在原址另建女子大学，并派出军警，雇用流氓多次进女师大殴打学生，最后将她们押出学校。在这一事件中，部分女学生在身体及人格上受到了极大地伤害。在 1925 年 8 月，以萧黄等二十四名学生为代表聘请律师，以章士钊对女大学生进行人格侮辱为事由向地方检察厅提起了刑事诉讼。[①] 此案仅仅进入侦查程序，最后无定论。

（三）鲁迅状告章士钊违法免职案

“鲁迅诉章士钊案”与“北京女子师大学生状告章士钊人格侮辱案”有密切关系。鲁迅长期在女师大兼课，他与一批进步教授发表宣言支持学生，两次代学生草拟呈文进行合法斗争，并先后写下了《忽然想到（七）》《“碰壁”之后》《并非闲话》《我的“籍”和“系”》等攻战文章，在《莽原》《语丝》等处发表，为学生运动之声援。1925 年 8 月 12 日，教育总长章士钊具文呈请临时执政段祺瑞，免去鲁迅在教育部的佥事一职。其呈文云：“兹有本部佥事周树人，兼任国立女子师范大学教员，于本部下令停办该校以

① “专电”载《申报》，1925 年 8 月 20 日。

后，结合党徒，附合女生，倡设校务维持会，充任委员。似此违法抗令，殊属不合，应请明令免去本职，以示惩戒（并请补交高等文官惩戒委员会核议，以完法律手续）。”第二天，执政段祺瑞明令照准，8 月 14 日免职令发表。[①] 此案与上两案不同，是一场行政诉讼，而且整个诉讼过程充满了政治色彩，并且由于媒体的报道而吸引了当时众多民众的关注。更不寻常的是，平政院[②]不仅正常立案，而且按照法定程序走完了诉讼的每个过程，关键是这个案件有不同于上两个案件的结果：下级告上级的诉讼以鲁迅的完全胜利而告终。

二、司法与媒体关系异化的表现

与章士钊相关的三桩司法案件都发生在 1925 年，因为媒体的报道，使得三个案件在当时影响巨大，北京当地及至全国范围的报刊争相报道事件的发生与过程，三件司法案件虽然都是针对章士钊的诉讼，报道方式既有相似，也有区别，其结果更是扑朔迷离，事实与真相掩藏其间，媒体报道的表象揭示了民初司法与媒体间一种无言的争斗，话语自由、政治强压与司法真实在三桩诉讼案件中显露出来。

从报刊的报道来看，前两桩案件虽然没有按照原告的意愿完整满意地结束，但报刊（主要为《申报》）的报道却有始有终。而鲁迅向平政院针对章士钊提起的行政诉讼案件虽是一桩完整的司

① “公电”，载《申报》1925 年 8 月 16 日；同时参见《京都副报》1925 年 8 月 21 日。

② 中华民国北京政府时期法院组织系统的一部分，主管行政诉讼。

法案件，但令人意外的是，《申报》和《京都副报》等报刊只登载了章士钊免去周树人的职务令及相关事件的起因，至此后各大报刊对此事的主要过程均保持沉默。因此，第三桩行政诉讼案件的报道缺少了前两桩案件的关注度和分析度，两桩未能立案的案件各大媒体报道的轰轰烈烈，而立案的两大名人间的行政诉讼案件却缺少了媒体的参与，[①] 这是有悖报刊媒体常态的。原因何在？从《申报》的相关报道中，我们依稀看到了事情的真相。1925 年 4 月 2 日，“（京师地）检厅因《晨报》刊载未判决之高一涵反诉状，派法警传该社主干。”[②] 当时报道“高一涵反诉案件”的报刊有不少，此案还涉及当时的《世界晚报》等报刊。由此也引发了一系列“案中案”。1925 年 4 月，京城警察厅颁布《京警厅管理新闻营业规则》，“依照该规则，人民发行报纸杂志或办理通讯社，不特事先须呈报官厅，并附有预得官厅许可，预缴执照费及取具保铺数家等等条件。而凡学校学生并不得充任报纸或通讯社发行、编辑、经理、印刷等此。”这无异于在扼杀媒体和民众的言论自由权，为此胡适等人提出强烈抗议，据《申报》记载，胡适与钱玄同等人致信司法总长章士钊，反对此规则，并寻求出版与言论自由。[③] 与此同时进行的是京师地检厅（京师第二级检察机关）因媒体刊载“高一涵控章士钊案”而对北京各报刊提出一系列指控。据《申报》记载，

① 本文在叙述“高一涵等人诉章案”和“北京女子师大学生诉章案”的材料来源均自《申报》，而“鲁迅诉章案”的材料基本来源于报刊之外，影响较大的报刊在当时几乎没有正式报道此案。

② 《申报》，1925 年 4 月 3 日。

③ 《申报》，1925 年 4 月 20 日。

因北京各报刊载“高一涵控章士钊案”，均被地检厅检举。[①]虽然《申报》未能详细记载之后各案件的审理过程，但媒体对案件报道所引发的政治和司法对其不公正之回报，势必影响当时媒体的言论空间。

以章士钊为被告的三桩案件，均发生在1925年，均在媒体与民众的关注之下，何以三个案件的过程与结果大相径庭，原因何在？官方媒体与私人媒体的态度反映了当时北洋政府在司法运作上有什么样的取向？我们从当时具有一定影响力的报刊中寻求司法的真相，探讨司法与媒体关系异化的重要诱因。

三、媒体、司法与政治之关联

通过以上考述，我们看到三桩司法案件的主要发展过程，以及主要媒体在其中扮演的角色。“章士钊案”为我们考察民初的司法、媒体与政治之间的关系，提供了绝佳的个案视角。从理论上讲，现代意义上的媒体既是社会的一部分，也是政治的一部分。政治需要通过媒体去动员和影响大众，同样，媒体可以通过表达“民意”、制造“公共舆论”等方式来影响政府。换言之，媒体是政治和社会的中介。但这一理论在解释民初媒体时，只能部分适用。[②]根据媒体与政治、司法之间关系及媒体在报道中的语言风格、政治立场等因素，我们将对此案报道的媒体分为三种类别。

---

① 《申报》，1925年9月19日。

② 参见李在全：“民初的司法、媒体与政争”，载《比较法研究》2008年第3期。

（一）激进的媒体：政治对手，司法进步的推手

民国初年，由于民主和科学的呼声，中国媒体界提倡自由、平等和改革，具有革命倾向的期刊迅速增长。具体到对三桩司法案件的评述，从而引发对章士钊进行猛烈抨击的较激进的期刊有：《爱国青年》（宁波）在1925年第8期载有《南北鼎起之学潮与大学教育之危机》的时事评述；《政治生活》（重庆）在1925年第38期、40期、51期中针对女师大风潮与控诉案分别刊载了《章士钊得意忘形》《国耻学潮与反革命论》《谈“是非”质现代评论》等；另鲁迅所主编的《莽原》对章士钊的思想与行为给予了最深刻的揭露与批驳，很多文章为世人熟知，如《流言与谎言》《答KS君》、《从胡须到牙齿》等文，抨击章士钊违法将自已免职，支持女子师大学生，矛头直指杨、章等人。1925年8月10日，北京女子师大师生在《京报》上发表了《国立北京女子师范大学紧要启事》，提出了“驱章”，启示称：“章士钊欺内媚外，摧残教育”，“若章士钊在部，敝校与教部完全脱离关系”。鲁迅的佥事职务位被免后，舆论哗然。《京报》于1925年8月15日刊出《周树人免职之里面》，言称：“自女师大风潮发生，周颇为学生出力，章士钊甚为不满，故用迅雷不及掩耳手段，秘密呈请执政准予免职。”其他在此期间发表激烈文字批判章士钊的期刊还有：《北京大学日刊》（1925年第1749期）、《新少年旬刊》（1925年第7期）、《妇女周刊》（1925年第35至50期）、《京都副报》（1926年第425至455期）等。此类期刊均是具有批判精神的激进性媒体，它们不受政府支配，故为政府所敌视，想尽办法压制其言论自由，故在章士钊任司法总长时，京城警察厅颁布《京警厅管理新闻营业规则》，并通过京检

厅控诉报道“高一涵控章案”的主要报社，控制出版与言论自由，其行为无疑是依靠政治和司法力量打击革命媒体。反言之，京城一些媒体虽然受到政府的压制，但言论自由是无法被政治强压所扼杀的，在某种程度上，媒体报道迫使政治主体与司法机关不敢肆意妄为，逼迫司法机关按照诉讼程序进行，尤其是“鲁迅诉章士钊案”牵连着国家教育部门，司法机关的运作难以违背整个媒体与社会的心理期望。在之前两个刑事案件不了了之的情况下，这一行政诉讼案件的审理对当时的政治与司法无疑是出了难题，却也是个台阶。平政院对“鲁迅诉章士钊案”的审理结果不免迎合了当时大众的心理。[①] 从这个层面上讲，作为政治对手的媒体，往往会成为司法改革和进步的推手。[②]

（二）平和的媒体：传播政情，司法进步的助手

不可否认，民初存在处于政治与社会之间较平和的媒体，[③] 如《申报》,《申报》地处上海，对北京的政事和司法情况多有报道，但其所持态度一向不愠不火，不与政府对峙，以温和的态度报道全国的实事，这大概是《申报》能从晚清至民国长期生存的一个原因。从媒体报道章士钊案件的过程看出，《申报》对前两个案

---

① “鲁迅诉章士钊案”的胜诉原因在学界有多种说法，有学者认为是政局变化，章士钊下台是导致案件胜诉的原因；也有学者认为是鲁迅的诉讼技巧所致；争议较多，但主观流点认为是政权更替的结果。可参考以下论文：丁仕原：“鲁迅与章士钊的行政诉讼”，载《百年潮》2000 年第 6 期；葛涛：“鲁迅诉章士钊的诉状与互辩书考辨——兼谈章士钊的两则佚文”，载《鲁迅研究月刊》2004 年第 4 期；何立波：“鲁迅与章士钊的一场著名官司”，载《文史春秋》2009 年第 3 期。

② 张仁善：“近代法学期刊：司法改革的‘推手’”，载《政法论坛》2012 年第 1 期。

③ 李在全：“民初的司法、媒体与政争”，载《比较法研究》2008 年第 3 期。

件报道有始有终，但仅限以平和的语言叙述过程，无过激言辞。对“鲁迅诉章士钊案”只报道了政府的免职令，对后事无任何提及，因为鲁迅诉章士钊案进行的时期，也正是北京政府以刑事诉讼方式起诉《京报》《世界晚报》等北京各报刊之时[①]。因三桩司法案之间的关联性，《申报》为自保，也不会再对“鲁迅诉章士钊案”有过多报道。但我们不能因此否认这样一些中立的媒体，正是因为它们中立的态度，反而会成为政府忽视的管理对象，《申报》在报道“高一涵控章士钊案”时也是全程跟踪，实事反映情况，但政府并未追究这些态度平和的媒体。这就使媒体的发展留有余地，使一些媒体能够正常地报道国家政情，某种意义来说，也让政府与司法有一种自律的约束，从而成为司法进步的助手。

（三）虚伪的媒体：政治帮手，司法进步的阻力

媒体应保持一定的独立性，过于激进，会被政治排斥；过于中立，会有失民意；但如果过于依附政治，就会失去起码的独立，民初中国的一些媒体就没有守住这个限度。戈公振就曾指出当时北京报界“舆论颠倒，道德堕落……，怪状尤百出。”民初的一些媒体被“少数出资者所操纵”。曾任北洋政府财政总长的李思浩回忆说：“要结交几个新闻界的朋友，也要应付一般新闻界的需索，关系很深，和我们都很熟，自非一般可比，可以说是我们团体中的一员，除《大公报》以及胡后来办的《新社会报》要给以相当数目的资助外，对胡本人，我记得在我当财政总、次长的几年间，

① 《申报》，1925年9月19日。

每月送他三四百元，从未间断过。”这样的媒体，它们表面上频频对政府的某人或某事进行评说，甚至谩骂和攻击，似乎体现了“民意”和“公共舆论”，其实这很可能是政治性的“制造”。这样的媒体，“民意”与“公共舆论”只是表面文章，媒体与政治不再是简单“密谋”，而是依附于特定政治集团，成为政治斗争的工具。除了此处提到的《大公报》和《新社会报》，《公言报》等刊物也受到政府控制与收买。另外一些官方报刊为政治服务目的更加明显，如北洋政府司法部主办的《司法公报》和国民监察院主办的《国民监察院公报》，对上述案件无任何报道，更有甚者，由于“鲁迅诉章士钊案”的影响，1925 年 9 月 9 日《国民监察院公报》重新明令公布《兼职条例》，为章士钊免除鲁迅在教育部佥事一职寻求法律的依据，[①] 逆历史潮流而上。民初媒体的处境是奇特和艰难的，从某种意义上说，民国初期许多报刊出于政治压迫、利益诱惑、社会无序之影响，所应有的独立品格在当时是缺失的，这无疑对司法进步有不利影响。

四、深层剖析：“鲁迅诉章士钊案”胜诉原因

关于民国时期“鲁迅诉章士钊案件”胜诉原因，众说纷纭，有学者认为北洋政府时期平政院依法判案，体现了民国初年行政诉讼的公平、公正与迅捷；有学者认为是 1926 年政治局面的风云变幻让此案峰回路转；也学者认为这是鲁迅本人的革命精神和不

① 当时鲁迅任教育部的佥事一职时，兼职北京女子师范大学教师。

屈斗志所致。[①]学者们未能关注到媒体对章士钊的批评和抨击，从而忽略了“鲁迅诉章士钊案件”胜诉的舆论因素。针对民国时期的复杂环境，本文就“鲁迅诉章士钊案”的胜诉原因进行再分析，以寻求民国司法异化的多重影响因素。

首先，政党争斗的影响。政治的风云变幻程度影响着司法进程，这应该是“鲁迅诉章士钊案”胜诉的最根本因素。到 1926 年 3 月时，章士钊已被免去司法总长和教育总长职务，临时执政府增设的国务院中又存在着皖系、冯系和国民党之间的复杂矛盾，此时，段祺瑞执政府正处于全面崩溃的前夕。同时，新任教育总长易培基同情学潮，同情鲁迅，易培基与章士钊之间也有着一些政治矛盾，另外，崇尚国学的平政院院长汪大燮对鲁迅抱有好感，政治形势的发展为“鲁迅诉章士钊案”的胜利奠定了最根本的基础。

其次，个人因素的影响。鲁迅的名人效应与诉讼技巧起也到了一定作用。因为鲁迅在当时的中国已是国人皆知，所以其提出的行政诉讼案件颇为引人注目，虽官方媒体的言论对此案保持缄默，但鲁迅主编的《莽原》和其他一些激进的媒体，在鲁迅在诉讼过程中给予了充分的关注与支援，在众人支持之下，鲁迅也发挥了他的革命精神与辩才，从其起诉书与互辩书可见一斑。[②]

再次，案件性质的影响。本案的性质对政治无伤大碍，前两案均属刑事案件，只要立案，诉讼就有可能将章士钊从政治上打

---

① 相关文章参见：葛涛：“鲁迅诉章士钊的诉状与互辩书考辨”，《鲁迅研究月刊》2004 年第 9 期；何立波：“鲁迅与章士钊的一场著名官司”，《史海勾沉》2009 年第 3 期；陈漱渝：“鲁迅与章士钊的一场诉讼”，《读书文摘·文史版》2010 年第 10 期。

② 葛涛：“鲁迅诉章士钊的诉状与互辩书考辨”，《鲁迅研究月刊》2004 年第 9 期。

垮，这是政府所不想看到的，所以虽然证据确凿，地检厅却不予立案。而鲁迅诉章士钊的行政诉讼案件在某种程度上对于当时政治框架来说并无大碍，既便章士钊败诉，也只会取消其违法的行政行为而已。对于喜欢制造“虚伪”政局的北洋政府来说，迎合民众的口味也是不错的选择。

最后，媒体舆论的影响。在“章士钊系列案件”之前，鲁迅和章士钊因针对新文化运动的态度不同，两人在各种媒体上（主要为《新青年》和《甲寅》周刊）互相攻击，除造成了两人关系的恶化，更重要的是媒体舆论使章士钊在三个案件中的形象受损。由于民初媒体对“高一涵等状告章士钊侮辱与诬告案”和“北京女子师大学生状告章士钊人格侮辱案”的全程报道，章士钊深受舆论指责，言论压力势不可挡，可以从上文叙述中看出。媒体在前两桩案件中的报道不遗余力，一些激进和革命的报刊面对政治强压并未停止对事件的评述，这对于“鲁迅诉章士钊案件”的判决无疑加强了舆论监督，媒体对司法的影响在民国初年已成必然。在1926年4月，平政院慑于进步舆论的压力，决定取消对鲁迅的处分，以免事态进一步扩大。直到1932年，章士钊在上海作为陈独秀的辩护律师，为自由而战，媒体转载其辩护词，轰动全国，在舆论推动下，章士钊转而成为民国英雄。可见，媒体对章士钊的一生的影响可谓之大。

囿于材料，我们无法详细考察由媒体“兴风作浪”的舆论力量和政治控制，是否影响了以及如何影响法官对三桩章士钊为被告案件的审判。不过可以肯定的是，作为司法权重要组成部分的检察权代表国家进行侦查和公诉，它很容易变成政治强者的工具。“高一涵等人控章士钊”和“女子师大学生控章士钊”的刑事诉讼案件，从京师地方检察厅的起诉过程中可以明显看出司法权代表的是政府利益，司法权在政治控制之下无独立而言，这导致司法与媒体关系走向异化。

第三节　媒体与“李大钊案”

一、“李大钊案”的政治背景

李大钊（1889 年—1927 年）

1922 年 1 月，列宁提出用共产党与国民党合作的办法来促进后者的革命化。1922 年 8 月，中国共产党中央委员会决定，允许共产党员以个人身份加入国民党。李大钊通过国民党要员张继的介绍，首先加入国民党。他在国共合作的沟通方面以及与吴佩孚、冯玉祥等地方军阀与苏联的关系方面，一直是重要联系人。李大钊最成功的秘密活动是使冯玉祥倒向支持南方国民政府。1924 年，在直奉军阀大战中，冯玉祥在南方国民党和苏联的暗中支持下，突然发动北京政变，囚禁曹锟，推举段祺瑞为北京临时政府执政者，电请孙中山北上共商国是。从 1924 年起，苏联军事援助不断支持冯玉祥，还派去了军事顾问团，李大钊就是冯玉祥和苏联的最重要联系人。除此之外，李大钊还推动冯玉祥与张作霖手下重要将领郭松龄达成密约，促使郭松龄于 1925 年 11 月 23 日公开起兵造反讨伐张作霖，并一度占领锦州。虽然郭松龄最后被镇压下去，但此事给张作霖造成了沉重打击。冯玉祥的“赤化”倾向，引起了北方军阀的警惕。1926年初，张作霖的奉系和吴佩孚的直系联合起来，驱逐了冯玉祥的军队。同年12月，张作霖的奉系部队控制北京，成立安国军政府。在反“赤化”的氛围中，作为与冯玉祥部队和南方国民党政府的重要联系人以及中国共产党的北方负责人，李大钊被列为安国军的重要抓捕对象。为躲避搜捕，李大钊躲进了苏联使馆，同时把国民党和共产党在北京的机关也一起搬进了苏联使馆。当时南北处于战争状态，李大钊的秘密机关从事大量军事情报工作，并且藏匿了一些军火，而且苏联深度卷入中国内战，对北方政权威胁很大。1927年4月4日，各国公使举行会议，一致同意准许中国军警进入使馆区搜查。根据《辛丑条约》，东交民巷使馆区享有治外法权，中国军警不得入内。戊戌变法失败之后的康有为、梁启超，以及后来拥宣统复辟的张勋，都在使馆区避过难，中国当局奈何不得，而此次涉案的李大钊成为例外。因为苏联在革命后自行废除不平等条约，所以苏联使馆不受《辛丑条约》保护，才促使当时与会各国公使达成一致意见，导致中国军警进入苏联使馆抓捕了李大钊等人，北洋政府时期国内外的政治局势注定李大钊的命运多舛。欧登科代表公使团在公文上签字，并通知使馆界捕房：“有中国军警入界，勿得拦阻。”[①] 携全家躲避在此的李大钊等五十多人被捕入狱，“李大钊案”是北洋政府时期最后一起司法大案，审判自始至终都在军政府控制之下，正常的司法审判毫无适用的空间。媒体在报道此案的过程中，基本上没

① 《国闻周报》，1927年4月16日。

有话语权。此案的判决不仅决定了李大钊之死，同时意味着媒体舆论受到最严厉的限制，也意味着北洋司法独立之死。

二、“李大钊案”的报道过程与特色

李大钊一经被捕，消息立即传遍大江南北，报刊纷纷给予极大关注。其中《申报》作为中国影响力较大的报刊，对李大钊案很是关注，几乎每日都有相关报道。另外李大钊曾任北京《晨报》[①]主编，从李大钊的被捕到被杀害，《晨报》一直处于关注与同情之中，但由于地处北京，其言论有所顾忌。相比之下，《民国日报》不仅地处上海，并且是国民党派的机关报，反袁的气势磅礴。[②]因此在李大钊案上，虽不是同一党派，但当时国共正处于合作期间，国民党的反共意识还未明确化和公开化，在李大钊案上基本上抱有同情与支持的态度。三个刊物报道李大钊案件的主要文章如下：

---

① 《晨报》初名《晨钟报》，1916年8月15日创刊。李大钊曾任第一任总编，并写代发刊词《晨钟之使命》，不久辞去职务。1918年9月，因刊载政府向日本借款消息被封闭。同年12月，报章改名为《晨报》后重新出版。由于《晨报》先后依附多位军阀，1928年6月，国民党军队进入北京后一度停刊。1928年8月5日，由阎锡山操纵再度出版，改名《新晨报》。阎锡山撤出北京后，恢复《晨报》报名。1931年日本帝国主义发动侵略中国的“九一八”事变后，依附南京国民党政府，抗日战争胜利前夕停刊。

② 1916年1月22日，以讨袁为主旨的《民国日报》在上海创刊。陈其美是筹办人，叶楚伧任总编辑，邵力子任经理和副刊编辑，刊物以拥护共和，发扬民治，唤起国民奋斗精神为宗旨，积极参加护法运动，后积极进行反对北洋军阀的斗争。该报主要刊载全国各地讨袁斗争的消息，另设有“来电”“专论”“要电”“时评”“快风”等专栏，后该报成为国民党中央机关报。

表8　1927年《申报》所载李大钊案文章

时　间	标　题	报道重点	舆论倾向
4月7日	《要电・奉军大搜俄使馆》	案发过程	无
4月8日	《京军警搜索俄机关与外交》	案发过程	无
4月8日	《本馆要电一》	逮捕、审讯过程	无
4月8日	《俄使署搜查后之情势》	转发东方社等电文	无
4月9日	《俄使署搜查后之各方情形》	转发国闻社等北京电	无
4月10日	《李大钊等将交法庭检举》	转北京电	无
4月11日	《俄使署案将付法律解决》	转北京电	无
4月11日	《顾阁决定总辞职》	转北京电	无
4月13日	《津京政闻》	转北京电	无
4月15日	《北京军警搜查俄馆界》	转述案件经过	无
4月16日	《北京军警搜查俄馆界详纪》	转述案件经过	无
4月17日	《国民党中央监察委员之呈咨》	刊载电文	无
4月17日	《李大钊案将组特别法庭》	北京电	无
4月18日	《奉方对党案尚未定办法》	转载北京报刊内容	无
4月20日	《续纪北京搜查俄馆事件》	转北京电	无
4月21日	《京中决定特审李案》	转北京电	无
4月23日	《专审李大钊法庭已着手组织》	转北京电	无
4月23日	《李大钊将开特别法庭》	转北京电	无
4月24日	《京警厅发表俄馆党案文件》	转北京电	无
4月26日	《京警厅继续公表俄馆党案文件》	转北京电	无
4月28日	《北京之专审党案近闻》	转北京电	无
4月29日	《李大钊等已执行绞刑》	转北京电	无

续表

时　间	标　题	报道重点	舆论倾向
4月30日	《李大钊等绞后之党案》	转北京电	无
4月30日	《京党案华人部分已讯结》	转北京电	无
4月30日；5月7日；5月9日	《京警厅继续发表俄馆党案文件》	转北京电	无

表9　1927年《晨报》所载李大钊案文章

时　间	标　题	报道重点	舆论倾向
4月7日	《李大钊路友于被捕说》	案发过程	无
4月8日	《共党事件应交法庭》	评论司法审判	反对政治主导
4月10日	《共产党事件·尚未确定处分办法》	评论司法过程	倡导法庭审理
4月11日	《政治讨论会建议共产党事件移交法庭》	记录会议内容	无
4月13日	《警厅昨日释放学生十九名》	案件进展	无
4月25日	《审理党案法庭昨日已从事组织》	司法进程	无
4月29日	《军法会审昨日开庭，判决党人二十名死刑》	转北京电	无
4月29日	《李大钊首登绞刑台》	转北京电	无
4月30日	《军法会审又判决党人十名》	转北京电	无
5月1日	《中外记者访问朝阳里病床上之李夫人》	李大钊身后事	同情李大钊家人
5月1日	《侦探化装仆役》	再次报道破案经过	无

表 10　1927 年《民国日报》所载李大钊案文章

时　间	标　题	报道重点	舆论倾向
4 月 7 日	《奉系军阀竟派军警赴俄使馆捕人》	案发过程	抨击反动势力
4 月 8 日	《搜查俄使馆的重大意味》	案件影响	同情李大钊
4 月 8 日	《俄使对奉严重抗议》	案件影响	舆论反对使团和奉军做法
4 月 9 日	《俄代使与伪外部互提抗议》	俄使抗议	同情李大钊
4 月 11 日	《北京俄使馆被捕事件》	各界反应	同情俄使馆
4 月 12 日	《张作霖用手段》	司法过程	抨击张作霖
4 月 14 日	《东方社北京电十三日电》	各军阀对李案态度	多数军阀主张严惩
4 月 14 日	《奉张举措益形乖谬》	转各地电文	报刊抨击军阀
4 月 15 日	《俄使馆被检后伪政府态度强硬》	转各地电文	同情俄使馆和李大钊
4 月 24 日	《伪庭对俄使署案之处理》	案件经过与预想	同情李大钊
4 月 29 日	《李大钊路孝忱等被处死刑》	案件结果	无
4 月 30 日	《北京党案算告一段落》	北京电文	无

三个刊物中，报道案件的详细程度上来说要数《晨报》最为全面，4 月 7 日，《晨报》以大副标题报道事件的发生：“昨日军警包围，搜查共产党大本营，逮捕中俄男女六十余人，搜去手枪炸弹文件数车”，详细介绍了李大钊被时的情形：

“昨日东交民巷内发生极重大事件，为辛丑条约设定保卫界以来，空前未有之事。昨晨十时半东交民巷东西北各路口，停留多数洋车及便服行踪者之徘徊观望，遇者早知有异。

迨十一时有制服警察一大队，约一百五十名，宪兵一队，亦有一百名，均全副武装，自警察厅，分路直趋东交民巷，首先把守各路口，余皆集中包围俄国大使馆旁邻之中东铁路办公处，俄款委员会，远东银行。所有便衣侦探，一律胸缝红线为记。搜查队到上列三处门口时，即严守大门，大部即将全体入内搜索，时在内者突见有许多军警趋入，闻有人向空中放手枪数响，意似报警，令人逃走。唯当时军警一入室内，便又分头搜检致无脱逃余地。当经逐房查索。逮捕之中俄两国人有八十名之语。被捕者皆一一捆缚，编成号数，先后用汽车送往警厅。交由司法处审讯。当时事出仓猝，欲逃无路，闻有藏身于烟囱者，亦有匿避于厕所者，然无一不被发见，足知搜索何等严厉。至被捕者之人数，报告不一，甚较可信者，则俄人十四五名，华人四十五六名（中有仆役等），而华人之中，姓名尚无从调查……李大钊、路友于二人，俱在其内。昨夜尚拘押警厅，曾受审问，如何办法，则不可知。华人之中有妇女三四人，闻非女学生，乃眷属，未知确否。”①

李大利被捕当日下午接受了第一次审讯，4 月 8 日《晨报》报道说：“李大钊受审问时”“态度甚从容，毫不惊慌”。“李被捕时，着灰色棉袍，青布马褂，俨然一共产党领袖之气概，闻在厅甚受优待，唯看守特别严重”。李大钊案虽然发生在北京，但远在上海的各大报刊也及时进行了报道与评论。如《申报》在 4 月 7 日就刊载了李大钊被捕时情形“捕去华俄数十人，‘李大钊亦被

① “李大钊路友于被捕说”，载《晨报》1927 年 4 月 7 日。

捕在内”。[①]其报道情形基本与北京报刊相同。1927年4月15日，《申报》刊发题为《北京军警搜查俄馆界详记》的消息说：“除捕人外，尚搜得各种物件甚多”，“物件之中，有步枪三十余支、手枪十余支、手提机关枪二架”，“此外如宣传品及关于共产党书籍等，不计其数”。并对李大钊的被捕后政府态度及审讯情况作了相关报道：

> “七日京讯，李大钊等自押解警厅后，即由司法处长蒲志中亲行预讯，今日（七日）下午一时又在司法处为第二次之讯问，至其他华人六十一名内有眷属女孩四人，俄人十三名内有女子一名（华人俱在看守所内，俄人则另置一室），蒲志中昨晚亲行讯问，诸人俱不肯吐露真实姓名，闻其中有久住在交民巷内之某某要人，数名亦被拘传，当局拟设法酌量宽释其余诸人。迄今日下午止，仍在警察厅内，俟口供录齐后，即当呈请张作霖训示办理。”

对于军政府所持有的审判态度其他报刊也有进一步的报道，如《世界日报》报道称，“张氏主张从宽处理，不究随从”，“赵欣伯、杨宇霆、陈兴亚、张学良、于国翰各要人，亦均主张宽大主义”，并声明对抓获各华人，除嫌疑轻者将予释放外，其余一律移送法庭办理。可见，民国初年，重要案件已在报刊的传播下迅速地扩大影响，报道较为全面。正是因为报刊报道案件较为全面，因此多少会显露出案件的走向和影响因素。在以上报道中有两个值得注意的问题，一是司法处长蒲志中亲行进行讯问，于法不合；二是

① “奉军搜捕俄使馆”，载《申报》1927年4月7日。

等口供录齐后，当呈请张作霖训示办理，这又是行政权干涉司法权的明显问题。另外，从《申报》所载内容中可以看出，行政权力在“李大钊案”的司法过中程始终控制着事态的发展：

> “今日星期四本为阁议例会，到顾维钧、胡惟德、张景惠、罗文干原拟讨论内阁本身问题，因汤尔和、任可澄、潘复均未到，遂改议昨日军警在交民巷搜捕党人事件，当由顾致电邢士廉、陈兴亚请赴院报告，候至一时半，邢陈已至，遂在阁议席上向各阁员报告昨日搜捕党人机关详情，及此事之前后经过等，并将搜获之党证印章等重要证据交阁员传观报告逾一小时之久，甚为详尽。顾谓外部民向俄代办提出抗议，各证物仍交邢陈带回保存，罗文干发言，谓昨日逮捕诸人中当时因求办理迅速，难保无情节较轻之人在内，将来办理此案最好俟审讯后，将其无重要关系者保释，其余则移送法庭，作为内乱犯办理，由检察厅提起公诉，且盼勿过事株连云云。邢陈谓现正在审讯，在待警厅应办手续完毕，当再根据此议商酌办理，邢陈遂出。”①

虽然《申报》与《民国日报》同处上海，但由于其政治主见，《申报》以中立的态度报道案件过程为主，基本没有强硬态度，以求自保。而《民国日报》则作为激进的国民党人主办的报刊，其报道言论以支持李大钊、反对袁世凯政府为宗旨，仅从上表所列《民国日报》刊载的报道文章名称就可以看出，其对案件的关注主要是借“李大钊案”反对袁世凯政府。而《晨报》虽同情李大钊，

① “北京军警搜查俄馆界”，载《申报》1927年4月15日。

但由于地处北京军阀政府的控制下，报刊舆论处于以上两报之间，虽有同情但无反抗。但无论三个代表性报刊所站立场如何，但却有着极为相似的舆论导向。

三、“李大钊案”的审判舆论倾向

在审判的舆论导向上，可分为两种，一种是主张对李大钊进行法庭审判的民间舆论。李大钊被捕后，由于他是北京大学著名教授，教育界、政治界各方纷纷呼吁，应将李大钊案移交法庭办理。4月6日，李大钊被捕当天，傍晚6时，北京国立九校校长召开会议，讨论营救方法，并准备派代表向当局陈述意见。4月9日，北京国立九校委派的代表拜访张学良，提出“李大钊系文人，请交法庭依法审讯”，并要求释放其妻子女儿。12日，北京25所大学校长召集会议，决定发表书面声明，“希望奉系取宽大主义，一并移交法庭办理”。[①]北洋政府前高级官员章士钊为营救李大钊而四处活动，章士钊游说奉系总参议杨宇霆，希望其能向张作霖说情，称“切不为以一时之意气，杀戮国士，而遗千载恶名”。[②]以上主要观点在一些主要媒体上反映出来，如《晨报》认为：

“前日东交民巷搜索共产党机关，实为近日最可惊异之举，被捕者有六十余人之众，所得证物亦有数车之多，果事究追，必兴大狱。闻列名于党册者，约有三四千人，姓名真伪，原

① 《世界日报》，1927年4月10日、11日、13日。

② 章士钊：“李大钊先生传序”，载《章士钊全集》第八卷，文汇出版社2000年版。

难辨别，即使一一皆非捏造，而党狱是否可兴，大有磋商余地。况列名共党者，多为血性未定之青年。青年见解未臻纯熟，往往易凭感情所激刺，偶尔加入，突受株连，此不独非独国家爱惜青年之意，适此人心浮动之际，亦非收拾大局之道，此事辈所以不能无言也。……今兹处置共产党事件，吾辈以为根本上应取宽大精神与感化主义。共党固当反对，而党狱万不可兴。党固有不得不逮捕，为维持治安也。主要机关既已搜获，领袖人物亦已就捕，则治安已可不至发生问题，对人自无严厉之必要矣。吾人以为处置方法，应依照普通手续，交司法庭办理。头脑冷静之法官从容钩其案情，究其事实，明定罪刑，自能无枉无纵。且如此重案，果能依法律程序而处理之，则对外亦可表示尊重法律之意，影响所及，受利益多。至党员名册应行焚烧，不必株连。兹事关系大局，切望当局能采纳吾人意见，惟消弭未来不可预测之变故，而感化今日误入歧途之青年，此不仅当局可显宽大之誉，而国家亦将受其利矣，愿当局三思之。”①

媒体对法庭审判怀有极大期望，不仅是媒体炒作，即使是在奉系军阀内部，对李大钊案的处置也分成了两派，但交付普通法庭的呼声渐渐占据主要地位。据《晨报》报道，奉系军阀一派认为应交军法处分，因为“奉方所讨伐者赤，则凡赤皆为敌人。况共产党在北方显有扰乱阴谋”。另一派认为，应当依普通法律程序由法庭审理，因为所逮捕者悉为文人，并非军人，世界上其他国

① “社论·共党事件应交法庭”，载《晨报》1927年4月8日。

家破获共产党机关后，“未闻有以军法从事者”，即便是君主国日本的涉共案件亦由普通法庭审理。[①] 北洋前高官梁士诒主掌的奉系军阀内部的政治讨论会，[②] 明确主张将李大钊案移交法庭办理。4月9日，政治讨论会开会，关于东交民巷逮捕共产党人一案，经长时间讨论，决议向安国军总司令建议将此案移交法庭裁判，依法处理，“以期昭示中外，以彰公允”。政治讨论会之所以有此建议，与当时中国正在进行的收回领事裁判权的努力有很大关系。当时，为了决定是否将领事裁判权交还中国，英美等国组成法权调查委员会，对中国的司法状况展开调查，调查报告认为军人对司法的干涉太多。在此背景下，政治讨论会认为，东交民巷逮捕共产党人案“现在主张交法庭之最大着眼点，在鉴于本案受世界注目，而上次司法调查委员团，对中国法权，多有所借口，是此案正可借以彰中国司法独立之精神，以减外国不信任中国法权之意。”会议决定，“推举梁士诒、杨度二人为代表，前往顺承王府陈述意见。”同时《申报》刊载了内阁会议的态度：“（北京）李大钊等全案阁议决交检察厅检举，昨夕顺府会议，佥以此案在交民巷所获，为各国观瞻，所系与吾国法权前途至有关系，故赞成不由军法办理，关于警厅之录供不过预审而已。（九日下午一钟）。”[③] 同日《申报》在谈及顾维均辞职时再次表明内阁态度：“九日阁议，顾胡张罗任杨潘均到会，主决定辞职，免阻贤路，又谈

---

① “共产党事件·尚未确定处分办法”，《晨报》1927年4月8日；同时刊载在“奉方对党案尚未定办法”，载《申报》1927年4月18日。

② 1927年1月，张作霖的安国军总司令部设立政治、外交、财政讨论会，梁士诒为政治讨论会会长。

③ “李大钊等将交法庭检举”，载《申报》1927年4月10日。

李大钊案，罗主依内乱犯，交法庭侦查，按法办理，因此案与收回法权至有关系，法律手续完备，必能折服外人，且今后对于其他国庇护反对党亦有所畏惧。”[①]后据《申报》报道：“（北京）党案一部分人建议将李大钊等主要人解奉永远监禁，但多数仍主交法庭照律办理，以扬司法独立精神，顺邸正在考虑中（十二日下午八钟）。”[②]

随着媒体的报道，将李大钊等人交付法庭审判的舆论日渐有力，形势似乎朝着有利于舆论的方向发展，4月18日的《晨报》又报道，“奉系对党案尚未定办法”，但“交付法庭说渐有力”。总之，按照以上舆论导向，主要观点是“应依照普通手续，交司法庭办理……且如此重案，果能依法律程序而处理之，则对外亦可表示尊重法律之意，影响所及，受利益多。”[③]从以上媒体报道中，我们依稀看到一些李大钊可以由普通法庭审判的希望，据常理推测，李大钊不至于会被处死，但北洋政府时期却出现了反常理反法律的审判结果，让人为李大钊的结局不胜悲愤。

四、政治主导下的法庭审判结果

以上舆论主张将李大钊等人交付普通法庭，但不同意见一直存在，而且隐约之中这种反对的势力日渐强大。如《申报》报道：“（北京）李大钊案、顾张间商组特别法庭处理之，其法庭之组织，

① “顾阁决定总辞职”载《申报》1927年4月11日。

② “京津政闻”，载《申报》1927年4月13日。

③ “社论·共党事件应交法庭”，载《晨报》1927年4月18日。

有法官军人名流等。（十六日下午一钟）”[①] 此报道表明张作霖虽主张将李大钊案交付法庭，但却是由军人组织的特别法庭，这已与主要舆论背道而驰。半个月后，形势巨变，在张作霖的主导下，4月23日，李大钊案最终被交由军事法庭会审，依据是《陆军审判条例》第一条及《修正陆军刑事条例》第二条的规定，李大钊等人虽非陆军军人，但属“勾结外国人或附从阴谋意图紊乱国宪及煽惑内乱者”。安国军总司令部、京畿卫戍总司令部、京师高等审判所、京师警察厅组成一个特别法庭，张作霖大元帅府军事部长何丰林任审判长，安国军军法处长颜文海任主席法官，审理“李大钊案”。[②] 此时，张作霖对如何处置李大钊等人仍在犹豫中。4月28日的《世界日报》称“再经三次预审后，即可正式开审，其为期当在下星期一二两日”。

事隔几日，形势却发生突变，4月28日上午10点，特别法庭在京师警察厅突然开庭，草草审理了70分钟，便判处李大钊等20人绞刑立即执行。当天中午，警厅调集刑车五辆，将李大钊等人装入车内，下午二时由警厅出发，直赴司法部后面的地方厅看守所刑场。李大钊等20人被拥入看守所后，即由执行刑吏及兵警送往绞台。看守所中有两架绞刑台，同时执行二人死刑。“首登绞刑台者，为李大钊先生”“李神色未变，从容就义”。[③] 从当时的报道看，李大钊是第一个被执行绞刑的人。为何北洋政府匆忙间对李大钊下了杀手，虽然与北洋军阀政府对李大钊的固有态度有关，

① “李大钊案将组特别法庭”，载《申报》1927年4月17日。

② “专审李大钊案法庭已着手组织”，载《申报》1927年4月23日。

③ 《民国日报》，1927年5月12日。

但更与瞬息万变的政局变化和政治需求有关。4 月 29 日，《世界日报》报道称："军法会审各委员……最先只将证据较为充分之李大钊、张伯华二人判死刑，其余则未加可否，惟因某将领前晚来一急电谓前方既宣明讨赤，后方捕获赤党要犯，久延不杀，恐不足以服各将领之心，张作霖乃命各审判官重为审讯，遂决定将李大钊等二十名处以绞死罪，即于前晚呈送安国军总司令判阅。"[①] 同日，《晨报》也发表文章称："前日方传军法会审尚未开庭，而昨日下午党人二十名已被绞决矣。"文章提到一个细节："前晚得前方某重要将领来电，谓前敌将士因讨赤而死者不知若干，今既获赤党首要人物而不置诸法，何以激励士心？最妙者，闻南方某要人亦有电致在京某人，主张将所捕党人速行处决，以免后患。"[②]4 月 30 日的《民国日报》也报道了此事："据云前晚张作霖得其前方张学良等来电，主张杀害。同时蒋介石又密电张作霖，主张将所捕党人即行处决，以免后患。"报道在此处特别加了一句"记者按：此讯甚确，二十九日北京晨报详载其事，惟改蒋介石三字为'南方某要人'。"三大报刊的报道同时印证了法庭外的政治势力成为主导李大钊案审判的关键性因素，也真实地反映了以蒋介石为首的南方政府已有反共的企图，李大钊案的发展趋向不仅仅受到北洋政府的强力干涉，也受到了南方国民党政府的暗中影响。由此可见，李大钊的生死不是法庭判决的，而是受当时的政局和政治所左右。

① 《世界日报》，1927 年 4 月 29 日。

② "军法会审昨日开庭判决党人二十名死刑"，载《晨报》，1927 年 4 月 29 日。

第四节　媒体与司法关系中的政治因素

1923年，梁启超曾评论民国建立以来，政府所采取的措施和政策均不如人意，相比之下，司法制度领域算是一个唯一成功的领域。[①]当前学者对北洋军阀政府时期的司法也持较为肯定的态度，但这只是司法制度的一个层面，至于司法实施如何？司法公开如何？与媒体关系如何？则是我们研究北洋政府司法改革的另一个视角。我们以媒体与司法的关系为例，

相比前两个时期，北洋军阀政府对媒体的控制越来越严格，禁止性规范增多，违反法律后果加重，北洋政府对媒体言论控制较严。这正如伍廷芳对《出版法》所作评论："盖预审案，若未经公判，不准人评论可矣。而阅此句之语意含混，竟似不许人将案件登载报上。且报纸应有之权限亦应声明，因报纸乃国民耳目代表，如持论出于公正，虽攻揭官吏贪婪，告诫政府，亦应听其言论自由，如此等等。"[②]

我们探讨北洋政府时期媒体与司法关系异化的原因，必须要从政治和政局的角度入手。"宋教仁案""章士钊案"和"李大钊案"发生的时间都处于军阀党派林立之时，派系斗争破坏了宪政的结构和法律的实施。如"李大钊案"就发生在这样一个宪政被破坏的政治大环境中，报刊媒体与民间舆论虽力争将"李大钊案"交由普通法庭审理，但司法独立和公开审理的呼声却消失在军人

① 《法律评论》，1923年第1期。

② 伍廷芳："中华民国图治刍议"，载《伍廷芳集》下册，中华书局出版社1993年版，第608页。

的派系斗争与政治斗争之中。“李大钊案”中该对哪些人该处以绞刑的依据不是法律，而只是根据某重要将领来电，其随意性之大，使舆论界为之心寒，以至于在李大钊等二十人被判处绞刑后，舆论界对未判决之人的前途颇为担心。从现代法理学角度来看，新闻舆论监督与司法独立之间存在着矛盾和冲突，但两者的合理调整和配置，有利于实现司法公正。当时的舆论界对“李大钊案”始终保持密切关注，并多方打通关系以获得实时消息，但是当局却对舆论界封锁消息。当安国军总部组织的特别法庭一切准备皆已就绪时，媒体却只知审理党案法庭已从事组织，但对于庭审是否公开及地点等问题都不明确。[①] 在“李大钊案”中，由于消息的封锁，使新闻媒体始终处于被动的状态，对案件报道常常无从下手。李大钊于 4 月 28 日已被判决当天下午行刑，但直至当日《大公报》仍对此消息“将信将疑”，对“审时情形无从知悉”。[②] 而《申报》《晨报》与《国民日报》等都是第二天才详细报道了李大钊被处死的过程，且军事法庭对“李大钊案”的判决及执行之快大大出乎媒体预料，“前日方传军法会审尚未正式开庭，而昨日下午党人二十名已被绞决矣。”[③] “李大钊案”中法庭对新闻舆论封锁消息，虽与陆军军法会审不准旁听之规定有关，[④] 但更为重要的是法庭拒绝新闻舆论对司法的监督，法庭完全受到军事与政治的左右和摆布。

① “审理党案法庭昨日已从事组织”，载《晨报》1927 年 4 月 25 日。

② 《大公报》，1927 年 4 月 28 日。

③ “军法会审昨日开庭，判决党人二十名死刑”，载《晨报》1927 年 4 月 29 日。

④ “审理党案法庭昨日已从事组织”，载《晨报》1927 年 4 月 25 日。

民国初年，“宋教仁案”“章士钊案”与“李大钊案”主要涉及刑事诉讼和行政诉讼，虽媒体有不同程度地介入，但最终揭示三桩案件是政治斗争下的事件，只不过假手司法程序加以解决罢了，同时政治因素也无形中加剧了司法与媒体关系的异化程度。民国初年，政治高于法治，政治控制司法和媒体，这是由于行政权独大所致，导致政治成为司法与媒体关系中的重要影响因素。

第五章 南京国民政府时期：进步与异化共存的媒体与司法

第一节 媒体与“陈独秀案”

一、案情简介

陈独秀（1879 年—1942 年）

陈独秀，原名庆同，字仲甫，号实庵，安徽怀宁（今安庆）人，中国近现代著名的爱国者、伟大的民主主义者、启蒙思想家。1920 年初在上海发起并成立中国共产党，1921 年 7 月在中共一大被选为中央局书记，后任中央局执行委员会委员长等职务。1927 年中国大革命遭遇失败，除了共产国际指导上的原因外，陈独秀的右倾错误也是重要原因。1927 年 7 月中旬，中共中央政治局改组，陈独秀离开中央领导岗位，此后他接受托派[①]观点，以在党内成立小组织的方式进行活动。1929年11月，因为他在中东路问题上发表对中共中央的公开信而被开除党籍，同年12月他在上海组成托派小组织无产者社。1931年5月，陈独秀出席中国各托派小组织的“统一大会”，被推选为中国托派组织的中央书记。1932年10月15日下午两点半，上海市公安局警探连同法租界捕房闯入虹口区春阳里210号，逮捕了正在开会的五名中共“托派”高层，现场还查抄了106件文件和34种俄文共产主义书籍。春阳里210号主人、托派青年委员会秘书长谢少珊立即供出了陈独秀的秘密地址。当晚，陈独秀在岳州路永吉里11号被捕。《申报》详细描述了当时陈独秀被捕时的情形，兹摘录如下：

> “陈独秀独正在室内、该探等立予逮捕，并在其室内抄出中、日、俄三国文字之共产文件甚伙，连陈一并带入捕房。陈为皖人，现年五十四岁，迩以多病，貌甚清癯，唇蓄微髭，发已微斑，衣淡蓝色哔叽长衫，戴淡黄色呢帽，被拘入捕房后，捕头诘悉其有病，当派探送往工部局医院，旋经医生诊察得厥疾并不甚剧，认为尚可受鞫。”[②]

10月18日，陈独秀、彭述之等11人被引渡给国民党当局，关押在上海市公安局。之前陈独秀曾先后于1919年6月11日、

① 托洛茨基派，“托派”一词在斯大林文义的词典中是极左或所谓“形左实右”的象征，常被不了解的人误认为共产思想里面的无政府主义。

② “共产党首领陈独秀等被捕”，载《申报》1932年10月18日。

1921 年 10 月 4 日和 1922 年 8 月 9 日三次在上海被捕，原因皆为宣传共产主义，但处罚均不是很重。1932 年 10 月 15 日，陈独秀第四次被捕，这次他却要面临未可预知的判决，这就是轰动一时的“陈独秀案”。被捕后，陈独秀会经由军事法庭审判还是普通法庭审判？可以说，这是决定其生死的关键。而和他同为中国共产党奠基者之一的李大钊，1927 年 4 月 6 日被安国军政府逮捕，其结局是半个月后便由军事法庭会审，依据《陆军刑事条例》判处绞刑。由于陈独秀本人昔日的地位、声望和影响，再加上本案与“李大钊案”的相似性，并且是国民党政府成立后所面对的第一起国内涉共案件，所以案件一发生，就受到各类报刊、杂志等媒体的极力关注，舆论纷杂，使得“陈独秀案”的影响力超过了之前发生的任一案件。本文从陈独秀最后一次被捕当日的媒体报道开始，主要分析媒体报道“陈独秀案”的主要过程、媒体舆论对司法审判的重要作用以及司法对媒体的相关回应。

二、主要媒体报道和舆论倾向

陈独秀等人被捕后，全国各地报纸纷纷加以报道，根据报道内容对“陈独秀案”的审理主要分为两种倾向：一是以《中央日报》为代表的政治性刊物体现的国民党政府的处理态度；二是以《申报》《大公报》《独立评论》等体现的民间人士的态度。

（一）官方媒体的态度与倾向

陈独秀被捕次日，国民党立即通过其机关报发布消息大肆张扬，一反过去对“共案”秘密处置的常态。[①] 并转发路透社电讯，宣告“久缉未获之著名共产党领袖”已被捕获，[②] 而《社会新闻》报作为国民党机关的喉舌，对陈独秀的被捕可谓欣喜若狂，在报道此案时无法掩饰其兴奋之情，言称全世界各大都会的报刊，“都热烈地载着这从东方传来的消息，比起汪精卫出洋这样的消息来，真是前者好比霹雳，后者好比蚊鸣了”。[③] 从官方对“陈独秀案”的态度来看，初始时基本上持加重处罚的司法观点，表现在官方在媒体上历数陈独秀的罪状，把国家东南方“赤匪遍弥”、“巨火燎原”等都归罪于陈独秀，以为皆为“该犯之遗毒”，诛之“罪有应得”。[④] 为此，一部分国民党人主张以“危害民国紧急治罪法”而对陈独秀处以死刑，如《广州民国日报》的社论认为，20 世纪 30 年代中国经历危难的原因在于日本的侵略和中国共产党所挑起的内乱；而日本的侵略之所以能得逞，原因则在于国民政府忙于剿共；而“溯吾国共匪之由来，不能不忆及十年前李守常、陈独秀等之提倡”，因此“应处以极刑，勿能宽纵”，否则就是“一面剿共而一面纵共”。[⑤] 直到 10 月 19 日，国民党报刊依然认为该案件审理会不同于其他案件，如有报刊发表“陈独秀等昨在沪安局受审，案情重大将解京法办”等言论。[⑥] 从官方媒体认为应加重对陈独秀处罚的原因来看，主要是仍对陈独秀过去的“涉共”历史耿耿于

---

① 张君：“试论一九三二年陈独秀的被捕”，载《近代史研究》1984 年第 5 期。

② 《中央日报》(上海)，1932 年 10 月 17 日。

③ “陈独秀死活预测”，载《社会新闻》1932 年第 12 期。

④ 《中央日报》(上海)，1932 年 10 月 31 日，11 月 28 日。

⑤ 陈东晓：《陈独秀评论》，上海书店出版社 1989 年版，第 150~151 页。

⑥ 《中央日报》(上海)，1932 年 10 月 19 日。

怀。当时中国正处于“军事法庭随时随地代替普通法庭执行职权”的司法环境中，[①]故国内公民涉共案件基本上交由军事法庭办理，而且当时正进行着异常激烈的国共战争，自不免有人极力主张效仿1927年处置“李大钊案”那样，将陈独秀处以极刑。陈独秀等人被捕后，媒体有传闻说将由党、政、军组织特种法庭进行审理。但从当时国民党针对“陈独秀案”关于审理机关的舆论争议上来看，持续的时间并不长，仅有十天左右时间，之后国民党的宣传报刊就报道了国民党中央的决定：“陈独秀等决由苏法院审理，办理手续循牛兰案之先例”[②]而“陈独秀案”也成为民国时期第一例交由普通法庭审理的国内公民涉共案件。

在审判程序问题上，国民政府将涉共案件交由普通法院江苏省高等法院按公开程序进行审判，这无疑体现了司法的进步，但其中是否顾虑到舆论压力而改变初衷，我们不得而知。但有两个因素我们是需要考虑的：一是“陈独秀案”遵循“牛兰案”的先例，是和舆论压力有关的。“牛兰案”是发生在1931年上海的一起涉及国际涉共案件，当事人是苏联共产党牛兰夫妇，关押、审判外籍人士一时成为当时世界的头条新闻，国际国内舆论和各界人士对于“牛兰事件”的关注不仅持续了近两年的时间，而且还掀起了营救牛兰、谴责国民党法西斯行径的国际性运动。因国内外舆论势力的强力推进，“牛兰案”最后由中国普通法院审理，1932年8月19日，国民党当局在内部分歧和世界舆论的谴责下，以扰乱治安、触犯“危害民国紧急治罪法”的罪名，判处牛兰夫妇死刑，

① 《益世报》，1932年10月20日。

② 《中央日报》（上海），1932年10月26日。

但又援引大赦条例，减判无期徒刑。因此，某种程度上，国民党政府最后决定由普通法院审理“陈独秀案”，是和刚刚结束审判的“牛兰案”的国内外舆论影响不无关系；二是“陈独秀案”发生后所引发的舆论狂潮也对国民政府造成巨大压力，尤其民间对如何审判这起重大涉共案件的评论，对国民政府的司法发挥了舆论监督作用，并在一定程度上促进了司法公正。

（二）民间媒体的态度与倾向

陈独秀的被捕迅速引发了舆论关注，一时成为新闻热点，《申报》称之为“清共以来第一起巨案”。[①] 与党政人员严厉镇压的态度不同，民间报纸多倾向于用司法途径来解决“陈独秀案”。10月18日《申报》以《共产党首领陈独秀等被捕》为题，对该案之侦破做了详细介绍，此后一直跟进报道。民间媒体的意见较为理性，以《申报》、《大公报》等各大报刊的舆论为代表，要求政府以法治精神处理此案。舆论的倾向是明显的：鉴别陈独秀的功与罪，给他一个合法的、同时也是体现宽恕的判决。[②] 陈独秀等人被捕后，有传闻说当局将由党、政、军组织特种法庭进行审理，随即，《晨报》发表社论，作者引用英国政治学者拉斯基的话说：

> “依往事观之，政府兴文字之狱，而能阻遏人民之指责者，盖无几焉。其准人民之自由言论也，弊政既除，自少可以攻击之机会，反是而加以禁阻也，愈令人民迫而为秘密行动。

① “共产党首领陈独秀等被捕”，载《申报》10月18日。

② 黄伟英：“从李大钊案到陈独秀案民国时期司法现代化的发展”，载《历史教学》2009年第22期。

可知政治革命或社会革命之由来，其责任在政府，而不在倡异说之个人。……故禁止实行危害国家之结社，乃事之当然者也。然此有无危害国家之行为之问题，应由谁决定？曰此非政府自身之事，而应由法庭判决”。[①]

故而，媒体认为“陈独秀案”应该在司法保障下，公正审判。《益世报》也发表社论指出：

“陈独秀被捕地点在上海，今日上海既非戒严区域，亦非剿共区域，陈案自应由普通法庭审判，绝无组织特别法庭必要。”[②]

以胡适、傅斯年以及全国各大报刊的舆论为代表，要求政府以法治精神处理此案。傅斯年回顾了陈独秀在中国革命史上的地位，在媒体上着长文为陈呼吁：

“最近陈独秀在上海公共租界工部局捕去，移交中国官厅，又解到南京，押在军政部军法司候审。这件事引起南北舆论重大的注意，平津的几个重要日报都有社论，论这件事，而其结论皆不外乎政府处置此案应分别陈氏之功与罪，给他一个合法的公正的判决，不可徒然用一个‘反动’的公式率然处分。舆论的这个态度我觉得是很可以佩服的，我们绝不能要求执政者法外徇情，同时也绝不能同意当官者之主观用事。我们对一切司法案件皆应如此主张，对陈

① “社论”，载《晨报》10月19日。

② 《益世报》，1932年10月20日。

案何独不然。”[①]

傅斯年以上言论主要是为陈独秀争取在法律上平等被审判的一个机会，并赞赏当时主要舆论对此案的司法态度，并在文章最后为陈独秀争取司法平等的待遇而高呼：

“考虑陈独秀与中国改造运动的关系，与国民革命之关系，与中国二十年来革命历史的关系，我希望政府处置此事，能够：（一）最合法；（二）最近情；（三）看得到中国二十年来革命历史的意义；（四）及国民党自身的革命立场。我希望政府将此事付法院，公开审判，我并不要求政府非法宽纵。我希社会上非守旧的人士对此君加以充分之考虑，在法庭中判决有罪时，不妨依据法律进行特赦运动。政府以其担负执法及维持社会秩序之责任，决无随便放人之理，同时国民党决然无在今日一切反动势力大膨胀中杀这个中国革命史上光缕万丈的大慧星之理！”[②]

傅斯年在《独立评论》上发表的观点，引发舆论狂潮，当时各大报纸亦持有类似态度，如《申江日报》发表社论，希望当局“最好以尊重法律尊重司法独立之精神出之”。[③]《世界日报》的社评虽然认为陈独秀“反动”，但是“值得吾人矜惜”，建议政府应依法处理。[④]

① 傅斯年：“陈独秀案”，载《独立评论》1932年第10期。

② 傅斯年：“陈独秀案”，载《独立评论》1932年第10期。

③ 转引陈东晓：《陈独秀评论》（民国丛书第一编）上海书店出版社1989年版，第161~162页。

④ 转引陈东晓：《陈独秀评论》（民国丛书第一编）上海书店出版社1989年版，第147~149页。

与此紧急形势相对应的是营救陈独秀力量也迅速集结。陈独秀被捕后，蔡元培、杨杏佛、柳亚子、林语堂等八人，于10月23日致电南京中央党部和国民政府，希望政府“矜怜耆旧，爱惜人才”，则“学术幸甚，文化幸甚”。[①] 在舆论的推动下，也在国民政府多方因素的考虑下，“陈独秀案”终交由普通法院进行审理，而避免了“李大钊案”的不公开和不公正的审判结果。对于整个案件的审理过程，媒体也时刻关注，并全程报道。

但也有不同民间舆论，如杨镜芙在《十月评论》上有《论陈独秀的所谓“功”和“罪”》一文，强调陈独秀“是一个危害民国的大罪犯……自民国四年以来，一直到现在，所作的都是始终如一的共产党的工作。这种巨魁，一旦被捕，是只有处以极刑，绝对没有轻办和赦免的余地……我们希望政府严厉到底，拿出对邓演达的手段来对付陈独秀”。[②] 中共主办的《大众评论》创刊号上有《托陈取消派首领陈独秀被捕之意义》一文，作者认为国民党逮捕陈独秀的目的是对外证明：陈独秀的托派“还有革命性”，取得欺骗麻醉民众的反革命作用。同时在江西苏区的《红色中华》还有《陈独秀问法庭讨饶》的报导，并说“蒋介石说不定念其反共有功而网开一面。”托派的刊物《先锋报》发表《起来！起来！！援救中国革命领袖陈独秀》，呼吁革命分子都应“坚定不移的为援救陈独秀而斗争”。当时的民间舆论由于各自立场和观点差异，对“陈独秀案”的评论不尽相同，但这正说明此案引发了各界的关注，对于国民政府处置此案形成了一种外在的压力。

---

① 《申报》，1932年10月24日。

② 《十月评论》，1932年第2卷第1期。

三、“陈独秀案”与“李大钊案”中的媒体舆论对比

“李大钊案”与“陈独秀案”相比，不仅案中主角的身份、影响以及案件发生时中共所处的环境相似，而且两案的前途亦呈现出相似的可能性。[①]当时报刊媒体在剖析“陈独秀案”时也常与“李大钊案”相比，担心会出现相同的结局。如傅斯年在为陈独秀争取普通法庭审判机会时说：

“缘陈独秀前与李大钊同为中国共产党起初之重要人员，嗣李在北平被获就刑，而陈销声匿迹。嗟乎，李在北京之死，是就刑呢，是被害呢？李虽是共产党员，然他是诚心与国民党合作之人，他死在帝国主义与张作霖合作的手中，死在国民党清共之前，然则他虽是为共产党而死，也为国民党的事业而死，是被害，不是就刑！否则今日之国家岂不承袭了张作霖的正朔呢？”[②]

最终国民政府适应舆论呼声，给了“陈独秀案”一个公开审判的机会，但在在众人舆论中，陈李两案很容易让人进行比较，综合报刊媒体在陈李两案中的报道全过程，媒体舆论在两案中的监督作用有不同之处。

① 黄伟英：“从李大钊案到陈独秀案民国时期司法现代化的发展”，载《历史教学》2009年第22期。

② 傅斯年：“陈独秀案”，载《独立评论》1932年第10期。

（一）"陈独秀案"的媒体公开化程度更大

在"李大钊案"中，我们已分析了李案中法庭审判的不公开与不透明的司法状态，媒体对李案的整个案件过程基本处于无知与猜测中。而"陈独秀案"的媒体公开化程度则完全不同，基本每个阶段都是公开的，除被捕过程被媒体详细报道外，陈独秀被审判前后的整个阶段也都在媒体监控之中，如陈独秀被审判前相关信息，报刊有如下记载和披露：

> "军法司长王振南语记者：陈独秀彭述之在狱中精神甚安定，每日阅党义书籍，陈曾要求读水浒一部。如中央决将两犯交法院审判，本司俟接正式通知，即解交江宁地方法院。（廿五日中央社电）（南京）
>
> 石志泉谈陈独秀彭述之案，谓：经军事最高机关调查结果，应归司法机关审理，在审理期间、本部无权过问，陈案与牛兰案相若，将来办理手续，或亦循此例。（廿五日中央社电）（南京）
>
> 今有称陈独秀家属之女子王哲亚，偕国府某职员赴十凛巷军法司求见陈独秀，监狱办事人以陈案情重大，奉命不准接见任何家属及亲友，王求书一便条，派人递入与陈，使陈得悉已有家属前来探望，办事人许之，该女子遂书：特来探问，未见，王哲亚。九字。又闻陈患胃病，经医诊治略好，每餐祇饮粥。（二十五日专电）"①

① "陈独秀在狱读党义"，载《申报》1932年10月26日。

（南京）陈独秀案苏高院已开始侦查，据司法界息，蔡元培、胡适等为陈案致当局电报，纯系请求依法公开审判，并非为陈缓颊，更非请予保释。（二十七日专电）

（南京）关于陈独秀彭述之之审判程序，据江甯法院当局谈，此案已归苏高等法院审判，将来审判时，党政军机关，概不参与，目前正由苏高法院检察处，侦查案卷，一俟完毕，即提起公诉，再由高院依据公诉进行审判，经过时间约需二三月，审判地点，当由苏高院派员来京办理，并不转解苏州，陈彭等所居狱室，即以前牛兰所居之处，待遇颇优，衣服器具，均甚整齐，陈之枕畔，置有国立中央研究院历史语言研究所出版之集刊一本。（二十七日专电）

（南京）蒋梦麟因与陈独秀私交甚笃，于三十一日往江宁地方法院，得当局之许可，入看守所探视，并馈以书籍及水果等物。[①]

前日苏高法院检察官朱儁，开侦查庭时，陈及彭述之之供词颇确，惟要求法院公开审查，得有充分辩护机会。朱检察官连日将搜获陈等之反动证据多件，逐细审阅，日内将再开庭一次，即返苏准备提起公诉，陈所患之盲肠炎症，彭所患之目疾，经陶延医诊治，已见痊。（三十一日专电）[②]

最后，针对案件的审判过程与结果，媒体也直接了当地表明舆论的质疑，如“陈独秀案”宣判的第二天，《大公报》发表社评，

① “蒋梦麟赴看守所访陈独秀”，载《申报》1932 年 10 月 26 日。

② “江高法院检察官审阅陈案证据”，载《申报》1932 年 11 月 1 日。

影响较大，兹摘录如下：

“此实共产党人经由普通法庭公开审判之第一案，大堪注意也。吾人对于兹案，原就法律与政治两种观点，分别述其感想如下：就法律观点言，依检察官之论告，陈等所为，危害民国，殊难卸除责任，盖国家之法益，为宪法上之政治组织，与紊乱国宪之说，亦即危害民国之一解，危害民国紧急治罪法之制定，系为镇压特殊犯罪起见，故其科刑较刑律为严重。此案果如检察官之论告，陈彭等迭着论文，广肆宣传，主张打倒民国政府，建设无产阶级专政，则其罪情适合于该法第二条第二项及第六条之规定，在法言法，殊无不当。惟吾人引为遗憾者，陈彭及其辩护人，既一再声辩并非危害民国，而检察官殊少举证驳诘，令其折服；且若大案情，仅仅公开辩论三次，审判长讯问亦极简短，于陈等是否必欲无产阶级专政，否认私有财产制度诸要点，均未尝反复剖析，得其真正意旨。……综观三日论辩，情形甚不紧张，比较日本审理共产党案时，法庭热烈辩论之状，真不可同日而语，由此可见不特法曹诸人，对于马克思一派理论，缺乏研究，即陈彭等自身，亦未能以其研究之心得，公开论战，引起公众之注意，加以近年言论文字，取缔奇严，检察官论告中列举之陈彭著述，大抵未为公众所阅读，故仅据法庭之浮泛的言辞辩论，殊难确立一种公是公非之判断。”①

① “陈独秀等一案判决矣”，载《大公报》1933年4月27日。同时可参阅《国闻周报》第十卷，第十七期，转载的《大公报》社评全文。

总之，比较于“李大钊案”司法信息不公开的情况，“陈独秀案”始终在舆论监督之下。

（二）两案中政府、司法对媒体采访的态度不同

“李大钊案”从发生到结束，北洋政府的态度一直不明朗，对于案件由什么法庭审判，用什么法律程序等问题含糊其辞，导致报刊媒体报道案件没有统一的口径，直到李大钊被执行绞刑时都浑然不知。而“陈独秀案”虽然也有过十几天的舆论争议，但政府的态度明确的很快，通过媒体的报道我们基本能看清南京政府对待“陈独秀案”的司法态度。案件初始阶段，官方媒体在报道陈独秀案时持加重处理的态度，但针对此案的司法态度转变很快，面对国民党内部要求从快处理的声音和社会贤达通过报刊媒体主张司法审判的呼吁，蒋介石考虑再三，于10月24日致电国民党中央委员会，“陈等所犯之罪，系危害民国之生存，国家法律对于此种罪行，早在法律上有明白的规定，为维持司法独立尊严计，应交法院公开审判”。当日，国民党中央委员会举行座谈会讨论蒋介石之来电，决议陈案“交法院公开审判”。后有记者采访与探求相关消息，政府与司法机关基本上都很配合，没有如“李大钊案”中政府对媒体有一种敌视的态度，记者采访“陈独秀案”时除消息来源广泛外，也相当自由，《中央日报》记者有如下稿件记载：

“共党托洛基派首领陈独秀、彭述之等前（廿四）经中央决定，交法院公开审判，中央社记者于昨日向各方探析，因此案与牛兰一案，其逮捕手续与情形均相同，且同为危害民

国罪，故仍决定由江苏高等法院审理，审判地点仍在南京，由高法院组织临时庭，以免押解苏州，而增手续上之麻烦。将来开审时，仍由中央党部派员出席旁听，至于开审日期，现尚未定……。又中央社记者昨访军法司长王振南，据王语记者：陈彭两犯，解交本司拘押后，数日来彼等精神甚为安定。"①

时任南京国民政府司法院院长兼最高法院院长的居正向记者谈及此案时，态度平缓，无任何政治倾向性，《申报》记载："居对陈独秀案、为依法裁决、不参成见。"②但针对某些社会贤达通过媒体表达的"宽释"要求，政府与司法部门也明确了其反对态度。如当时北京大学校长蒋梦麟对"陈独秀案"极其关注，并积极展开营救活动，他在对记者发表观点时，言道：

"陈过去对国民革命，曾有极大努力，五四运动时，尤为中国思想界之先驱，渠以年来不满中国共党干部派之暴动政策，致被该派排斥，遂退而领道反干部派竭力攻击，致干部派所受打击颇大，故站在反共立场上言，陈如无危害民国证据，自当予以宽宥，现全国学术界领袖，正在设法营救，中央之意亦主寛，当不致有生命之虞。"③

同日，针对蒋梦麟和蔡元培等人的呼吁，有媒体刊载了政府的司法态度："（南京）京市党部因闻蔡元培、杨杏佛将请中央寛

① "陈独秀等决由苏法院审理"，载《申报》1932年10月26日。

② "居正抵京后之谈片"，载《申报》1932年10月28日。

③ "京市党部警告蔡元培等"，载《申报》1932年11月2日。

释陈独秀等，大为反对，一日致警告书，并有此匪终凶之语。（一日专电）[①] 政府对“陈独秀案”的态度很明确，虽会遵守普通法律程序，但不支持法律之外的“宽释”行为。

“陈独秀案”宣判后，《大公报》社论除批评检察官之素养太低，并批评了“危害民国紧急治罪法”特别刑法的存在，认为是与“三民主义”不相符的，国家对于干涉言论自由的法律要确定范围，不能滥用特别法。另外社评对司法与政府在上诉审讯中的表现均提出了报刊媒体殷切的希望，兹摘录如下：

> “吾人深望兹案在上诉审中，应再为绵密深刻之研讯，首须有洞明世界政治经济新潮流之法官，主持审判，然后发问诘难，乃可中其窍要。政府于此，亦应请国府予以特赦及减刑复权，使得首沐开放党禁之殊惠，以观后效，其于消弭内争，所关甚钜，望当局其勿忽视也。”[②]

《大公报》关于“陈独秀案”宣判后的社论，言辞较强硬，批判的意味很浓烈，但政府和司法之后并没有因此而迁怒于报馆，这种状况是不同于北洋政府时期“章士钊案”与“李大钊案”中的媒体处境的。通过分析政府与司法部门对待媒体报道“陈独秀案”的态度，不难看出，虽然国民政府对陈独秀本人并没有多少同情，但对于媒体的舆论是相当重视的，整个司法过程基本上都暴露在媒体下，而政府也通过各种媒体表明其对“陈独秀案”的态度，这与北洋政府时期的“李大钊案”相比，媒体舆论的监督

① “京市党部警告蔡元培等”，载《申报》1932 年 11 月 2 日。

② “陈独秀等一案判决矣”，载《大公报》1933 年 4 月 27 日。

作用有较大进步。但单凭一个案件并不能说明国民政府时期媒体与司法间的真正关系，蒋介石时期的媒体与司法关系不是单纯的，而是在进步中走向异化，这在报刊媒体对“李公朴、闻一多案”的报道中更加明显。

第二节 媒体与“李公朴、闻一多案”

一、“李公朴、闻一多案”简介

李公朴，1902年11月26日出生，号仆如，原名永祥，号晋祥，原籍武进县湖塘桥，出生于江苏省淮安。伟大的爱国主义者，坚定的民主战士，中国民主同盟早期领导人，杰出的社会教育家。1946年2月10日，国民党特务制造“较场口血案”，郭沫若、马寅初、李公朴等各界人士60余人被打伤。面对险恶环境，李公朴说：“我们搞民主运动的人，是要随时准备牺牲的。为了民主，我已准备好了，两只脚跨出门，就不准备再进门了。”7月11日晚10时左右，他在回家途中，遭国民党特务暗杀，次日凌晨因伤重、流血过多牺牲。此案震动整个昆明，各界群众都沉浸在悲哀与愤怒之中，严惩凶徒的舆论狂潮从昆明蔓延到全国，各大报刊对“李公朴案”争相报道，对国民党政府形成了巨大的舆论压力。

李公朴（1902年—1946年）

闻一多，1899年11月24日出生，

闻一多（1899年—1946年）

本名闻家骅，字友三，生于湖北黄冈浠水，中国现代伟大的爱国主义者，坚定的民主战士，中国民主同盟早期领导人，中国共产党的挚友，新月派代表诗人，散文家和学者。1946年7月15日在悼念被国民党特务暗杀的李公朴的大会上，发表了著名的《最后一次的演讲》，当天下午在西仓坡宿舍门口被国民党昆明警备司令部下级军官汤时亮和李文山枪杀，闻一多之子闻立鹤也身受重伤。闻一多被暗杀后，举世震惊，当时在庐山的蒋介石也知道问题的严重性，下令唐纵彻查，暗杀事件很快破案，李文山和汤时亮由宪兵司令部举行军法审讯，两人经审讯后被枪决。昆明警察局长龚少侠也因此被撤职。但经民盟梁漱溟等人调查，案件事实另有隐情。后云南警备总司令霍揆彰安排了两名死囚充当凶手被枪决，真凶逍遥法外。

当时各大媒体对“李公朴、闻一多案”全程关注，如1947年1月1日《申报》对全国新闻进行总结，“李公朴、闻一多案”名列全国十大新闻之一，并对案件发生、审判过程与结果进行了重新梳理：

> “民主同盟中委李公朴，于七月十一日晚间在昆明遇刺身死，当场获一嫌疑犯李成业，惟李坚不承认，搜其身间，又无武器。十五日下午五时半，昆明西南联大教授闻一多，复于参加李公朴追悼会后在街头被暴徒狙击，不救殒命。两案相距四日，且发生在一地，致各种猜疑。蒋主席闻讯，极为

关怀，手令镇省军政当局缉获正凶，同时下院亦通信各省市政府切宣负责，保护一切人民之生命安全与自由，并派警察总署长赴昆督饬查缉。其后主席更派顾祝同前往昆明全权处理李闻两案。经顾氏抵昆详加研查后，缉获闻案正凶，得悉凶犯汤时亮、李文山系现役军人，十五日于李公朴追悼会中听闻一多演说，诋毁军人，散会后一时气愤，将闻用手枪击死。案情至此乃告大白。两犯经军事法庭判处死刑，于八月廿六日执行枪决。至于李案，则迄今仍在严密缉凶中。”①

由上可见报刊媒体对“李公朴、闻一多案”的关注程度。《申报》和《新华日报》等媒体于1946年报道“李、闻案”的新闻有几百条。从案件发生到结束，司法的整个程序为众人所知，但由于1946年中国进入解放战争时期，国民政府的强敌中国共产党的舆论力量不可小视，因此，这一时期的媒体关于“李公朴、闻一多案”的舆论较之前案件又更为复杂，国民党机关报《中央日报》、转型为官商合办报刊的《申报》、民间报刊《大公报》、共产党报刊《新华日报》等均从各自立场出发，对“李公朴、闻一多案”的司法问题有各自的舆论导向，而司法审判也在众多舆论中举步维艰。

二、各大报刊对“李公朴、闻一多案”的舆论导向

（一）支持官方定性的“私人仇杀”的媒体舆论

《中央日报》是中国国民党机关报，于1928年2月1日由中

① “国内十大要闻”，载《申报》1946年1月1日。

国国民党中央创刊于上海。一年后迁至南京。如果说“李、闻惨案”真是国民党当局主使的阴谋事件，作为国民党的机关报，它对事件就不宜作太多评论。因此，从《中央日报》对李闻惨案的报道来看，只有为数不多的几篇文章，基本无深入评论的内容，与中国共产党主办的《新华日报》形成鲜明对比。在7月18日《中央日报》的报道中，国民党对案件进行了表态，说道：

> “我们决不能凭主观的臆测予以武断，贸贸然定其责任于这人或是那人，关于政治意味，我们更不能任意推测。民主同盟的主要分子不是李闻这些人，李闻在民主同盟中的地位并不重要。因此，他们没有因为政治的原因而遇刺的道理。”①

在各大报纸对案件进行报道后，国民党表面上对事件进行理性分析，呼吁民众不要胡乱猜测，实质是想用各种借口来掩盖事实。《中央日报》对李闻惨案向来报道不多，于公审后8月16日，发表了《闻一多案昨日公审》一文，描述汤时亮、李文山对案件供认不讳，一庭审讯终结，即将定期判决，报道似乎在表明案件与国民党政府无任何干系，国民党终于可以放心了。

《申报》是旧中国历史最长、影响最大的一份报纸，虽地处上海，但其实际影响力辐射全国。1946年5月。国民政府强迫《申报》出让51%股份给政府，实行官商合办。本来北洋政府时期的《申报》就常受政治裹挟，南京国民政府时期则更加受政治控制。在对李闻惨案的报道中，《申报》更倾向于国民党政府和司法部门方面，《申报》在7月15日刊登了《李公朴被狙击案凶犯滇警备部追缉中》

① “社论：昆明不幸事件”，载《中央日报》1946年7月18日。

的申明：“乃日来有少数人对本部妄加诋毁。意图嫁祸唯恐天下不乱，言之殊堪痛惜。”意图为滇警备部进行申辩，洗脱罪责。并积极反对将案件上升为“政治暗杀”性质，为此，《申报》专门着文为政府解脱嫌疑，全文如下：

> “我们一方面主张昆明接二连三的暗杀案，必须缉凶严办，但一方面我们不愿附和时下论客，起哄叫嚣，真相未明，遽加论断，以为此乃‘政治暗杀’。李闻二君而外，又有谢诚一案，可见昆明宵小横行，已成风气，断不能随便小题大做，推波助澜。中共代表团为了李闻二案，向‘政府代表’提书面抗议，周恩来氏并向马歇尔特使表示，‘后方暗杀迭起，谈判无法继续’，以及潘光旦教授等想请昆明美国领事馆保护之类，都未免做得过火。李公朴君原为一热心社会教育者，闻一多教授则为研究诗经最有心得的文学家，他们年来虽对国事有所议论，究竟不过是普通所谓‘文化人’而已。纵说他们有政敌，政敌亦何必借手暗杀而置之于死地？若谓有此等事，即无法继续谈判，那么难道在苏北、山东以及豫鄂边界大动炮火，倒无妨于继续谈判吗？故我们以为大家只应在截止暗杀这本题上面去努力想法，不必牵扯到政治问题上硬作扩大宣传。”[①]

对于各种报纸对案件真相的猜测，7月20日，《申报》也积极表明中央政府对案件的态度：

---

① “暗杀之风不可长”，载《申报》1946年7月19日。

“民盟的中执委李公朴、闻一多二氏，昆明遇害的真相未透之前，记者们不可即作为是政治性暗杀的报导，政府对此事件必须彻查。”[①]

7月30日，《申报》又发表了《关于李闻被刺案——龙院长发表谈话》一文，希望各报勿作不正确之报道：

“关于李闻被刺一案，政府甚为重视，在案情未明以前，各方宜以极客观态度，静待政府报告，以明真相，对此案勿再轻言发表不负责任之报道。”

可以看出《申报》对案件的报道，更多是站在政府的立场。最后《申报》赞同官方审判的结果，并连续评判案件的审判是公正的。如8月22日，《申报》发表《闻一多被杀案公审》一文，赞同全权处理闻案的顾祝同的说法，认为“闻一多案”只是单纯的一件主观行凶案。8月27日，又发表了一篇对案件真相进行评论的长文，代表官方立场，兹摘录如下：

“闻案判决，业经发表，主犯汤时亮李文山两名，判处死刑，案经陆军总司令顾祝同呈报蒋主席，一俟奉准，既当执行，同时昆明警备总司令霍揆章，统率无方，有失职守，亦经革职看管，听候法办。至此，轰动一时的闻案，告一结束。我们对于本案，在真相未明以前，不便有所论列，兹当案已结束，顾一述及我们的观感：暗杀案件动机虽不一，但国家有法典，凶犯断难幸逃国法的制裁。当我们听到联大教授闻一多

① “中委潘公展接见记者发表对现局意见”，载《申报》1946年7月20日。

被暗杀的消息以后，我们痛惜这位学人的被狙击以死致国家失去一博学之才，使国家法纪，社会秩序，都蒙受了不良的影响。至于缉凶征办，那自有国家的机构主持其事，在凶犯未获真相未白之际，正不必多所猜测附会。现在的闻案判决，暗杀动机，实至单纯，既没有什么指使，更无所谓的政治作用，实系凶犯一时血气冲动的仇杀行为，可见并不能让政客们作为一种政治资本来扩大宣传的。第二，对于处理暗杀案件，国家原有机构，专司其事，闻教授的被暗杀，与任何人的被暗杀，事同一例。在任何国家，暗杀案件几不能免，故各国法典，对于暗杀事件的审判，都有明文规定。今闻教授之死，国家特派陆军总司令主持调查审判，此固足以表示我政府当局对本案之重视，实亦非国家应有之当经。试问在英美乃至苏联，是否有因一位大学教授被杀，而由其陆军总司令主持调查审判其事者？今国家当多事之会，政府为彻查案情，秉公处理，乃不得不派大员主持，而审判结果，亦复公正无私，凡此种种，应为国人所共谅了。现在闻案既经判决，一俟主犯处死，此案即可结束。关于李公朴一案，凶犯迄闻缉获，以是案情乞未大白。我们只有切望政府加紧缉凶，敢信破案有日，全案真相亦终有水落石出的一天，好事之徒正不必多所揣测。惟据闻案判决书内所发表之犯罪事实，此案起因，由于闻教授在李公朴追悼大会中所发演说，诋毁政府，对于军人更多侮辱，凶犯激于义愤，乃动杀机。我们对于凶犯的触犯刑章，固认为绝无可恕，而所感到扼腕的，以闻教授这样多才多艺的人物，身为国立大学的教授，而乃公然诋毁政府，甚至侮辱军人，以致身为下级军官者，智识不及闻氏，又当血气方刚之年，乃有越出常轨之惨案。军人，原如任何职业界的人一样，虽不免良莠不齐，但执干戈以卫社稷的到底还是军人，他们身经百战，备尝艰苦，应该值得我们的敬爱。闻教授生在一个动荡的时代，他的死，值得我们的痛惜，但是也值得我们深思。”①

上文旨在说明闻一多遭到暗杀，因其辱骂政府和军人，本身就有错误。军人无论如何都是值得我们尊重的，并且强调“李公朴、闻一多案”并不是政治暗杀案件，但政府相当关注，国人应该相信政府和法律、支持政府和司法。可见，《申报》为代表的报刊媒体，对审判的结果和真相深信不疑，并且其舆论态度是倾向于国民政府的，既然政府不能为自己辩白，就由其它报刊舆论为政府代言，可谓政府利用舆论歪曲事实之用心。另有上海国统区的小报，跟随《中央日报》观点制造舆论，抹黑李公朴，诬蔑中国共产党是行凶人，如上海《中立》周报同一期发有文章《共产党大骂李公朴》和《中共自认有“无声手枪”》，②故意离间中共与民盟的关系，并将暗杀的行为推到中国共产党的身上，其言辞明显为国民党政局服务，兹摘录如下：

“这一次的昆明凶杀案，牺牲了民盟的两个要角李公朴和闻一多，自然又是个轰动一时的新闻。在蒋主席一再限期破案的手令下，主管的军警当局已表示全案能在短时期内水落石出，真相大白，而公之于社会。报纸上并且已经透露出一

① “闻案的宣判”，载《申报》1946年8月27日。

② 《中立》(上海)，1946年第5期。

些线索，暗示了此案与云南当地的反动地方势力有关，连龙云的第三位少爷龙绳曾及前昆明行营副官处长杨立德都可能牵涉在内。不过在全案没有完全公开揭露前，我们在这里也不须多加猜测和置喙子。但在中共和民盟方面，当昆明暗杀案发生之后，却认为又是一个大好宣传的机会，他们口口声声，认为这一定是政府的特务机关干的。他们并且举出'证据'，说这次凶杀案的武器所谓'无声手枪'，就只有政府的特务机关有，而且还指定是由中美合作所结束后转交给军统局的。关于这一点，一方面中美合作所副主任美国贝乐利中校已经正式否认，声明中美合作所从来不曾有过这样的手枪，当然更谈不到移交军统局了。……今日中央社消息称，中美合作所表示周恩来指昆明暗杀案所用的无声手枪，系中美合作所移交政府特务人员并非事实一节，无须辩解，因有实物可证，新四军前在苏南被戴笠将军领导之忠义救国军进攻时获此等手枪二支。中共曾将此二支无声手枪，摄有照片，寄往美国以资证实。这说明了什么？这说明了中美合作所否认了自己有这一种手枪，但中共却承认了自己确是有着这样的手枪二支。"①

从《中立》的报道言辞中看出，国民党为案件定性为普通"凶杀案"，中共定性为"政治暗杀案"，虽《中立报》和《申报》都号称"中立"，但明显是跟随《中央日报》舆论导向走的，是为国民党的司法服务的。

---

① "中共自认有无声手枪"，载《中立》(上海)1945年第5期。

（二）反对政治暗杀行为的民主舆论

《文萃》和《民主》等为民主性期刊，对“李公朴、闻一多案”不仅关注，还有激烈的批判与反抗意识，对国民政府造成了较大的舆论压力。《文萃》于 1945 年 10 月 9 日创刊，初为文摘性周刊，后改为时事政论性期刊。郭沫若、茅盾、田汉、许广平、马叙伦、周建人、费孝通等名家经常为该刊撰稿，积极从事和平民主宣传。1947 年 3 月，《文萃》出至第 37 期，因遭国民党当局封杀而停刊。李公朴被暗杀后，《文萃》连日报道章伯钧、张申府、周建人、田汉、吴晗等人的控诉文章，均认为“李公朴案”是政治暗杀的开始，李公朴是牺牲在暗杀政治下的第一人。《民主》报是中国民主同盟机关报，1946 年 2 月创刊于重庆，1947 年 2 月被迫停刊，存在仅一年，夭折在国民党反动派的镇压、摧残之下。李公朴遇难的第二天，7 月 13 日，《民主》发表了《抗议！抗议！抗议》的社论。7 月 15 日，闻一多倒在国民党特务的枪声中，《民主报》相继报道了大量血案的真相和人民的愤怒、控诉、申斥、哀思，并连续发表了社论，主要有：7 月 17 的《杀的

李公樸先生慘遭暗殺

反動派將在昆施行恐怖政策

血的控訴！

《文萃》刊载的相关文章

教育》、7月18日的《血债！》，7月19日的《最严重的关头》和7月28日的《国殇》等大量相关文章。《民主》的舆论导向与《文萃》相同，积极发表悼念李公朴与闻一多的文章，并强烈抗议统治者的暗杀行为。民主报刊的强烈舆论导向，给国民党的反动统治造成较大冲击。

民主
第四十期
卅五年七月二十日出版
鄭振鐸主編

悼李公樸聞一多二先生

鄭振鐸

《民主》刊载的相关文章

在所有民主性报刊中，对“李公朴、闻一多案”反应最为强烈的是《新华日报》，此报是由中国共产党1938年1月创刊的大型机关报，它是由周恩来等老一辈无产阶级革命家在河北涉县亲自创办的、是中国共产党第一个在全国公开发行的报纸，并一直持续至1947年2月28日。1946年前后，《新华日报》为发展抗日民族统一战线和爱国民主统一战线，用大量版面，为民主党派和各界知名人士提供一个比较自由的讲坛，李公朴、闻一多作为民主同盟的成员，公然遭到暗杀，引起国内外各界人士的高度重视，促使民主人士郭沫若、茅盾、柳亚子、沈钧儒、黄炎培、邓初民、陶行知、张西曼、胡厥文、胡子昂等学者和社会活动家，连续在《新华日报》上为此案撰稿，对国民政府的舆论压力与打击是可想而知的。自1946年7月13日李公朴被刺后两天起，一年左右的时间，基本上每天都有报道“李、闻案”的发展情况，篇幅较多，版面较大。据不完全统计，各种唁电、悼念、批判与评论案情的文章，有300篇左右，[①] 从报道数量上看，足以看出中国共产党机关报《新华日报》对案件的重视程度。对于案件的真相，从一开始《新华日报》就表明这是一件政治阴谋事件。是国民党特务所暗杀的。7月14日，在李公朴逝世后，《新华日报》刊载文章《李公朴被刺逝世发表谈话》，指出李氏被刺是一件政治阴谋的暴露，是反动派加强反对民主、镇压人民的进一步表现。同日的社论《悼李公朴先生》说道：“公仆先生的被枪杀，并不是偶然的事，这里边藏着暗害的阴谋。”同日，另有文章标题为《化悲痛为力量：李公朴先生的死是光荣的！恐怖手段统治不了人民，全国人民会拿出力量来制止这种阴谋》。7月15日，《梁漱溟先生亦悲愤控诉》一文说道：“在国民党当局也不能不口头承认的‘民主’时代，而竟尚用此卑鄙劣手段，排除异己，实中华民族之耻辱。”7月17日，有文章《抗议闻一多教授的被刺杀》和《李公朴惨遭杀害是政治暗杀手段，这证明老百姓生命身体的安全已无丝毫保障》。7月24日，《新华记者评论——昆明血案的社会反响》一文深刻披露：“国民党当局照例来一手猫哭老鼠的假戏，表示缉凶，表示悬赏，其目的绝不仅是推诿责任，而是在掩护其下一步更卑鄙的阴谋。根据《中央日报》的选辑，这事‘并不重要’……并不是政治的暗杀。既然不是政治暗杀，就自然与国民党当局及其蓄养的特务无关。这里面，透露出了国民党特务血淋淋的面目。”针对案件审理过程，8月23日，刊登了《陪都李闻惨案后援会——对闻案审讯事发表意见》一文，

① 报道数目由《新华日报索引》粗略统计得出。

指出“闻一多案”疑点甚多，力主张在京公审，揭露当局企图借闻案冲淡李案阴谋。文章言称：“凶手已捉获，并已经受审。这不过是当局欺骗人民的另一花样，疑点甚多……对李案只字不提，对当场捉获的李案嫌疑犯只字不提。竟无下文。”8月27日，《梁漱溟氏报告指出：闻案“审判”骗局，推测被处刑的不是真正凶手》，文章推测将来受刑的不会是真正凶手，梁漱溟并预言道：“1. 李案一定无下文；2. 闻案也不会再审；3. 凶手临刑时一定有替死鬼。”[①]《新华日报》所载梁漱溟的言论在以后一一应验。

1946—7年新华日报索引　　蒋介石迫害人民暴行　　· 115 ·

昆明学生联合会慰問受伤民主战士………… ⑦3三
如此“人道主义”…………………………默　林 ⑦3四
广大的人民就是后盾——机器工人、印刷工人、大学生热切慰問下关受伤民主战士… ⑦4三

李公朴、聞一多遇害

民主同盟云南支部讣告〔李公朴逝世〕…… ⑦13二
民主同盟中执委李公朴，在昆明被暴徒枪击逝世…………………………………… ⑦13二
李公朴先生小史…………………………… ⑦13二
悼李公朴先生(社論)(一)………………… ⑦14二
中共代表团之唁电……………………………
周恩来、董必武、邓颖超、李维汉、廖承志 ⑦14三
中国人民救国会重庆分会唁电………………… ⑦14三
中共四川省委唁电…………………………… ⑦14三
中共四川省委吴玉章同志等亲赴民盟支部致唁，史良先生含泪說：“中国还有千千万万个李公朴！”……………………………… ⑦14三
民盟渝市支部发言人为李公朴被刺逝世发表談話：指出李氏被刺是一件政治阴謀的暴露，是反动派加强反对民主、鎮压人民的进一步表現……………………………… ⑦14三
李公朴先生在昆明被刺逝世，各界人士紛紛致电吊唁，对民主战士壮烈牺牲无任悲悼，烈士英灵不死后继者何止千万…………… ⑦14三
陝甘宁边区政府林伯渠等致电慰問李夫人… ⑦14三
邓初民、丁易先生唁电……………………… ⑦14三
民盟渝市支部唁电…………………………… ⑦14三
史良先生唁电………………………………… ⑦14三
本报全体同人唁电（新华日报全体同人）… ⑦14三
鲜英先生唁电………………………………… ⑦14三
化悲痛为力量！李公朴先生的死是光荣的！恐怖手段統治不了人民，全国人民会拿出力量来制止这种阴謀的…………………… ⑦14三
对李公朴先生慘遭暗杀，中共代表团发言人談話；梁漱溟先生亦悲憤控訴…………… ⑦15二
李公朴遺体明日在昆火葬……………………… ⑦15二
中共四川省委公电唁人民救国会……………… ⑦15三
中国民宪促进会渝分会痛悼李公朴先生遇难…………………………………………… ⑦15三
三民主义同志联合会渝分会，电唁李夫人誓作后援……………………………………… ⑦15三
民主道路極艰苦，我們也准备牺牲…………………………………………金　戈等 ⑦15三
人民的运动是阻不住的——論李公朴先生殉难（延安解放日报十三日社論）………… ⑦15三
李先生为民主事业逝世，我們决遵循遗教努力——重庆青年业余学习会唁电………… ⑦15三
决继承先生遺志，为民主奋斗到底（星期研究会全体同学）………………………… ⑦15三
焦敏之先生唁电……………………………… ⑦15三
社大同学为紀念李先生，发起籌募遺族教养费，希望各界人士踊跃捐輸……………… ⑦15三
反动派此种暴行，不过是垂死挣扎………………………………………………冷　静等 ⑦15三
抖擻精神，緊步后尘（一个青年）………… ⑦15三
擦干眼泪，踏着血跡前进…………朱　颖等 ⑦15三
如此暴行，人民决不寬容——郭則沉、王深林先生唁电……………………………… ⑦15三
一块被鮮血染透的手——悼李公朴先生…………………………………………赵　炎 ⑦15四
民盟重庆市支部通告全体盟員，今日正午李公朴遺体火葬时默哀三分钟……………… ⑦16二
反动派枪杀李公朴先生是摧残民主运动暴行——昆明报紙揭露反动派将在昆实行恐怖政策………………………………………… ⑦16二
陆定一同志电唁李公朴夫人——公朴先生的牺牲，将激起回击卖国、内战、独裁者的洶湧怒潮………………………………… ⑦16三
重庆文化出版界联名电唁李夫人…………… ⑦16二
这一暴行明白剜画出，是誰在发动内战（陪都青年联誼会）…………………………… ⑦16三
法西斯残余不消灭，人民生命毫无保障（中国民主文化教育事业协进会）………… ⑦16三
人民救国会重庆分会发言人，为李公朴先生死难談話：要求严懲凶犯，追緝主謀者，实现政协协議，保証人权…………………… ⑦16三
公朴先生生前致力和平民主，功在人間虽死犹生——重庆人民和平促进会唁电……… ⑦16三
枪声何来？人間何世？公朴先生功垂不朽——社会大学留渝教授唁电……………… ⑦16三
千万后死者必继先生遺志，完成建設民主新中国——民主建国会渝分会唁电………… ⑦16三
先生精神与世长存（詩歌社）……………… ⑦16三
我們沒有泪…………………………仲　宇 ⑦16三
誓献身民主事业，完成先生未竟理想…………………………………………樊　明等 ⑦16三
血教育了人民（一群中学生）……………… ⑦16三
杀是杀不完的——悼李公朴先生……純　青 ⑦16四
抗議聞一多教授的被刺杀(社論)………… ⑦17二
李公朴慘遭杀害是政治暗杀手段，这証明老百姓生命身体的安全已无絲毫保障……… ⑦17二

《新华日报》刊载的相关文章

从以上报道可以看出，中共和民盟方面一致认为案件真相就是国民党主使特务对李公朴、闻一多进行的暗杀事件，并对司法审判的结果不抱有希望。

① 《新华日报》，1946年8月27日。

（三）政治“中立”的媒体舆论

《大公报》是一种民间报纸，在历次政治事件中都有明显的观点和态度，作为一种民间报纸，《大公报》对李闻惨案的报道及相关社评都相对客观一些，报道的侧重点也有所不同，既评论民主党派方面对案件的过激言论，也评论政府在案件处理上的妥当与否。7 月 19 日，《社评——李公朴闻一多案感言》称：

> “假使是政治性的暗杀，那可就太可怕了。当前国事，极度阴暗。我们希望当局赶快缉凶破案，务期水落石出，还可以使我们对国事前途不太失望。外传民主同盟潘光旦等八人请求昆明美领事馆保护，果如所传，这局面也太不成话了。”

《大公报》主要侧重对案件动向的客观报道与评论，如 7 月 23 日，《大公报》报道了《李闻被刺案民盟请求彻查》一文，民盟向政府提要求并招待记者会，其中一项是“立即选派公正人员与民盟所推派之人员同赴昆明，进行调查该案真相，并负责保障调查人之安全”。7 月 26 日，《大公报》亦有报道文章《李闻案之波澜——罗隆基驳霍揆章谈话》：“民盟要求政府派人同赴昆明公开并共同涮查案件事宜，已遭政府决绝，政府只允民盟单独派人前往。”8 月 27 日，《社评——闻一多案的判决》称：“说在政治上的影响。因为出于气愤杀人，对中国民主前途，威胁致大。”同时，《大公报》对案件的结果，并无过多疑虑，社评认为：“当李公朴、闻一多相继被刺时，许多人以为是政治暗杀。这次判决，案情虽意外简单，但总算水落石出了。”《大公报》对案件的审判结果表示出一种肯定的态度。从中我们可以看出，作为一种民间报纸，《大公报》对事件以旁观者身份进行较为客观的报道和评论，既没有《申报》的政治倾向，也没《民主》报的激烈情绪。

另外，北平再生杂志社出版发行的《再生》杂志，于1932年5月创刊。该刊起初为月刊，接着改为旬刊，后又改为周刊对外出版发行。该刊在当时是一本较有影响力的杂志，读者熟知的一些名家学者像梁实秋、许地山、张君劢、张东荪、费孝通、吴贯因等，均是该刊主要撰稿人。《再生》杂志与《大公报》一样，身处国统区，但并不盲从国民党的舆论导向，在“李、闻案”上，不偏不倚，基本上依事实说话，如“短评”栏目中有以下言论：

> “李先生是我们所敬爱的人，他历年来为祖国为民主为和平的奋斗，可谓近于宗教性。像他这样的人可以够得上称为国家的珠宝，但不幸终于遭遇了毒手，牺牲在恶势力之下。爱国何罪？发动和平运动何罪？说起来，真令人愤慨万分！说他是因私仇而死罢，请问国家的法律什么地方去了？社会还能有秩序么？说他因为公仇而死罢，请问我国政治是否还想上轨道？是否还想走上民主政治的途径？……我们愿这件案子水落石出，证明只是私仇而已，不然，在政治上所造成的一种不安状态，我们简直不敢推想下去。……某大报于李先生死后，标题为‘李公朴死，共产党可大做文章’，但是我们并非共产党，甚至在若干理论和方法方面，我们反对共产党，但对于李先生的死，我们不能不表示一些悲悼的心情，并不‘大做文章’的写这篇小文章。”①

① “悼李公朴先生”，载《再生》（北平）1946年第122期。

《再生》杂志在“李公朴、闻一多案”的态度上却是与《大公报》相同，仗义执言、是非分明、不畏强权，并对国民党报刊的司法舆论提出批评。

（四）国际舆论

不仅是国人舆论纷杂，就是国外舆论对此案也极为关注，并积极反对国民政府的极端作法。1946年7月，苏联、英国、美国等媒体先后就“李公朴、闻一多案”作出反应，并积极督促国民政府重视案件的审理。在《新华日报》相关报道中可以看出外人的一些态度，如“莫斯科广播评论中国政局，指出国民党反动派吓不退民主力量[①]；“英泰晤士报评论李闻事件，引起外人忧虑中国时局”；[②]“美加两国基督教徒电慰李闻二氏家属，对中国政府排斥民主深表厌恶”。[③]李闻惨案发生后，美国许多团体要求停止对华援助，1946年7月20日，《纽约邮报》在社论中建议马歇尔正告蒋介石，要其“立即停止用暗杀为政治武器，并决心解除内战威胁”，否则“美国将断绝租借援华”[④]。21日，合众社纽约电中，报道了哈佛、哥伦比亚等大学53位教授，为“李、闻事件”联名致电杜鲁门总统、代理国务卿艾奇逊及美国国会表示抗议，他们要求美国政府必须立刻撤退其驻华军队，在中国尚未成立民主之联合政府之前，美国必须停止对其一切军事及财政援助。美国媒体的舆论令扶持

---

① “民主战士李公朴被暗杀是反动派进攻总信号”，载《新华日报》1946年7月22日。

② 《新华日报》，1946年7月22日。

③ “暗杀暴行震怒中外”，载《新华日报》1946年7月27日。

④ “纽约邮报提出警告”，载《文萃》1946年第40期。

国民党的美国政府感到难堪，由此对蒋介石产生了不满，而担负“调处”国共纷争之重任的马歇尔也因“李公朴、闻一多案”而压力大增。7月17日，在见过周恩来后，马歇尔与司徒雷登即刻从南京飞赴庐山去找蒋介石。马歇尔对蒋介石说，这次暗杀针对了闻一多这样的留美知识分子，所以美国的舆论肯定对蒋不利；司徒雷登坦率相告，蒋介石应采取三项措施：一是公开声明中央政府不赞成谋杀；二是解除新闻管制；三是建立宪政政府。[①] 由此，国内外舆论力量共同推动了“李公朴、闻一多案”的审判进程。

从以上几类报纸对“李、闻惨案”系列的追踪报道看，各报刊媒体体现了各自不同立场，对案件审判的态度有较大差异。从总的舆论导向来看，民间已形成了一种对国民政府司法审判不利的舆论环境，国民党政府已失信于民，失信于国际社会。不论国民政府是以“政治暗杀”或“个人凶杀”来定案，都无法挽回其形象。

三、政府、司法对媒体舆论的反应

身为国民政府的首脑，蒋介石被“李公朴、闻一多案”震动，他对案件深苦为恼，昆明之案无论对内对外都使得政府与他个人的地位艰难。不能无视公愤的蒋介石于7月17日当天，匆匆责令行政院发出一纸保障公民安全的命令，命令声称：“该管各级机关人员防范不周，遂致有此惨案，实为我政府莫大之耻辱……尤应

---

① 据1946年7月21日《司徒雷登致贝尔纳斯的报告》，郭曦晓译。马歇尔的助手比尔在《马歇尔在中国》一书中也提到司徒雷登在庐山向蒋介石提出的这三项要求。

在此时期，对于政治党派人士特加保护。”[①]在发出这项命令的同时，蒋介石下令让刚刚上任全国警察署署长的唐纵前往昆明办案。之后，国防部首任陆军总司令顾祝同等国民党大员一拨拨地到昆明调查，可见政府对此案的重视程度非比寻常。但政府表面的积极掩饰着难言的实情，政治插手，司法缺席，真相仍是不明，这让密切关注闻一多案的民盟方面非常不安，不断催促南京国民政府同意民盟的“调查团”成行，但是一直“拖到8月初，只同意由民盟自己派人去调查，政府给予交通的便利和调查时的便利，并由国民党中央党部派一名秘书‘协调工作’。”可见，政府行为不是真正面对舆论的呼声，不是真正想查出事实真相，而是在独自把持案件的调查和审判。最终审判“闻一多案”的是军事法庭，依照当局制定的军法审判规则，受讯人不得委托律师出庭辩护并禁止旁听，这自然有利于顾祝同等人把事先的“安排”在法庭上表演出来，但对梁漱溟等人而言，这根本算不上“法庭”。8月15日，国民党陆军总司令部军法处、云南省保安司令部、驻昆明宪兵十三团合组军事会议审判法庭，对刺杀闻一多的特务汤时亮、李文山进行“公审”。这次审判只有清华大学校长梅贻琦、各大学教授、省县参议员、市商会理事长代表等二十多人参加，记者只允许中央社的两人采访。梁漱溟要求闻立鹤出庭辨认凶手，被陆军参谋次长冷欣以“伤势未好”为由拒绝。梁漱溟对这种安排出来的军法审判很不满意，“审理中只有法官与被告之间的一问一答，问答完了即算审理完了。闻案就这样审理了一番，草草了事。结

① “李闻在昆被刺案主席严令缉凶，政院派唐纵赴昆督办，并通令保障人民安全”，载《中央日报》1946年7月18日。

束时也未说明是否审理完毕。李公朴一案，则因为凶手根本不曾‘捉拿归案’，更是不了了之。”等这场“审判秀”结束，中央社当天便发出电讯，表示出可以结案之意。但是，民盟方面坚持将凶手“移京公开审判，由各方参加”，反对“草率在云南解决”。梁漱溟、周新民等认为，出现在审判席上的不过是假凶手。《民主报》与《新华日报》在案件审判前后表达了极为不满的态度，如在案件审判前，1946年8月5日的《新华日报》刊载《民盟反对单独审讯血案凶手》；8月6日发表《谁是凶手》。之后，舆论就“李公朴、闻一多案”对政府的质疑并没有随着两次“公审”而止息。8月20日的《新华日报》刊载《李闻案审判，疑窦很多》；8月21日刊载《真相问答》等文章，不管当局怎样掩饰真相，舆论都无法平息对司法的质疑。在舆论质疑中，李、闻案第二次审判于8月25日在云南省警备司令部举行，最终判决汤、李二人死刑。当日，梁漱溟等在上海举办了新闻发布会，报告李、闻惨案调查经过与结果，用“吞吞吐吐”四字说明当局态度。民盟认为案件未了，坚决主张把凶手移至南京审判，但当局对此无动于衷。同一日，顾祝同也在昆明金碧别墅招待记者，称霍揆彰之云南警备司令职已被革除。第二次审判后，中央社立刻发出《顾祝同在昆发表闻案审判经过》和《陆军总部昨发表闻一多案判决书》的专电。与政府机关的舆论相反，8月29日，上海《文汇报》发表社论《闻案感言》，认为此案并未了结。8月30日，民盟政协代表为李、闻案致函政府代表，称民盟对审判结果不能完全接受。8月31日，《新华日报》刊载《梁漱溟在京谈话：对昆案审判表遗憾，公审的一切冷欣已预先布置》。9月28日，民盟政协代表再次致函政府代表和蒋介石，要求对闻案逃犯限期缉获，到南京公审。这些，都没能得到南京国民政府的回应，“李公朴、闻一多案”就这样在司法缺席与暗箱操作中不了了之。

国民党政局在“李公朴、闻一多案”善后问题上费了不少心思，他最终放过了暗杀李公朴、闻一多的主谋云南省警备总司令霍揆彰，且把“李公朴案”悬挂起来，“闻一多案”中只枪决了两个无名小卒，表面上对行凶人严惩不贷，暗地里极力推卸了政府的责任，其行为很大程度上是做给舆论和国际社会看的，尤其是给美国政府看的。所以国民党政府真正意义上并不是尊重舆论、尊重司法，恰恰相反，政府的意图是应付舆论指责、并多方压制舆论对案件的关注。虽然表面上，政府与司法部门对媒体的舆论是有所吸取的，并且也在舆论的压力下对案件极为重视，但国民政府和司法部门对媒体的态度却是有两面性的：一方面，政府与司法部门表面上接受了媒体的质疑与批评，积极派人查案，并及时督促审判和结案；但另一方面，在司法审判过程中排斥媒体的参与，尤其是在“李公朴、闻一多案”后，媒体的舆论自由受到有史以来最为严厉的压制和打击。

第三节　媒体与司法博弈中的进步与异化

当年国民党利用媒体舆论对“宋教仁案”大力推进时，由于有过激言辞，被一些民主人士称为“媒体审判”，而“李公朴、闻一多案”中各界舆论也很激烈，甚至比“宋教仁案”时舆论倾向更加强烈，但民主人士并没有认为这是“媒体审判”，而是“正当舆论”。1946年南京国民政府的统治与北洋政府初期的局面已经有很大不同，国民党政府作为统治者，用政治暗杀手段实行思想专制，政治控制司法更为强化，也最终导致媒体与司法的博弈出现更加复杂的后果。

南京国民政府时期的媒体与司法关系从表面看，司法允许媒体报道案件，并一定程度上尊重其评论，并积极给予回应。但不幸的是，如果说“陈独秀案”中司法还有一些独立的尊严，政治在普通司法程序中有所节制，且与北洋政府时期相比，媒体与司法关系在形式上是和谐的，是进步的。但“李大钊、闻一多案”则表明政治的贪婪彻底左右了司法，媒体与司法关系的异化程度越来越严重。

（一）媒体与司法关系在形式上的进步

在整个国民政府时期，当遇到媒体报道重大司法案件时，国民政府对待舆论的态度基本上是尊重的，如在“陈独秀案”中，蒋介石顺应民意，将陈独秀交由普通法庭审理，并允许司法信息公开，陈独秀被捕入狱到司法审判再到上诉中的每一环节，都通过媒体报道完整地展现在民众面前。虽然当事人和民众对审判结果有质疑，但从媒体与司法在对待案件的互动上，基本上表现出正常化的趋势，司法在此案中体现了一定的独立性，是司法进步的表现，也是媒体与司法关系在形式上进步的一种表现。说是“形式上”的进步，理由是表面的和谐不代表是真正的和谐，这种“和谐”依然受控于政治的需求。

将政治案犯交由普通法庭审理的做法看似行政机关和司法机关顺应民意，实际自有其内在原因。首先，从政局变化来看，1928年10月，随着张学良的东北易帜，中国至少在名义上统一于“青天白日旗”下，国民党中央常委会根据《国民政府建国大纲》，通过并公布了《中国国民党训政纲领》，宣布中华民国由“军政”时期进入“训政”时期。国民党代表民众行使国家主权，同时要在各地实施民众自治。从以颠覆旧制度为目标、奉行斗争哲学的革命党，转为执政党，不能仅停留在观念层面，而是要用合法、和平的方式，去化解社会矛盾和斗争，来巩固政权和建设经济。于是拥有最高权力的蒋介石，希望党务、政治、军事、财政、外交、司法诸端都能逐步规范化。1929 年岁末，蒋介石通过《大公报》通电全国各报馆，希望各报馆能于 1930 年 1 月 1 日起，就党务、政治、军事、财政、外交、司法诸端尽情批评，以收集思广益之效。其次，从法律变化来看，1931 年 1 月 31 日《危害民国紧急治罪法》颁布实行。施行之日，1928 年 3 月 9 日公布施行具有浓厚“革命色彩”的法被《中华民国暂行反革命治罪法》废止。而陈独秀案此后的审判，也正是按照新法，以“危害民国罪”起诉，而非“反革命罪”。此后，国民政府在 1931 年 6 月 1 日公布《中华民国训政时期约法》，在“人民之权利义务”部分增加了第八条、第九条，更与陈案直接相关。第九条规定：“人民除现役军人外，非依法律不受军事审判。”此条规定是陈独秀案最终交由普通法庭审判的直接的法律依据。第八条的内容为：“人民非依法律，不得逮捕、拘禁、审问、处罚。”有学者便认为，陈独秀和李大钊被捕后在狱中待遇完全不同，“与《中华民国训政时期约法》的颁布所反映并推动的司法进步相联系”[①]。同时，“陈独秀案”发生之时，国民党当

① 黄伟英：“从李大钊案到陈独秀案民国时期司法现代化的发展”，载《历史教学》2009 年第 22 期。

局对媒体舆论的审查制度还未正式开始，报刊享有的报道司法的自由一定程度上受法律保护。因而，从形式上看，媒体在报道“陈独秀案”时所享受的自由权利，是与当时政治需求与法律变化有关的。虽然这只是一种形式上的进步，我们也应该肯定这是司法独立与司法改革的必经阶段。

（二）媒体与司法关系在本质上的异化

“陈独秀案”只是个案，其与“牛兰案”都因媒体舆论而推动，最终决定由普通法院审理，在司法上没有完全失败。但这也只是因为政府认为即使不去插手，也不会有太坏的结果，这是国民政府深思熟虑后自动放弃干涉司法的行为，而不是为了司法独立。所以从本质上讲，“陈独秀案”的审理过程依然是政治决定的后果，而不是媒体舆论决定的，只能说媒体舆论在一定程度上推动了案件进入正常司法程序。所以“陈独秀案”中，我们不能过分放大媒体舆论的作用，而应看到媒体舆论背后政治对案件的真正操作。“陈独秀案”只是一个形式上司法独立的个案，并不代表司法真正的进步与舆论的真正自由，从“陈独秀案”结束后媒体人的评价来看，我们可以更直观地看到舆论自由在当时更真实的境况：“现在国民党当政六七年了，农村完全破产了，人民的生计，是日益困迫了，贪官污吏不减于往昔，压迫舆论摧残异己，较之北洋政府军阀时代，有过之无不及。”①

随着政局的变化，媒体在报道司法案件时如果影响了国民政府的统治，那么媒体与司法关系则会明显暴露出其本质上的异化。

① “由陈独秀案说起”，载《华为》1933年第2卷第19期。

媒体与司法关系的异化主要原因在于政治的考虑与干涉，尤其在“李公朴、闻一多案”中，政治对媒体与司法的双重干涉造成了严重的后果，最终导致“李、闻案”中司法的缺席和舆论参与司法的无力。8 月 15 日，国民党军事会议审判法庭，对刺杀闻一多的特务汤时亮、李文山进行“公审”时，除各界代表二十多人外，记者只允许中央社两人采访，其它报社均被排斥在外。这种“管制式”的审判，使司法程序完全成为一场“审判秀”，案件审理结束后，国民党机关报《中央日报》便发出电讯，表示可以结案之意。在这样的审判中，代表公正的司法缺席，代表民主的媒体舆论缺席，因此媒体舆论监督司法审判的权利没有了任何的保障。而在之后的几年中，政治、司法与媒体间异化的关系主要体现在对民主性报刊的打击上，据《新华日报》记载，仅仅 1946 年到 1947 年间，各地所发生的报刊案件急骤上升，其中“新华日报案”和“民主报案”都是当时较为突出的案件，这也使政府对媒体舆论的反感上升到欲运用法律进行制止之层面，最终出现用行政手段与司法工具联手打压媒体的局面，而这种异化关系必须要经过社会革命及法律变革才能得到改变。

第六章　近代中国报刊媒体与司法改革

正如费正清在《剑桥中国晚清史》认为："这些新的渠道（报刊、新式学堂、学会）经沟通，能够很快地把分散的个人观点集中起来并加以鼓吹，创造了类似现代社会舆论的事物——这是 1895 年以后的重要的新发展。"① 近代中国，随着在华外报的发展和近代西方法律思想的传入，一部分先进的知识分子利用报刊所具有的舆论功能，将自己的司法观念和主张迅速、广泛地传递给社会各个阶层，从而推动司法变革。报刊舆论一方面反映大众的法律需求，反映社会关注的司法热点；另一方面对于民众关注的司法独立与司法改革起着很大的引导作用。本书以近代中国时期的普通报刊与法学类刊物为对象分别进行分析，前者以《万国公报》与《申报》为代表，后者以《法学杂志》《司法公报》与《江苏省司法汇报》等为代表，两类刊物在其所处时代均有重要的影响力，但无论哪个时期或哪个类型的期刊，它们在宣传司法问题时都不遗余力，极大地推动了中国的司法独立与司法改革的进程。

---

① ［美］费正清编：《剑桥中国晚清史》（下卷），中国社会科学出版社 1985 年版，第 379~380 页。

第一节　普通报刊与司法改革

一、《万国公报》与清末司法问题

（一）万国公报的沿革

中国近代名为《万国公报》的刊物先后有两个，一是1868年9月5日在上海由林乐知等传教士创办的一份刊物，是一份对中国近代发展影响巨大而深远的刊物。二是康有为在“公车上书”之后不久，也创办了一份名为《万国公报》的刊物，自1895年8月17日开始正式刊行，为双日刊，每册有编号，无出版年月。于46期开始把《万国公报》改名为《中外纪闻》。而本文介绍的是由林乐知等传教士创办的《万国公报》，原名《教会新报》（CHURCH NEWS），1868年9月5日在上海创刊，早期为周刊，主办人是美国监理会传教士林乐知，以林华书院的名义出版，由上海美华书馆负责印刷。起初为宗教性质刊物，着重刊登阐释教义的文章，以及沟通教徒教友情况的“各地教友来信”等。1874年9月5日，《教会新报》出版至301期时改名为《万国公报》，虽仍为周刊，但报刊内容开始演变为非宗教性质，因此其虽名为教会刊物，实际上性质已经发生了变化，由侧重传教演变为侧重

林乐知（1836 年—1907 年）

刊登政治时事内容，在其成为广学会机关刊物后这种倾向更加明显。《万国公报》在内容上关注教会内容不多，热衷于“西学”，每期扉页上附印一行字：“本刊是为了推广泰西各国有关的地理、历史、文明……及一般进步知识的期刊。”而其对司法问题也十分关注。1883 年出版至 750 期时因经济原因停刊。1889 年 2 月《万国公报》复刊，成为广学会（CHRISTIAN LITERATURE SOCIETY FOR CHINA）的机关报，同时改为月刊，仍由林乐知主编，其中李提摩太和丁韪良等外籍传教士也参与过编撰工作。售量约为四千份。1907 年 5 月 30 日林乐知在上海病逝后，《万国公报》在 7 月终刊。《万国公报》是清末时期外国人在中国发行最久，影响最大的一份杂志。在 1896 年维新变法运动前后，发行量曾高达 38400 份，至 1903 年发行量达 54000 多份，成为当时中国发行量最大的刊物。被称为“西学新知之总荟”。在当时的知识分子如果想要了解西方的知识学问的话，一定要看《万国公报》。由于其广泛介绍西方，受到维新人士和地方要员的重视，从李鸿章、张之洞这些重要的政府官员到日本天皇都长期订阅这份杂志。光绪皇帝曾购回广学会出版的 89 种书籍和全套《万国公报》，孙中山先生所写的“致李鸿章书”“上李鸿章书”也都在《万国公报》上发表。林语堂称创办《万国公报》的林乐知是他生命中影响最大且决定他命运的人物。1876 年，清政府表彰林乐知的贡献，授予他五品顶戴官衔。

（二）《万国公报》对中国司法弊端的批判

近代以来，清王朝日渐走向衰败，一系列的民族战争、农民运动及资产阶级性质的改革和革命打击了清朝的统治，因战争的影响，正常的案件审转及发解制度无法正常运转。同时，吏治腐败也导致了晚清社会弄权枉法，营私舞弊现象严重，多数地方官员“以词讼刑狱为敛财之方”。[①] 因此，清末诉讼中刑讯酷烈、积案累累、冤狱重重，这些都鲜明地标志着晚清诉讼制度的危机。相应地，西方人士早在 17 世纪初就已开始了对西方文明诉讼的介绍和宣传，其传播媒介主要是个人著作或报刊媒体，并通过中西法律的比较，针砭时弊。

17 世纪初，来华的耶稣会士艾儒略撰译了《职方外纪》，其中对欧洲的审级制度、证据制度、刑讯制度等西方法律知识作了详细介绍：

> 官府听断不以己意裁决，所凭法律条例，皆从前格物穷理之所立，至详至当。官府必设三堂，词讼大者先讼第三堂，不服，告之第二堂，又不服，告之一堂，终不服，则上之国堂。经此堂判后，人无不听于理矣。讼狱皆据实，诬告则告者与证见者即以所告之罪坐之，若告者与诉者指言证见是仇，或生平无行，或尝经酒醉，即不听为罪者。凡官府判事，除实犯真赃外，亦不事先加刑，必俟事明罪定，招认允服，然后刑之。官亦始终不加骂詈，即词色略有偏向，讼者亦得执言

① 张德昌：《清季一个京官的生活》，香港中文大学 1970 年版，第 219 页。

不服，改就他官司听断焉。[①]

以上对欧洲刑事诉讼规范化、制度化的叙述可能是外人对西方诉讼法的最早宣传。尤其对其“不事先加刑”的文明审讯制度详加说明，可见传教士早在17世纪就已开始关注到中国刑讯制度的弊端。清代虽无明朝厂卫特务那种残酷刑讯的组织，但与封建社会其他各朝一样，在诉讼中刑讯逼供，“重刑之下何求而不得”的酷吏心理早已根深蒂固。因此，清代的法外刑讯不减往昔，甚至更加酷滥，以致人们对诉讼恐惧至极。《万国公报》对清末时期的司法弊端极为重视，并积极给予批判，司法传教士林乐知在批判此现象时说：

“一曰暴虐，……不图高坐堂皇者于寻常刑讯之外，别创非法刑具，竟有草菅人命，而罔知顾忌者。”[②]

那么，当时有哪些常用刑讯，又有哪些非法刑具呢？传教士花之安在《万国公报》中描绘中国刑讯之烈：

“至于审讯强用拷打，逼人招认，如拧耳、跪链、背凳、压膝、夹棍、火烙，尤为暴虐……，且有私制非刑，有如律例所载鹦哥架、失魂牌、荡湖船、天平架之类，真是视民命如草芥矣。”[③]

---

① （意）艾儒略著，谢方校释：《职方外纪校释》，中华书局1986年版，第73页。

② （美）林乐知：“险语对中”，载《万国公报》1894年11月，第15621页。

③ 花之安：《自西租东》，上海书店出版社2002年版，第18页，并同时参见《万国公报》相关转载，《自西徂东》，按英文直译应为《文明，中国与基督教》，该书写于花之安广东宣教期间，从1879年10月至1883年，在由美国监理会传教士林乐知创办的《万国公报》上连载发表，并于1884年由香港一位英商出资1200元在香港正式出版。

因此，在人们的心目中，诉讼犹如灾祸，衙门如地狱，当时民间普遍流传着“活人躲衙门，死人躲地狱”的话，可见清代诉讼之黑暗。对于中国刑讯之残酷，国人早就有所关注，但慑于封建专制的淫威，人们只在浅层面评论，而由于《万国公报》特殊的媒体身份，使得传教士能够借助它以一种超然无畏的姿态来评论和批判中国司法的落后之处。他们指出了废除刑讯中酷刑的必要性：

“要而言之，酷刑之当速废其故有五：一，案情之虚实实非此法所能研求；二，无罪而被冤诬者已先受酷刑之榜掠；三，案情所凭在口供，不必使人苦难而复得，用酷刑者，懈惰之官吏所自方便也；四，最近之善法，毕用法律士代为辩护，以重人之自主，中国所当仿行；五，用酷刑不合于中国古圣贤之经典，亦不合于基督当爱仇敌之大道。”①

酷刑当废刻不容缓，而与酷刑同时存在的还有积案不结的现象。清末时期，积案累累，拖而不结也成为中国诉讼过程中的一大问题。《万国公报》登载的《论听讼未易结案》写道：

“有一案数日未敢判结，彼赖讼事为生涯者，得以反覆颠弄，任意颠倒，以享渔人之利。而在原被告，明知理有不直，务欲求胜，又复多方请托，或延不到案，或抗不具遵。官即洞烛其奸而每多瞻顾，难免徘徊，万不欲雷厉风行，执三尺之法以绳之也。近更官场多一积习，其身为民牧者，自以为

① （英）季理斐：“论酷刑当速废”，载《万国公报》1906年3月，第24048页。

在任不久，时存五日京兆之思，遇有案件，恐一经判决或改上控，殊费调停，甚且转于吏议，遂不欲苦为分明，惟以模棱处之，而俟接其任者再行处置。其充幕友、任刑名之人亦乐得省事，惟视东主意见以决，每按放告之期循例批发，且多为游移两可之语，着其候传候讯而已。”①

由上所述，案件拖而不结是中国行政长官掌握司法审判的直接结果，行政权高于一切是酷刑的根本原因，讼狱黑暗是行政权与司法权合二为一的恶果，但历时几千年的政治体制非一日可改变，因此，西方人在《万国公报》上的论述更注重实效性和可行性。

（三）《万国公报》对中国司法改革的建议

《万国公报》在介绍西方先进的审判制度时，着重提出要学习西方文明的审讯程序，尤为推崇的是陪审官制度和律师制度。

中国律法记载中很少有关于陪审制度的介绍，行政长官一手遮天，不会允许陪审官的存在。由于西方国家（尤其是英国）认为陪审制是司法公正的重要保证，故对其介绍和宣传相当热心。早在1819年，麦都思在《地理便童略传》中已提及陪审官制度，②另外，郭实腊、裨治文在各自著作中也有相关记载，只是这些文章均发表于鸦片战争前，其影响力相当有限。到了19世纪末，有关此类制度的介绍随处可见。尤其《万国公报》的相关报道最为详细，如传教士李提摩太所译《华英谳案定章考》中，对英国陪

① “论听讼未易结案”，载《万国公报》1879年8月，第7349页。

② 王健：《沟通两个世界的法律意义》，政法大学出版社2001年版，第76页。

审官制度的审理原则叙述较详细：

“英律陪审人定被告之有罪，无论该被告承认与否，即使被告不承认，亦必治以应得之罪，英律陪审人员若断定被告为无罪，此案即行注销，断不准问官再行提讯，纵使有新见证人重新投案，案亦不能再问。又被告所犯之罪不论是何案情，但使业已由陪审人员审结者万万不准翻异。”①

李提摩太在其另一译著中也对此制度赞赏有加，与《万国公报》的思想互相印证：

“犹幸早定陪审人员之例，遇有刑案之关于出入者，必延陪讯十二员，而又取其同类之人，俾灼知其中之情伪，故假如贸易者有罪，则延市井中人陪讯，耕种者有罪，则延畎亩中人陪讯，馀皆类推，且刑章虽重，陪讯人员皆可略为变通。”②

李提摩太（1845—1907 年）

英国为什么要设置陪审官制度呢？李提摩太解释说：

“英国以保护良民为重，其设立陪审人员之初意，因恐原问官一人以爱憎为是非，徇情则故出人罪，报怨则故入

① （英）哲美森著，李提摩太译：“华英谳案定章考”，载《万国公报》1892 年 11 月。
② （英）李提摩太译：《泰西新史揽要》，上海人民出版社 2002 年版，第 91 页。

人罪也，故视陪审一事为决狱之第一关项。”①

这大概也是李提摩太要对中国统治者所说之言。他曾盛赞俄罗斯 1862 年改革时效仿西法的陪审官制度，② 其意图不言而喻，要想司法公正，应酷刑俱省，学习西方的陪审制度。当然这只是《万国公报》舆论的一厢情愿而已，封建统治者的专制强权决定了他们不会轻易放弃司法审判权。但是西方国家强调民众的权利，用陪审官来防止司法不公的做法还是让国人耳目一新。

除陪审官制度外，《万国公报》还特别提倡在审讯时聘请律师，认为律师不仅可以帮助人民进行诉讼，还可以使国家减少诉讼活动。李提摩太在《万国公报》上谈及律师职业时说：

> “凡遇重大案件，各西官衙门规则准令两造各延律师代为辩论，或其人不欲延请，亦无不可，但恐华人未谙泰西涉讼之规则，假使见证偶一不备，即可为全案之累，故鄙意以为莫不若延一律师之为愈……，况乎延请律师更有裨益之处，为人所未及知者，假如原告欲控一案，先商之于律师，便知此案能胜与否，若毫无指望，律师即能语以此案无所措手，不必涉讼公庭，徒伤妄费。”③

有人把古代的讼师等同于近代的律师，其实不然，中国自古虽有讼师的记载，相关文章还相当多，但讼师却并非是中国法律所允许的，它与西方的律师制度也有天壤之别。清代有一本《人

① （英）哲美森著，李提摩太译：“华英谳案定章考”，载《万国公报》1892 年 11 月。
② （英）李提摩太译：《泰西新史揽要》上海人民出版社 2002 年版，第 343~344 页。
③ （英）哲美森著，李提摩太译：“华英谳案定章考”，载《万国公报》1892 年 11 月。

幕须知五种》，对中国古时讼师刻画可谓深刻："讼师伎俩，大率以假作真，以轻为重，以无为有，捏造妆点，巧词强辩……，以搬弄是非为得计，以颠倒黑白而迷人，每当两造纷争，从中构祸。"[①]古人把讼师直接称为"讼棍"，可见人们对讼师的憎恨，由于讼师扰乱司法，清代以前的官府严禁讼师活动，讼师在封建社会是一种非法的职业。而与中国的讼师相比，近代的律师制度有其优越性，此制度对晚清政府来说毕竟是一种新事物，还有待于外人对其内容进行详细介绍。李提摩太在其译著《华英谳案定章考》中对于律师职业作了极为详细的说明，文中不仅谈及延请律师之益，还不乏笔墨地描述了律师在整个审讯过程中所起到的作用，这与中国旧讼师是完全不同的角色，从而让人们认识到律师职业的正当性和合理性。而且，在提到中国法律改革时，外国传教士对律师职业的重视程度溢于言表，英国传教士李佳白在《万国公报》中提议：

中国亦照西国办法，稍为变通为三条：一，凡通律例者举之为御吏，无论何处民间，如有疾苦，随时可以奏闻，择其尤者为通法司，专办一周之案件，如刑部等官。二，凡精通律例者，举之为各省按察司，即各道、各府、各州、各县等处各官长之外，亦应渐有专办案件之人，以律师充其选；三，律师不仅习中国之例，凡旧律有不善之处，付之通法司，付之御使及素有声名之律师，公议改定，亦可取各国之律例，互相参稽，并短就长，妥定一至善之法，此事虽不能骤改，

① 张廷襄编：《入幕须知五种》，文海出版社1968年版，第486页。

然久之可以驯至，其裨益于国计民生。[①]

在李佳白看来，律师对法律无所不通，无所不晓，可任司法各官，并有助于晚清政府的法律革新，可见《万国公报》对于律师职业的重视。另外，我们从李佳白和李提摩太的言论还可以看出，他们对晚清的诉讼法革新建议是针对晚清司法所存在的弊端而发起的，有较强的针对性，如对于审讯中的酷刑，可以用陪审制来解决，以维护司法公正；对于积案不结的现象，可以设司法专官，“专办一周之案”；对于冤案的预防，则可采取律师制度和证据制度，以维护民众的权利。

针对中国诉讼过程中所存在的问题，德国传教士花之安对中国的诉讼程序法的改革措施做了一个最详尽的建议：

> “前者泰西刑罚与中国无异，今自行新法之后，酷刑俱已省除，故审事不用严刑拷打，而案亦无遁情。其法，凡审讯之期，刑官之外，另有陪审人员，且国家状师、民间绅耆，俱得赴案备录口供，采访证据，公断是非，若小事无证据者，即行释放，至于案情重大，仍着管押，俟期再审，务令真情共得。”[②]

西方人士通过《万国公报》等近代报刊对中国司法黑暗、诉讼混乱的现象进行了严厉的批判，对西方的诉讼制度做了详尽的介绍和宣传，有助于中国民众对西方诉讼程序法的进一步认识。

---

① （英）李佳白：“探本求源论”，载《万国公报》1896年6月。

② （德）花之安：《自西徂东》，上海书店出版社2002年版，第19页；并同时参见《万国公报》相关连载内容。

但《万国公报》毕竟是西方传教进行思想演变的一种工具，它对中国司法所进行的评论并不能真正触摸到问题的根结，如领事裁判权、中国司法独立等问题在当时的《万国公报》上基本没有涉及，因而依靠外国人的媒体来改变近代中国人的司法观念与解决中国的司法问题是不可能的。

二、《申报》与近代中国司法问题

《申报》素有“近代中国的百科全书”之称，其中涉及的司法内容也相当广泛。本文试图从清末民初时期《申报》所载司法内容的分析出发，探究在这样一个社会大转型时期民办传媒对司法进步的影响。

（一）《申报》中刊载的司法新闻和评论

由于“上海本弹丸地，自与西国通商以后，五方杂处，良莠不齐，命盗案件较它处为多，又有中外交涉之事办理，动多棘手。”[①] 所以“上海讼狱之繁多，甲于通省。”[②] 因此，除了上文详细叙述过的几大著名司法案件外，《申报》还刊载了大量的司法类新闻，涉及刑、民、华洋诉讼等各种类型的案件，每日的《申报》都有司法相关新闻或评论，少则一篇，多则数十篇。纵观整个《申报》的司法新闻，其中以刑事、民事案件为主，特别是刑事案件居多，如“监守自盗”“子殴父妾”“刺妓毙命”“高楼失窃”等。《申报》

① “观政篇”，载《申报》1890年6月30日。

② “牵牛肇讼”，载《申报》1872年10月初9。

对新近出现的司法现象，多采用先介绍西国的做法，然后结合案例分析，再进行评判优劣的方式。[①]由于清末上海其特殊的政治地位，存在着两套司法系统。对于外人的司法系统，《申报》专门开辟了“会审公案”专栏，及时报道会审公廨审理的案件。同时设有“英界公堂琐案”“法界公堂琐案”“美界捕房纪事”和“法捕房琐事”等栏目，报道租界内发生的各种案件。每天关于司法事件报道和评论的数量较多，我们以1873年1月1日的《申报》内容为例，主要有“群论戏言酿命事”“戏子案纠结”“再醮图讹”“赌痞”“酒醉伤人”等案。

由于《申报》办刊初期基本上不受清政府的舆论钳制与高压，所以其评论比较犀利与深刻。因此清末时期《申报》在“杨月楼案”与“杨乃武案”中对上海知县和浙江司法官员进行了深刻批判外，在其它案件也基本上持公平与无畏的态度进行评说。如1879年4月29日，《申报》因上海知县审禁止旁观，报馆专门撰文进行批判，兹摘录如下：

“听讼之法首重公平，所谓公者，公是公非各如人意，不难以偏私之见也；所谓平者，准情酌理绝无畸轻畸重，两造心悦而诚服，非特开释者，感其恩，卽受罪者亦无所怨也。诚能本此两字，虚心以听，卽使高坐堂皇，万人耸听，当无不啧啧称其明决者。又何必故示秘密禁人观听为也。前报载上海邑尊研讯刃毙拳师马永贞一案，严饬门役不准闲人拦入，

① 赵晓耕，崔锐：“从〈申报〉看清末传媒对法制进步的影响”，载《浙江学刊》2007年第1期。

是又何故哉？夫近来民情愈狡，听讼愈难，凡有呈词无不多方架砌，以冀幸准被告者不甘受诬，则又多方捏饰，以求排挤原告听者，偶一不慎最易蒙欺，故不得不审慎周详悉心研究，使之水落石出，倘于一时之间疎忽断结，每易滋误。故或有旷日持久不能卽断者，是固折狱者之小心而不可以厚非也。前者本报曾论刑讯之非，蓋以三木之，何求不得。倘遇讯案一概棰楚敲朴，从事则不能熬刑，无不诬服，以免一时之痛，而问官遂自以为干才。”①

上文针对上海知县在审讯马永贞一案中不公开的做法直接进行批判，并对中国固有的刑讯、司法信息不公开等问题做了剖析。

开报之初，《申报》内容涉及社会生活的方方面面，对于《申报》中的司法内容，正如顾培东教授所指出的“司法过程所蕴含或展示的内容以及司法过程本身所显示的刺激性，对于传媒来说具有永恒的吸引力；司法实践所衍生的事实与问题从来都是传媒关注的热点。”② 正因为如此，《申报》在报道“杨月楼案”“杨乃武案”及“姚荣泽案”时，均受到大多数普通民众的关注和追捧。从整个清末民初时期的《申报》来看，其所刊载的司法新闻和评论是其主要传播内容，从其发表的众多司法新闻与司法评论来看，反映出中国当时独特时代背景下的司法观念和存在的司法问题。

---

① “论讯案禁人观听”，载《申报》1879年4月29日。

② 顾培东：“论对司法的传媒监督”，载《法学研究》1999年第6期。

（二）《申报》反映出的近代中国司法观念

1. 民事方面的“息讼”观念依然强韧

在近代中国这一社会大变革时期，各种社会思潮与社会现象都能或多或少地反映在当时的《申报》上。同样《申报》的主笔、编辑和记者们在《申报》上表现出曾深受的传统教育的影响，其原因是中国儒家司法观念在媒体的传播过程中有着深深的烙印，最为明显的特征是中国文人对“息讼”持久的信奉，如初期创刊的《申报》在1872年专门刊文《息讼论》，指责讼师在民事诉讼中的恶劣行为，从而导致民事纠纷的复杂，文章评论如下：

> “陶之世书称期于无刑，孔子有言必也能使无讼。当其时岂无诪张为幻之人，如今之讼师者哉，然上有明于听讼之人，下似不患有健讼之辈，彼可以曲为直，我能辨其为曲，彼务以黑为白，我早察其为黑，数案之后，彼讼师者计穷而术尽矣，况可按律而惩，以反坐究明而罪其唆使，彼且不能安身，安能施其伎俩。今之所谓讼师者，大概少知笔墨之人，不务恒业，藉此为生活计耳。法网久疎托业，遂固人人目为讼棍，处处指为刀笔，可以按名缉获随地拘拿。”①

《申报》持传统诉讼法律文化中的“息讼”和“贱诉”论，对讼师职业充满歧视，上文认为讼师的存在是使民间诉讼繁杂的重要原因。对民事诉讼有一种排斥态度，因此有人认为“其间以细

① “息讼论”，载《申报》1872年6月8日。

故肇成讼端者不一而足，苟非民之刁健，”[①] 从而批判好讼者“未免甘受胥役之需索冀，有希图衙门使费，两造之停行，罢业是必几倍于地价”[②]。1873 年 6 月 7 日，《申报》刊载《代理川沙厅勤民息讼告示》告诫民众息讼的原因与目的：

“为剀切晓谕事照，得息讼所以安民化争，必先兴野无豆觞犯齿之事，嫌隙岂生，庭少雀鼠，构之端和，祥可致权。摄斯士周历四乡民俗尚称醇朴，民情不无刁顽，间有渎尊凌长之风，辄闻逼醮诱孀之皆下车以来每阅告词，皆因细故口角结成讼端，而架控砌词者，尝十居五六抛有用之光阴，鬬无益之闲气，每遇微嫌牵涉成案，或去投绅士倚为护符，或往愬讼师，被其唆使。第绅士各爱烦誉若于外事，岂盖端力讼师，别其肺肠，惟愿构凶因之渔利，况胥吏相承，舞弄不免恣其馋涎，差保惯事朘侵窃恐肆其鱼肉，尔等无知祇以胜为得计，不知讼则终凶，尝因小利而累及身家为小，忿而酿成祸患，缘受人蛊惑，既乃致悔噬，脐与其受制于人，孰若对谨于已，与其迫悔于后，孰若能忍于先。惰游相戒，勿逞健讼，倘遇原呈枝节，察出先惩，访有讼师指唆，立提严办。本府爱民起见，语重心长，冀化莠而为良，挽偷风于刑措既值兵燹劫。”

近代中国时期，《申报》积极刊载与以上内容极为相似的“劝民息讼”文章与告示，有数十篇之多，如 1877 年 6 月 20 日的“劝民息讼告示”、1877 年 9 月 13 日的“劝民息讼”、1877 年 10 月 29

---

① “牵牛肇讼”，载《申报》1872 年 10 月 9 日。

② “争地肇讼”，载《申报》1872 年 10 月 1 日。

日的“鸡案”、1878年6月27日的“劝息讼事示”、1878年8月2日的“劝民息讼告示”、1879年6月24日的“劝民息讼示”、1888年2月3日的“告示彙登”、1888年2月8日的“论省囚息讼”等。报刊通过刊载文章与评论可以显示媒体自身的司法意识，另外这种传统民事息讼思想其实是来自国家整个意识形态的，这在《申报》也能反映出来，如1925年3月15日的“收兵”一电文刊载：“济南电龚饬各县设立息讼处于各乡镇”，所以直到北洋政府末期，中国统治阶级依然信奉传统儒家的“息讼思想”，这种观念对程序法与律师制度发展存在阻碍因素。

2. 介绍西方司法文明

近代中国社会发生了深刻变化，社会的运行及其产生出的问题日益复杂化，需要新的角度和观点来解决法律困境，而《申报》起到了这个作用。《申报》通过介绍西方先进司法制度、反对刑讯逼供、改革司法程序、提倡罪刑法定等，引入了西方的司法文明。在《申报》等报刊中对西方司法的介绍相当丰富，如前文所载1874年1月5日的《中西问答》，作者对中国与西方刑讯制度的不同做了深入剖析，之后不断有文章介绍和称赞西方的司法制度：

“有西士告于华人曰：吾西国朝廷之制作律例也，不但命盗大犯有一定之律纪，即使词讼小事亦有一定之例，故各官不能上下其手，而陪审人员、律状两师均皆遵守朝廷律例以断定大小案”。①

“然则西国讯案果何以取供，何以定罪乎？游客曰：闻诸

① “中西辨论事”，载《申报》1874年3月18日。

故老昔年西国亦有刑讯之法，后因冤案层见叠出，故力改此弊，另筹新法，于是立陪审之人，取见证之供，众证之供确实，即援之以定罪，不必定须犯人自供，亦不能任犯人狡展也，如是尚何用刑讯哉？昔用刑讯反多冤狱，今不用刑讯反少冤民，中国何不亦如此法以讯案？”①

“按外洋各国于审案一事，极为慎重，两造到堂时，或延状司辩驳，或凭旁人指证，旁敲侧击，必得其情而后已。既得其情，则理屈者纵不承认，其案亦可断结。”②

除单纯介绍西方司法文明外，如前文所述，《申报》每遇大案，就会借案件的审理进行中西司法制度的比较，在“杨月楼案”“杨乃武案”“苏报案”“姚荣泽案”中均有发人深省的介绍和评论。

3. 批判中国传统司法积弊

《申报》介绍西方先进司法制度时常借西人之口批判中国的司法弊端，国人也通过《申报》对传统司法积弊的批判不遗余力，主要体现在揭露清末司法官员的渎职、批判私刑和刑讯逼供、司法不公开等方面。

首先，批判司法官员的懈怠与渎职，《申报》认为当时司法官员的职务行为存在问题，有文章评论到：“之为民父母者，往往漠视民瘼。除奉承上司外，民间词讼，几有无暇及此之势。以至案牍山积，漠不关心。”③清末民初，媒体对“杨月楼案”与“杨乃武案”中的司法官员判案不公、渎职等行为都有所揭露与批判。

① “论听讼”，载《申报》1874年12月14日。

② “论中国词讼积弊”，载《申报》1898年12月31日。

③ “论中国词讼积弊”，载《申报》1898年12月31日。

其次，《申报》对刑讯逼供的做法极为反感，从对“杨月楼案”与“杨乃武案”中的刑讯问题开始评析，直到北洋政府时期不曾间断。《申报》对刑讯的问题的原因分析也开始多样化，有作者将领事裁判权作为刑讯存在的一个重要后果来分析，从而促使我们对刑讯问题更加重视：

“泰西诸国之人来居中国者，何不尽归服寄居之国以管辖，亦如泰西诸人互相寄居他国之例，仍归服寄居之国以管辖，而不必另设领事各官以专治其国居华之人，俾免凌待中国之讥不亦可乎？友曰：非不欲也，实不能也，泰西各国风俗无异，法制相同，国人之犯罪涉讼者皆有陪审之员，均无刑讯之律，故他国寄居之人亦愿归服管辖，无须他国领事各官审办。中国则不然，两造讼狱请官訊断少有隐情未供，而问官之敲扑卽至，轻则批颊杖臀，重则鞭背击肿，再重则加以三木之夹棍，即妇女有犯，而批颊鞭背均可以施，再重则加以拶指，是犯人之供尚未訊明，而犯人之身已无完肤，在受者已不胜痛苦之极，而施者乃毫无哀矜之意，甚至犯犹无供，而问官尚觉未能尽兴，另行设法以便锻炼周内，试思严刑之下何求不得？必欲使供何罪，而犯者只得隐忍含糊以顺问官之意，否则又有严刑之加，是犯者不死于法，先死于刑矣。其殃民实甚焉，其辱民亦甚焉，不意堂堂中国有司之讯案者往往如此，故泰西寄居中国之人不愿归服中国官长之管辖也，岂有他意乎？又安敢居心必欲凌待中国也？”①

① “与友论新报所论事”，载《申报》1874年11月14日。

从《申报》的记载来看，媒体对禁止刑讯的呼吁一直坚持到清末法律改革时期，清政府改革刑讯制度的谕旨颁行之后，立刻引发了清末朝野对于这一问题的关注。从 1905 年朝廷降旨改革刑讯到 1911 年清政府被推翻，围绕着废止刑讯问题在中国社会内部展开了一场激烈的讨论。《申报》中相关文章有：1907 年 8 月 10 日的《论法部严禁各省州县滥用非刑事》，1907 年 8 月 6 日的《法部严禁各省州县滥用非刑》，1908 年 5 月 14 日的《奉省裁判实行停止刑讯》，1911 年 4 月 13 日的《论问官违旨刑讯之罪》，1911 年 1 月 25 日的《闽咨议局对于非刑之质问》，1911 年 2 月 11 日的《鲁抚孙宝琦奏审明滥刑毙命之濮州牧蒋兹等定拟折（续）》，1905 年 11 月 13 日的《修律大臣奏申明轻罪禁刑笞杖改罚新章请旨饬遵折》，1910 年 6 月 23 日的《论刑讯不易废之原因与革除之要点（续）》等众多相关文章。

《申报》《大公报》作为当时重要的新闻媒体，不仅及时转载了政府官员的奏折，还刊登了大量记者的评论以及读者的来稿。从其报道的内容来看，争论主要集中在“刑讯的野蛮性、非法刑讯的后果、对司法改革与司法独立的不利影响”等方面。[①]强烈的媒体舆论和监督使得清末时期最终在法律上废除刑事逼供制度，刑讯至此成为非法，自 1908 年御史俾寿奏请停刑讯之后，这一问题引起了朝野的广泛关注。朝廷多次下旨，严饬地方官员汰除私刑、停止刑讯，并采取了一些可行的措施。但之后媒体并未忽略

① 蔡永明：“论清末的刑讯制度改革——以 1905—1911 年《申报》《大公报》为中心的考察”，载《河南师范大学学报》2007 年第 2 期。

相关的监督，仍常有文章对非法刑讯进行揭露和批判。[①] 加强舆论监督力度，同时针对废刑讯中出现的问题追根溯源，探讨解决的办法。

再次,《申报》提倡司法审判公开。清末民初的媒体在报道“杨月楼案”“杨乃武案”“沈荩案”“姚荣泽案”及“李大钊案”等案件时，均不同程度地批判司法不公开现象,《申报》尤其对于西方的公开审判制度有极大的向往，有文章如下：

> “西国之训案有陪审多人，有代审之状师，有听审之报馆，有看审之万民。使训此案之时亦皆如此。中国立法，为何不着各官听讼公堂。公堂者大堂也。应欲百姓周知，不至全民有冤耳。”[②]

最后，通过报道司法案件，进行司法监督。申报馆秉持“劝国使其除弊，望其振兴是本馆所以为忠国之正道”，和“本馆惟执公道”[③] 还不时为民请愿，为民申冤。如 1872 年 12 月 5 日,《申报》刊出读者来信，为船民周老付无辜被捕申讨。《申报》刊出来信后的第 9 天，上海租界会审衙门便审理此案。说明清末时期的司法官员对媒体报道已经相当关注。

4. 宣传司法独立意识

中国传统法律制度的一个重要特点就是司法行政合一，这种

① “国内专电”，载《申报》1924 年 1 月 7 日；“和县”，载《申报》1924 年 2 月 9 日；“湖南行刺案竟成疑案（萍）”，载《申报》1924 年 2 月 23 日；“司法部禁止非法审判”，载《申报》1924 年 4 月 25 日。

② “书浙江诸绅公呈后”，载《申报》1876 年 2 月 11 日。

③ “论本馆作报本意”，载《申报》1875 年 10 月 11 日。

情况也影响到国家对刑讯制度的改革，《申报》的一篇评论文章在探讨此问题时颇具代表性。作者通过比较中西方的司法制度，认为西方法治国家的司法制度体现了国家法律的公正性和严肃性。相比而言，中国司法审判的独立性有较大问题，《申报》论述如下：

> “中国决狱，除新设之审判厅外，类由州县处理。夫州县辖境自百数里至数百里不等，一邑之内，钱谷兵防礼乐教化与夫工程保恤之属，事无巨细，一一取裁。……此虽龙马精神，亦有所不济，更何能于庶政之外兼理刑名。然则地方官决狱而出于刑讯，固为法之所不许，而要亦为势之所难能免者矣”[①]。

从上述分析可以看出，在地方州县，本身事务繁多的行政官员还要兼理司法，精力有限的地方官员的确很难保证司法过程中的公正性以及结案的时间，为了完成朝廷的考核，有助于快速结案的非法刑讯就成为地方官员的常用手段。近代以来，随着中国人对外认识的不断深入，司法独立的思想也逐渐为人们所认同。1906年清政府实行官制改革，将刑部改为法部，掌管全国司法行政工作。改大理寺为大理院，负责最高审判工作，司法独立的原则在中央司法机构的改革中得到了形式上的体现。而在地方州县，虽然有些省设立了地方各级审判厅作为独立的司法机关，但司法与行政的分立仍然面临着许多困难。针对废止刑讯谕旨在地方州县执行不力的情况，《申报》的一篇评论文章指出，由于“吾国立

① “论刑讯不易废之原因与革除之要点”，载《申报》1910年6月23日。

法司法尚未分权”，“法部仅以一纸空文通咨督抚，督抚亦以一纸空文通饬各属，而其究竟实行与否，则仍若罔闻知”，因此，“欲实行禁革刑讯，其必自司法独立始矣”[①]。

总之，《申报》虽然对民事诉讼依然持有传统的“息讼”观念，但其在客观和公正的基础上报道法制新闻，引入西方法治理念，对近代司法进步产生了积极的影响。这表明，随着近代法律观念通过《申报》等报刊媒体在中国的传播，人们对传统司法制度的弊端已有较为客观的认识。近代司法制度改革及社会舆论对司法问题的讨论，反映了人们司法观念的进步。虽然，由于受到传统法律观念以及封建国家政治体制的影响，废除刑讯等司法改革的实施效果并不尽如人意，滥刑毙命的现象仍然存在，但普通报刊媒体的舆论无疑对中国司法意识与司法制度的近代化起到了推波助澜的作用。

第二节　法学刊物与司法改革

除了报纸媒体外，法学期刊对近代司法改革的开展，也起到了重要的作用。近代法学期刊是法律精英绘制司法蓝图的巨大平台，近代中国的一切法制变革，几乎都以谋求司法变革为契机。[②]有现代学者认为近代法学期刊是“司法改革的推手”，主要有四个方面的作用，一是“司法改革的先声”；二是“司法改革方案的布

① “论问官违旨刑讯之罪”，载《申报》1908年8月7日。

② 张仁善：《近代中国的主权、法权与社会》，法律出版社2013年版，第160页。

展处”；三是“司法改革走向的风向标”；四是“司法主权的守望者”。①

近代中国时期法学期刊的数量与影响虽无法与南京国民政府时期相比，但作为近代转型期的法学刊物在对司法改革的推动作用上是无疑是巨大的。由于特定的时代要求，司法改革信息是法律期刊最主要的刊载内容和关注要点，根据刊物与司法的关系，可以将法学期刊分为司法类法学期刊与综合类法学期刊。

一、司法类法学期刊

在司法类法学期刊中，持续时间最长与影响力最大的是《司法公报》，它是民国时期官方出版的一种司法类期刊，《司法公报》并不是固定为月刊或周刊，创刊之初为月刊，也有过一月出两刊的情况，后又改为周刊、五日刊，后又改回月刊等。《司法公报》的创办者为民国政府的司法部，相较于其它法学刊物，《司法公报》更具有官方性和权威性。《司法公报》之创刊者秉承“文字者，精神之所寄，考其文字，即可验其精神。且精神之有不能喻诸远者，惟文字可到达之；精神之有不能传诸久者，惟文字可弥永之”的宗旨，以“公布司法过去之事实，藉促司法前途之进”为宗旨，始创公报。《司法公报》有广义和狭义两种理解。广义的司法公报包括民国北京政府时期司法部的《司法公报》、南京国民政府时期司法部的《司法公报》、司法行政部的《司法行政公报》及司法院

① 张仁善：《近代中国的主权、法权与社会》，法律出版社2013年版，第160~196页。

的《司法院公报》和《司法公报》。此外，据已查阅资料显示，汪精卫伪国民政府也发行有《司法行政公报》，孙中山在广州成立的国民军政府也曾发行过《司法公报》。而狭义的《司法公报》指的是民国时期《司法公报》，可分为两个阶段，即民国北京政府时期的《司法公报》和南京国民政府时期司法部的《司法公报》和司法院的《司法公报》，本文所载之内容是民国初年北洋政府时期的《司法公报》。民国北京政府时期司法部发行的《司法公报》，创刊于民国元年十月十五日，发行至民国十七年五月，共发行 250 期，其中有临时增刊 39 期。其间大部分为月刊，也偶有稿件积压而改为月出两册者。

因北京政府时期公报的编纂体例几经变化，故依其体例变化各时期的司法内容也各有不同，但总的来说是注重司法独立与司法改革。如民国元年（1912）十月十五日，民国北京政府司法部发行第一期《司法公报》，在其《发刊小引》中表明司法部发行该公报之目的为记录司法独立之轨迹，兹摘录如下：

“民国肇造，百度更新，司法独立之声已喧腾。国人之口而强聒吾人之耳矣。然天下事有理论上宜如此，事实上可如此，而外界环象，内界阻力，偏若挤之，使有不得骤然者。盖层累波折，任事之所必经困难，求通成功尤为可贵。司法独立亦何独不然哉？是仍在当事者实有独立之精神以贯彻之，即可验其精神，且精神之有不能喻者，远者惟文字可到达之，精神之有不能传诸久者，惟文字可弥永，文字顾可忽乎哉？然则司法公报之辑即谓于此，验司法独立之精神焉，亦无不可也。”

同时，第一期司法公报刊登了《司法公报简章》，对公报的主要刊载内容作了重要规定，简章规定：

“本报内容共分为九类如左：（一）图画；（二）命令：大总统令（录其关于司法者）、司法部令、其它官署之命令（择与司法有关系者录之）；（三）法规；（四）公牍；（五）判词；（六）报告；（七）译件；（八）选论（本报限于公报体例，不列著论一门，然时贤论说有于司法前途极有关系或本部司员以个人著作自由权对于司法事项有所论著者，本报均摘录之以供阅者参考）；（九）杂录。”

之后，《司法公报》的体例与内容虽几经变化，但对于司法独立与司法改革内容的关注始终是其重点，是我们研究民国法律制度、司法实践不可或缺的珍贵资料。[①] 并且其影响力也是众多法律刊物中的佼佼者，由于是官方报刊，其影响力与司法部自上而下的宣传措施是分不开的，如 1915 年司法部为加强审判规则的统一，特别督促各县知事订阅《司法公报》，兹摘录如下：

“为咨行事，查知事兼理司法对于现行各项法规及审判事例宜如何悉心研究，庶不致临事茫然，乃比岁以来，各省送覆判及上诉案件，其间审判允协者固不乏人，而引断错误解释纰谬亦所在多有，推原其故半由民国成立以来，法例既时有变更，程序亦多因革，知事及各省承审员偶不经心，辄多

① 赵晓耕：“中华民国时期司法公报述略”，载《山西大学学报》（哲学社会科学版）2012 年第 3 期。

误会，设非讲究于平时，断难因应于临事。本部向编有司法公报，自民国元年起，按月出书，其性质为司法界例规之月要，举凡官制官规以及司法各机关之规程、法例、公文之报告、批答，靡不分门别类，详载无遗，各知事遇有疑难，即可藉资考镜，庶免谬误之虞，本部对于兼理司法各知事，原有指导匡扶之责，事前救正，较胜于事后纠绳，想亦贵京兆伊、巡按使、都统深为赞许也，为此咨请饬下属各知事订阅前项公报，至少以一册为率，并就近向本部总务厅第四科、司法筹备处、该高审厅、审判厅订阅，以省周折。除分饬接洽外，务希查照转饬，遵办至级，公谊此咨。”①

不仅仅是司法部对《司法公报》进行主动推广，一些大学也对《司法公报》给予较高的重视，在图书馆的收藏中居于十分显要的位置。如在1924年，北京大学图书馆在《北京大学日刊》中专门发布征求启示，全文如下：

“本校图书都所存之司法公报，尚缺左列各项。本校教职员及学生诸君，如愿割爱赠与或出售者，请与本校第一院一层楼东者，图书部购书处接洽为荷。计购：第一年第一期至十二期（两份），第二年第一期，第四十三期，第四十期，第四十七期，第五十期，第六十一期，第七十一期，共三十一册。图书部购书处启，五月二十日。”②

---

① “请饬县知事订阅司法公报咨各省长等”，载《司法公报》1915年第37期。

② “征求司法公报”，载《北京大学日报》1924年第1476、1477、1478、1479期。

可见当时北京的高校已注重收藏《司法公报》，从收藏数量来看，除了第一年和第二年的个别期刊不在其内，其他各期都已为其收藏，大学图书馆如此重视《司法公报》的收藏与收集，不难看出当时《司法公报》不仅仅是官方进行司法改革的工具，也是民间认识司法独立与司法改革的重要手段。

除司法部主办的《司法公报》外，清末民初时期，各地方司法部门也纷纷创办地方性的司法类期刊，其中最早的应当是1907年东北奉天与吉林两省所办的地方司法官报，据记载：

> “岁丁未，奉吉二省规仿欧制有独立法庭之组织，于是始有司法纪实司法官报之必刊，盖主其事者，集各厅之判牍谳词排比抉择，汇为一册，付诸刊劂，以责社会之词也。一时承学之士，从政之官吏，得所考镜，翕然称便。”①

由于清末特殊的动荡政局，法律极为不稳定，法律判决也常出现南辕北辙的结果，后来两省所办司法官报因经费或政局因素或停或废。但至辛亥革命后，1912年短暂的一年中，地方审判厅借革命政府司法改革的强烈意愿，仿行奉吉两省创办司法官报的经验，发行地方司法官报。最具代表性的是江苏省司法厅创办的《江苏省司法汇报》。对于创办地方司法官报的目的，江苏省前高等审判厅承、提法司长郑言谨认为：

> “仿奉吉二省之已事，将爰书暨各厅往复之官文牍辑而存之，月刊一册，公诸法界，将以备中央法部他时编纂判决例

① “江苏省司法汇报发刊词”，载《江苏省司法汇报》1912年第1期。

之采择，暨各省治法学者研究攻错之途径。而苏省各员之服务法曹者亦得以交换知识，互匡其不逮，冀与近今刊行之法学杂志成辅车相倚之势，而非以是为铺张事实，夸示成绩之具。”①

可见，地方司法汇报是编纂法典、法治研究及司法官员相互学习的工具。《江苏省司法汇报》的刊载重点是民国初立时江苏各地审判厅的判例及司法信息，虽存在时间较短，仅仅一年左右的时间，但其对司法问题的关注却不容忽视，《江苏省司法汇报》基本上每期都有江苏各地上报的民事判词和刑事判词，是司法官员进行互相监督与学习的有利途径，也是我们了解当时地方司法改革状况和司法图景的重要资料。

二、综合类法学期刊

近代中国时期，政局动荡，新旧交替，宪政与法律的需求日趋热烈，西法东渐的过程中，司法改革的呼声特别强烈，对建立新型司法体制、废除领事裁判权等问题，各法学期刊都不遗余力地进行宣传。综合类的法学期刊，所载内容包括新闻、社论、国内外纪事、大理院解释例、司法解释令、附录。②主要刊物有《法政杂志》《法律评论》《法学新报》《新法学》《法学季刊》《法律周刊》等。综合类法学期刊所载内容较为广泛，司法独立与司法进

① “江苏省司法汇报发刊词”，载《江苏省司法汇报》1912年第1期。

② 张仁善：《近代中国的主权、法权与社会》，法律出版社2013年版，第160页。

步作为近代法律转型的重要途径，其相关信息必然是当时法学期刊特别重视的，因此，司法改革论题是法学期刊重点讨论的对象。下文以《法政杂志》和《法律周刊》为例进行介绍。

近代中国以《法政杂志》为名的期刊先后有两次，均对司法问题较为关注。1906 年 3 月 14 日，《法政杂志》月刊在日本东京创刊，同年 9 月停刊，共出 6 期。此后不久即与天津《北洋学报》合并，改名为《北洋法政学报》继续出版。该刊为留日法政学生张一鹏等创办，《法政杂志》月刊主旨在于编纂法典，为统治当局参考，并向民众普及法政知识。该刊文要设有论丛、译汇、讲演、法令一斑、法政界琐闻、时事录要等栏目，主要译介日本法政论著，宣传君主立宪国家的法治政制。曾译载有《法》《国》《法典论》《法制国主义》《论礼与法》及《英国宪法正文》等文，并曾刊载清政府公布的《破产律》和《刑事民事诉讼法》等，并对司法独立问题有专门译著，如林鹍翔译著的《论司法权之范围》，文章对司法权独立的含义、民事诉讼事件、刑事诉讼事件及其他诉讼事件的规则等进行详细说明，这是中国学者对西方司法独立问题全面介绍较早的一篇译著。[①]

1911 年 7 月 25 日由陶保霖在上海创办与出版的《法政杂志》，与 1906 年日本创刊的《法政杂志》无传承关系，对司法问题的关注远远多于 1906 年的《法政杂志》，每一期均有数篇与司法改革相关的文章。如第一期目录就分为“社说”“资料”“杂纂”“专件”“记事”与“附录”六类。涉及司法问题的有：“社说”有《论提法使为司法上必要之机关否耶》；“杂纂”有《判例批评》(一)；

---

① “论司法权的范围”，载《法政杂志》，1906 年第 1 卷第 6 期。

"记事"有《江苏审检两厅协议》等文章。

《法律周刊》创刊于1923年，其创办的主要目的正如毕业于德国的法学博士马德润所言：

"比查京师报馆，已达七十余家，社团之论著，非不发达也。然考其内部之主因，或受党系之牵制，或供政府之利用，持论一涉畸偏，是非即因之淆混。夫以宗旨互殊、意思复杂之论著，而望其救济政府，改良社会，使其趋于法轨，是犹向歧路而追亡羊。责楚咻而传齐语也。故欲于群言淆乱，独标纯正之言论，不可不以法律为准绳，欲以所论著者，唤起国民法治之观念，扶助国家法治之精神，不可不发行法律之专报。"①

而具体到《法律周刊》创办的直接原因，马德润也很直接地表明本报创刊与司法独立与司法改革有密切关联，兹摘录如下：

"各国皆有法律专报，吾国无之，岂非缺点？华约规定各国遣派委员来华调查司法，则领事裁判收回及司法改良各问题，尤不可无专报以事讨论。本刊同人，有见于此，特就京师发行斯报。"②

因此，《法律周刊》应是中国最早的法律专刊，其刊载的司法方面的文章多于并不专业的《法政杂志》，如《法律周刊》第1期，其主要目录分别是："论说""杂述""国内法律新闻""国外

① 马德润："发刊词"，载《法律周刊》1923年第1期。

② 马德润："发刊词"，载《法律周刊》1923年第1期。

法律新闻”“外国法律之研究”“大理院新判例”“大理院解释”“平政院裁决书”“最近公布之法令”“大理院判决及裁决主文”“累案京师地方审判厅判决书”“公文杂录”等十二项。相关文章有《检察官於国家之责任》《请求迟延利息如有反对习惯应依决》《未缴上诉讼费上诉审审判》等，对于司法官员职责、诉讼费、审判厅判决等问题均有关注。之后的期刊目录和内容虽稍有调整，但整体变化不大，具体到司法方面的内容近半。而《法律周刊》也受到当时众多官员的重视，如曾任北京政府外务总长要职的汪大燮、任大理院厅长的余荣昌、民国著名法律官员马德润都在其创刊时给予颂词或专门撰写发刊词，《法律周刊》在民国初年具有一定的社会影响力，受到民众的推崇，且其刊载的内容也很大影响到司法的一些评论。如《司法公报》针对《法律周刊》在司法方面的错误理解进行致函，兹摘录如下：

“第二期贵周刊载吴君炳‘纵审判制度议’内有当中东路俄国法院撤废之时，当局于哈尔滨筹设一特别法院，揆当局者用意以普通法院尚未足掩外人之观听也等语。查东省特别区域各法院仍属普通司法衙门，并非特别法院，不过于特别区域内设置耳。贵周刊所载云云与事实未符，诚恐展转流传致滋误会，相应函请查照，并登入下期周刊为荷，此致法律周刊。”①

从以上《司法公报》所载内容，可知当时《法律周刊》对司法问题的重视，虽某些评论不太恰当，但却能引起司法部门的关注，反映出普通法律专刊具有一定的舆论影响力。

---

① “别录：参事厅致辞法律周刊函”，载《司法公报》1923年第180期，第83页。

第三节　民初报刊以土地纠纷为例所展现的司法图景

一、社会转型时期的司法概况

中国司法近代化历程，自清末以来至今日，其问题依然主要是如何进行司法改革。多年来，不少学者对近代司法问题展开研究，但研究多从司法独立等宏观层面探讨近代以来司法改革的得失，研究材料主要为各种成文法规或法律事件。但民初的立法者由于经验、知识和理性的局限，短时间内制定出来的规则体系并不完备，也很难落实，也不易为国人普遍认可和遵从，从而无法成为真正的行为规范。在民初的司法体系设计中，作为各地司法机关和最高审判机关，其司法职能不仅仅体现在适用、检验已有的具体规则上，而是体现在通过个案审判的机会，更好地沟通本国法律、外来法律、本地习惯、法理等判决有关依据，通过司法运用，检验和修正既有规则，甚至通过判例的方式兼行立法职能，是近代中国司法改革的重要过程。故在探讨近代中国司法改革时，选择某个具体问题，结合中外法律、固有习惯和司法判例等来进行微观层面的分析很有必要。本文选择民初土地纠纷案件司法文书作为基本材料进行实证分析，选择的案件有 20 则，它们作为典型案例登载在公开发行且有权威性的媒体上（主要是《江苏省司法汇报》和《司法公报》），从当初司法机关慎重选择的角度看，对这 20 则土地案件的实证分析，具有一定代表性与示范性。

土地纠纷是中国传统社会较具特色的民事法律纠纷，但传统司法对于民事诉讼关注过少，由于“息讼”思想和“务限法”等限制性法律存在，民事诉讼法地位严重失衡。传统土地纠纷案件属于民事“细故”之领域，多在家族内部解决，故中国史学界将土地纠纷案等民事诉讼定性为“不发达”，有学者对此表述提出不同意见，李启成认为该问题应该表述为传统中国关于“细故”成文条规不足以规范社会生活中出现的相关案件，并且传统中国不需要那么充足的关于“细故”的成文条规。在“细故”案件中，成文条规以间接运用，或者说在判决背后甚至是字里行间才能有所体现。① 也就是说，传统中国在处理土地纠纷案件时，相关法律并不充足，判决中也不重视法律规范，多以家庭内部解决的方式为主，这种方式更多体现了中国传统司法重视契约、习惯、情理等判决依据的模式。

20世纪初期的中国是“过渡时代”，② 民国初年政局动荡，传统与现代交织，过去的司法传统受到新的挑战，法律体系不稳定，法律内容又多有抵触，从而加剧了土地纠纷案件解决的复杂性。随着民国初期土地私有权的法定化，由土地利益引发的纠纷往往造成严重对立，调解的可能性越来越小，土地纠纷主要依靠民间自发解决的过程已告结束。值得肯定的是，民国初年以土地纠纷案件为主的民事诉讼已成为诉讼的主要对象，在《江苏省司法汇报》《司法公报》《大理院公报》《申报》等近代报刊上，以物权纠纷为主的民事案件报道已逐渐超过传统社会注重的刑事案件。

---

① 李启成：“功能视角下的传统‘法’和‘司法观念’解析——以祭田案件为视角”，载《政法论坛》2008年4期。

② 梁启超：“过渡时代论”，载《清议报》1901年6月26日。

据有关学者统计，民国初年大理院关于所有权的判例共有 130 项，其中涉及不动产所有权的判例共 124 项，反映出当时土地、房屋等不动产物权纠纷案件较多。[①] 从当时报刊对于民事案件的报道来看，涉及土地纠纷的案件占主要地位，如 1922 年 12 月 29 日的《申报》“公布栏”刊载了江苏各地审判厅判决的案件名称和主文，民事案件共有 7 件，其中涉及田地纠纷的就有 4 件。[②] 可见，民初的土地纠纷案件由司法机关处理的机会提升，较传统“细故”的处理模式发生了变化，而此类案件判决依据的多样性也凸显出民初各级法院司法审判的独特之处。

二、民初江苏地方土地纠纷案件的判决依据

民国初年的地方法院审判除依据《民律草案》与《民事诉讼法草案》外，还参照各国文明法律、法理与地方习惯等，判决依据极不统一。如 1912 年《江苏省司法汇报》刊载的土地纠纷案件共 7 件，分别是：常熟地方审判厅判决的“袁寿康同妻钱寿玉呈诉钱关福霸产殴尊案”，其判决依据是“依本省习惯和外国法理”；镇江地方审判厅判决的“高文斗控卢锦泉拖欠地价叩求讯追案”，其判决依据是“依契约和斟酌习惯”；华亭地方审判厅判决的“董桢祥诉董颂生拉租案”，其判决依据是“按文明国法律、斟酌旧时之习惯和法理”；山阳地方审判厅判决的“葛保魏呈诉葛保田捏据强

① 杨士泰：“试论民国初期的土地私有权法律制度”，载《河北法学》2009 年第 6 期。
② 《申报》，1922 年 12 月 29 日。

吞叩赏请断案”，其判决依据是“依契约和斟酌习惯”；[①] 六合地方审判厅判决的“吴有华诉姚家才强伐硬占等情一案”，其判决依据是“依民法通例的占有权与地役权”；[②] 扬州地方审判厅判决的“陈东林等呈诉郑广文不认浮漕通流案”，其判决依据是“依文明国法律的地役权规定”；清浦地方审判厅判决的“蒋寿诉赵幼桥调契不换案”，其判决依据是“依契约和事理”。[③] 以上案件均发生在 1912 年，正是民国初立时期，其判决依据较杂乱，时而依习惯，时而依契约，时而依文明国法律，其中依契约的有 3 件，依文明国法律的有 3 件，依“习惯”的有 1 件，其中，依其他理由判决但同时斟酌习惯的有 3 件，如山阳地方审判厅判决的“葛保魏呈诉葛保田揑据强吞叩赏请断案”，判决依据是“依契约和斟酌习惯”；[④] 说明民初江苏地方法院在关于土地纠纷案件的判决中，契约是处理土地纠纷主要的依据，无契约时则依“习惯”或斟酌习惯，同时，民初法律规范的缺位使外国的“文明国法律”成为判决依据的一种。另外，从当时江苏各地法院的判决书中，已看到不少土地纠纷案件当事人已开始聘请律师，民初律师在地方土地纠纷案件中的大量出现也说明土地纠纷案件的复杂性，而法官的判决依据自然也不会太随意。

学者尹伟琴实证分析的“浙江龙泉祭田纠纷司法档案”充分论证了民国时期地方法院判决依据的多样性。参考其对 45 件龙泉

---

① 《江苏省司法汇报》，1912 年第 2 期。

② 《江苏省司法汇报》，1912 年第 5 期。

③ 《江苏省司法汇报》，1912 年第 8 期。

④ 《江苏省司法汇报》，1912 年第 2 期。

祭田纠纷案件的分析，笔者以表格形式重新统计当时龙泉地方法院判决依据的类别与比例。

表 11　民国时期浙江龙泉祭田纠纷案件判决依据实证分析统计表[①]

类　别	比　例
成文法	25%
族例[②]	22%
条理	20%
法理	16%
大理院规则	13%
情理	4%

从以上表格可以看出，“大理院规则”基本类同司法判例和司法解释，而成文法在判决依据中才占四分之一的分量，表明民国时期地方司法对土地纠纷案件的解决机制，在引进西方法律制度的同时，仍保留许多中国传统的解决机制，“地方习惯”“条理”“情理”等判决依据仍然占较大比例，体现了民国初年立法中西杂合，司法缺乏稳定性的特点。

但学者尹伟琴实证分析的“浙江龙泉祭田纠纷司法档案”与《江苏省司法汇报》刊载的江苏各地法院判决的土地纠纷案件在判决依据上有不同之处，“浙江龙泉祭田纠纷司法档案”判决依据中没提及“契约”，而江苏地方土地纠纷案件主要判决依据就是“契约”；“浙江龙泉祭田纠纷案件”贯穿整个民国时期，判决依据中

① 参考尹伟琴：“论民国时期基层法院判决依据的多样性——以浙江龙泉祭田纠纷司法档案为例”，载《社会科学》2010 年第 5 期。

② “族例”主要为民间习惯。

明确了“大理院规则”，而《江苏省司法汇报》选取的案件主要发生在1912年，大理院规则尚未出台，因此当时还没有将大理院规则作为判决依据，这也说明，民国初期土地纠纷案件由于案件类型和处理时间不同，会导致判决依据的不同。为此，民初大理院对不同类型土地纠纷案件的处理方式会对地方法院具有重要的示范作用。

三、民初大理院土地纠纷案件的判决依据

从1912年至1914年，《司法公报》主要刊载了13件土地纠纷案件判决书，这些案件均为大理院精选出来的典型案例，分别是“周廷训上告裴士珍挟嫌霸地案”[①]“乔平私占莹地案”[②]“董万良因许明元捏据霸地案”“华利生与华沈氏因赎地涉讼案”“吴廷棫与缪子惠因田产纠葛案”“张廷祥与黄居华因地亩涉讼”“穆金侑与李臣忠买地纠葛案”[③]“王来盛等因山埸涉讼不服第二审判决上告案”“刘盛等因何殿荣等强夺垦产之所为不服第二审判决上告案”[④]“赵宝林因买地不服吉林高等审判厅判决上告案”[⑤]“许凤庭与白曾瑛等地亩纠葛上诉案”“邱高氏因地亩不服直隶高等审判厅判决上告案”“余锡沅因争地不服广东高等审判厅判决上告案”。[⑥]此

① 《司法公报》，1912年第2期。

② 《司法公报》，1913年第1卷第4期。

③ 《司法公报》，1913年第1卷第7期。

④ 《司法公报》，1913年第2卷第3期。

⑤ 《司法公报》，1914年第6期。

⑥ 《司法公报》，1914年第2卷第12期。

13件由大理院审判的案件与《江苏省司法汇报》所刊载的7件地方法院审判的案件时间段基本相同，但在审判依据上有明显差异。另外，从1915年开始，《司法公报》大量刊载大理院关于解决土地纠纷问题的解释例，从而为地方法院解决相关疑难问题指明了判决方向。

1. 法律规范、契约与习惯

随着《民事诉讼草案》与《民法草案》的逐渐推行，从审判的13件土地纠纷案件中，明显看出大理院的裁决依据虽然并不统一，但判决绝大多数注重事实证据，重视现行法律的运用，即使是创造了“判例”的“穆金佈与李臣忠买地纠葛案”，也是“依现行法例”推理出“吉林旧惯对于本族本旗本屯人卖地时有先买之权”的不合法性。在《司法公报》中的13件土地纠纷案件中，只有3件依据契约和地方习惯作出判决。[①]民初大理院运用习惯比地方法院更为严格，其考量因素更为全面，首先要“无强行法之明文规定”，其次要“当事人无合法契约”，再次要“习惯切实存在且善良”。[②]正是因为大理院在处理各地土地纠纷案件的过程中，更加注重现行法律与法理，因而对契约、习惯的运用不如江苏、浙江等地方法院广泛。同时对“习惯”的运用也更加注重统一性和严格性，如1918年第88期《司法公报》公布《解释不动产典

① 1913年第2卷第3期的“王来盛等因山場涉讼不服第二审判决上告案”和“刘盛等因何殿荣等强夺垦产之所为不服第二审判决上告案”，1914年第6期的“赵宝林因买地不服吉林高等审判厅判决上告案”，这三则案件是在法无明文规定情况下，依据“原判引律错误；依典卖契约；依旧例”作出最终判决。

② 尹萍：“民初大理院援用习惯之考量因素探析——以〈大理院判例要旨汇览〉（1912—1918）为主要考察文本”，载《山东大学学报》2012年第5期。

当办法第九条习惯二字》，确定不动产典当中“习惯”的地位及各地对不动产典当习惯的采用标准。

2. 大理院判例

除依据习惯外，大理院判例具有准法律性质，“大理院民事判例要旨几乎与制定法具有同等拘力”。[①] 大理院判例对于土地纠纷案件的解决无疑起到先例模范作用且有法定约束力。最典型的判例是 1913 年第 1 卷第 7 期登载的“穆金佈与李臣忠买地纠葛案”，此案确定关于吉林地方土地交易习惯的范围，并第一次解释了民初习惯法的成立要件，从而确定了“吉林旧惯对于本族本旗本屯人卖地时有先买之权”的不合法性。之后，1915 年至 1919 年大理院先后公布了五个重要判例，包括“所有权之效力”的判例、“所有权的对世效力”的判例、“排除他人干涉和妨害”的判例等。[②] 值得关注的是，民国关于物权的大理院的判例众多，且土地纠纷案件主要集中在民国初立之时，原因是民初土地私有权虽受法律保护，但法律体系不完备，各级法院判决案件各自为政，判决依据也是五花八门，审理结果不一，此种状况下，大理院通过案例判决从而逐渐确定对土地问题的法律构建。自民国元年（1912 年）改制至民国十六年（1927 年）闭院，大理院民事各庭共审断案件 2 万余件[③] 其中有 1757 则判决或明确解释了某一现行法的内容，或对某一现行法进行扩张解释或者援引习惯、条理在现行法之外创

---

① 朱勇：《中国民法近代化研究》，中国政法大学出版社 2006 年版，第 181 页。

② 杨士泰：“试论民国初期的土地私有权法律制度”，载《河北法学》2009 年第 6 期。

③ 参见黄源盛：“民初大理院司法档案的典藏整理与研究”，载《政大法律评论》1998 年总第 59 期。

制了新的民事法律规则，大理院民事审判庭将这些判决视为判例，不但对本案当事人有约束力，而且对同类法律关系有普遍的规范效力。[①]大理院民事判例要旨在民事司法审判和民事社会生活中成为实际适用的准则，民国学者胡长清描述大理院判例的作用时提到："《判例要旨汇览》正编3卷，续编2卷，承法之士无不人手一编，每遇讼争，则律师与审判官皆不约而同，而以'查大理院某年某字某号判决如何如何'为讼争定谳之根据"。[②]但大理院在设定判例时，也出现过前后不一的情况，如上述1913年的"穆金佈与李臣忠买地纠葛案"和1914年的"赵宝林因买地案不服吉林高等审判厅判决声明上告案"同为"土地先买权"的案件，却创造了不同的判决结果。"穆金佈案"否认了习惯法中的"本族人对土地的先买权"，而"赵宝林案"认可了习惯法中的"佃户对土地的先买权"，虽然判决的理由看似都有法理依据，但从现在法律看来，是因为对地方习惯的取舍造成了不同的判决结果，从扭曲了法律的普遍性与稳定性，损害了"最高法院"的司法权威。也说明法律的创制和完备成为民国政府极其迫切和重要的任务，普遍和稳定的法律是司法改革的重要前提，"法制化"是司法"法治化"的重要条件。

3. 司法解释

大理院除通过判例弥补法律不足，也通过司法解释来解决土地纠纷问题。例如1915年《司法公报》刊载"大理院覆京师地审

---

① 刘昕杰，杨晓蓉："民国学者对民初大理院判例制度的研究"，载《东方法学》2011年第5期。

② 胡长清：《中国民法总论》，中国政法大学出版社1997年版，第35~36页。

厅统字第三三五号函”明确规定：“业主与佃户因佃地关系涉讼，如关于增租、欠租、收地等纠葛案件，依法自应归初级管辖，惟业主主张地系民地，佃户主张佃地，此等诉讼似系所有权之争执，是否仍应依业主与佃户关系涉讼之例，属于初级管辖范围案，案悬待理，相应函请贵院迅赐解释等因前来本院。按业主主张地系民地，佃户主张地系佃地之诉讼，其实系争执其地上有无永佃权之存在，自应依民事诉讼律草案第十一条管辖。”[①]1916 年《司法公报》公布“指令凡京兆民间关于地亩诉讼除旧有粮地外，如无部照及契未验税，应中止诉讼，当事人赴清查官产处按照定章分别报验。”[②]1917 年《司法公报》确定内地各省之债务如有指地借钱并在地上设定权利者，则以典当为论。[③]1918 年《司法公报》确定了不动产典当中“习惯”的地位及各地对不动产典当习惯的采用标准。[④]

可见，民初大理院对土地纠纷判决的依据主要有法律规则、契约、地方习惯、判例和司法解释等，在判决依据上与江苏地方法院有明显的不同，大理院对契约、地方习惯等传统判决依据的运用不如地方法院广泛和重视。同时，由于民初大理院特殊的地位，大理院通过司法解释和判例体现了其民事立法的职能，充分利用大理院最高司法机关的地位和审判人员兼通中外民法的优势，推动了中国固有民法的发展，为民法的法典化、民事司法的现代

① “解释佃地涉讼管辖范围函”，载《司法公报》1915 年第 44 期。

② “京兆地亩诉讼案件中止办法令”，载《司法公报》1916 年第 69 期。

③ “指地借钱如在地上设定权利者自应认为典当函”，载《司法公报》1917 年第 81 期。

④ “解释不动产典当办法第九条习惯二字”，载《司法公报》1918 年第 88 期。

转型都做出了贡献。[①]

四、民初司法判决依据多样性的法理评析

综上，大理院作为最高审判机关，其判决起着重要典范作用，因此较之地方法院，大理院更注重法律的文明性，判决的依据更为尊重现行法律，注重法律的普遍性，从大理院审理的 13 则土地纠纷案例可以看出最高法院的审判基本上以现行民事法律为依据，注重事实，案件多发回重审，说明“依法断案”的特性较突出。而地方司法机关与低层民间社会接触紧密，对民间契约与地方习惯更为关注，对西方法理的运用是较表面的内容，更多注重契约与本省习惯。相比较之下，大理院在判决时，由于权限较大，大理院判例的创制成为民初司法的特色，也为之后地方法院的判决起到示范与指引作用，并具有法律约束力。如 45 件“浙江龙泉祭田纠纷司法档案”中，依据大理院规则（主要通过判例确认的规则）判决的案件比例为 13%，可见，大理院的判例在民初的司法审判中发挥着重要的法源作用。而大理院也以司法判例的形式最终确认了法律规则、西方法理、契约、习惯等判决依据的法律效力位阶。

以 1913 年《司法公报》第 1 卷第 7 期登载的“穆金佈与李臣忠买地纠葛案”[②]为例，首次确定习惯法的成立要件，案件判决理由涉及民初司法主要的判决依据，并分析了各种判决依据的法律效力。

---

① 张生：“民国初期的大理院：最高司法机关兼行民事立法职能”，载《政法论坛》1998 年第 6 期。

② 此案为大理院审判的经典案例。

案件事由：民国二年，案外人那永海将其所有土地卖与被上告人李臣忠，上告人穆金布与那永海是同旗，李臣忠与穆金布、那永海则不同旗，上告人穆金布认为被上告人李臣忠与那永海所订定的买卖契约应属无效。穆金布提出最重要的理由是“吉林旧惯，凡土地买卖，本族、本旗、本屯有先买权，必此项人无力购买，始得外卖。今李臣忠越界买地，竟不通知上告人，是为越买，此种契约有悖善良之习惯，即不认为有效”。从而诉求：“乃应主张被上告人与案外人间的买卖契约应属无效”。

判决结果：本案上告驳回，维持原判。不予承认此项习惯。

判词理由：“本院按判本案两造主张之是非。其应解决之点即吉林旧惯对于本族本旗本屯人卖地时有先买之权，此种习惯是否可认为地方习惯法，凡习惯法成立之要件有四：（一）要有内部要素，即人人有法之确信心；（二）要有外部要素，即于一定期间内就同一事项反复为同一之行为；（三）要素系法令所未规定之事项；（四）要无悖于公共秩序利益。本案上告人所主张之旧惯纵谓第一至第三项要件皆备，而独于第四要件不能无缺，盖此种习惯非仅为所有权处分作用之限制，即均于经济上之流通与地方之发达均不无障碍，为公共秩序利益计，断难与以法之效力，则是上告人所称先买权即无可存在之理。”

以上“判词理由”强调了成文法规、习惯与法律原则（法理）等判决依据之间的关联。首先，习惯的适用范围是“要素系法令所未规定之事项”，即成文法规则是判决依据的首选。其次，习惯不能有悖于“公共秩序利益”，这类似于现代西方民法的基本原则，民事行为不能违背“公序良俗”的原则，而“公序良俗”的原则是民国初期引进西方的重要民法理论。民国初期，成文法和大理院判例虽然没有明确规定允许以法理作为判决依据，但从此案中，其实我们已经看到“公序良俗”法律理念的首次亮相，只不过到南京国民政府时期的法律才有更为清晰的确认。南京国民政府时期《中华民国民法》第2条规定：“民法所未规定者，依习惯；无习惯或虽有习惯而法官认为不良者，依法理。”可见，民国初期虽然判决依据多样化，但其判决依据间的法律效力之位阶已有明确划分，除了现代中国法律不承认判例法的效力外，其它判决依据的取舍已基本类同现代司法思想。民初司法理念不同于现代中国的主要是判例法，法律的空白为大理院创制判例提供了机会，从而成为成文法之外的重要法源。

根据以上分析，多种判决依据在同个案件中出现时，成文法规则、判例、司法解释应该为主要考虑因素，契约、习惯、法理和情理等判决依据则根据法律事实而定，依次取舍，地方法院也是如此。如1912年常熟地方审判厅判决的“袁寿康同妻钱寿玉呈诉钱关福霸产殴尊案”，判决理由部分明确指出：“查苏都督法字第一号通令省议会议决：民法未定有完全草案，应暂依本省习惯及外国法理为准。”[①] 在法律没有规定的情况下，地方法院和大理院可通过契约、地方习惯、外国法理等确定土地私有权和解决纠纷。而大理院则又可以通过否定习惯创制判例，因此，民初土地纠纷案件的判决依据随着大理院判例和解释例的增加，使得地方法院

① 《江苏省司法汇报》，1912年第2期。

的判决趋向于统一。

不可否认，民国初年动荡局势下，司法的多种判决依据是当时法律不完备的有效补充手段，也为复杂的土地纠纷案件解决提供了多样性的途径，是无奈但明智的选择。总而言之，民国初期土地纠纷案件的判决处于一种多元化的社会秩序中，司法官员为了朝向最佳平衡点，以传统执法模式和西方法律思维相结合的策略来应对转型期的司法近代化。

民国初年是中国司法近代化的重要转折点，上承传统，下启革新。地方法院和大理院已在学习西方先进的文明审判方式，司法判词中出现了西方法学通用的一些词汇，如民法通例、法理、地役权、先买权、诉讼时效等，以上法律词汇表明民国初期“民法”和“民事诉讼法”的进步，也彰显出司法的近代化过程。民初司法在参考、借鉴异域文化的基础上形成了与传统司法审断方式不同的纠纷解决机制与程序，虽然地方司法还各自为政，审判土地纠纷各以契约、本省习惯为主或斟酌习惯，或参照外国法律、法理等，司法判决依据不统一，但这是由固有的司法审断方式向近代司法审判转型的重要阶段。另外，从大理院土地纠纷案件判决来看，基本是依据现行民事法律，离“习惯”和“情理”判决的距离越来越远。

我们的司法改革与其说是寻求普世价值，倒不如说是寻找普世价值在中国表现形式和合理的例外，这是从普世价值本身无法寻找的。[①] 司法是一种实践智慧，有学者认为“这种知识不是通过

---

① 方宏伟：“论司法改革研究路径的选择”，载《江苏社会科学》2013 年第 5 期。

单纯的学习和传授可以获得的，主要是一种经验积累”。[①] 所以司法是一个动态的实践智慧的过程，有实践意义的法学只能是知行合一的法学。民国初年恰是中国司法近代转型期，其客观事实是法律体系不完备，土地纠纷案件法律关系复杂，较多运用地方习惯、司法判例及外国法理是无奈之举，也是知行合一的实践过程，关键是其判决能否体现民间的认同，而解决纠纷则是不同时期均追求的司法效果。作为中国司法发展和改革的路径来看，解决土地纠纷案件由不确定的“多样化”向确定的“法治化”演变是历史的必然，并不能说明民初司法机关解决土地纠纷案件的方式是落后的，反而这是中国司法近代化过程中对传统文化的承继和创新。

总之，通过《司法公报》与《江苏省司法汇报》等报刊刊载的案件，我们可以分析出民国初年司法案件审判的多样性特点与时代性背景，同时也体会到报刊媒体在介绍司法制度及司法改革方面所作的努力，这势必会推动近代社会转型期的司法进步。综上，民初各级法院对民事纠纷案件的判决依据与该时期的社会基本适应，司法实践中虽存在缺点，但这不会成为民初法律和司法体系根本变革的阻碍，相反是司法变革的一个跳板，如民初江苏地方法院对土地纠纷案件中的“情理”司法与“习惯”司法的合理运用，促使民初的司法近代化平稳进化。同时，民国初年媒体所广泛传播的司法独立意识对民众思想观念的影响很大，激活并放大了固有司法体系中的缺点，从而促进法律和司法审理方式的

① 王夏昊：“缘何不是法律方法——原本法学的探源”，载《政法论坛》2007 年第 2 期。

全面更新，这种更新不仅仅体现在土地纠纷案件中，而且伴随着中国传统法律和司法体系的全面革新及整个国家的近代化变革。

当今中国社会仍处于一个多元化秩序中，虽然我们强调“法治”，但法律的滞后性和不完备性永远存在，从“法制”到“法治”理念的过渡，说明我们当前“法律至上”理论并不是僵化的，而是可变动的，是可以“微调”的，司法官员应是法律“知行合一”的典范，依法判决也是一个“知行合一”的过程。“以史为鉴”，对更好地处理“富强”“民主”“和谐”“法治”等社会主义核心价值观之间的关系有一定的借鉴意义。

第七章　近代中国新闻立法规制媒体舆论的历史析论

虽然近代各种媒体对司法改革和司法进步起到了重要的推动作用，但从近代中国的几大重案要案中，我们无时无刻不感受到媒体在近代时期的艰难处境。由于时代局限，媒体自由在近代中国社会是难以被容忍的，尤其报道司法案件时，媒体承受了各种压力，缺乏法律的保护。司法与媒体关系的处理被视为一种工具加以利用，并掺杂了大量其他利益的考量，这就很容易导致司法与媒体关系的异化。司法与媒体关系究竟受到哪些因素的深刻影响，如何协调两者关系，争论从未停息。[①] 较

---

① 如学者贺卫方认为："近年来，各种新闻媒体对法院的监督力度已经有了明显的加大。但是，就我个人对目前司法界情况的了解而言，这种监督还需要进一步强化。"见于贺卫方："司法与媒体"，载《法学研究》1998 年第 6 期。高一飞也认为："司法独立与表达自由两者虽然都是民主社会的重要价值，但两者要进行平衡时，新闻自由应当是放在第一位的。"见于高一飞："国际准则视野下的媒体与司法关系基本范畴"，载《东方法学》2010 年第 2 期。反对以上观点的有朱健，王人博："媒体权利的行使显然已经大大超越了应有的界线。……国家应该尽快出台调整司法与媒体关系的行政法规。"见于朱健，王人博："媒体审判负面效应批判——兼构建媒体与司法间的和谐关系"，载《政法论丛》2006 年第 6 期。

多学者认为要使传媒真正成为司法公正的推进器，必须树立司法权威，并规范传媒介入等行为，实现传媒对司法监督的法制化。[①]故制度构建是媒体与司法关系走向的重要影响因素。由于中国社会的特殊性，在研究中国司法与媒体关系时，应充分了解制度因素和历史因素的作用，笔者选取中国近代新闻立法作为考察对象，对其思想和体制谱系进行一个溯源性的梳理和总结，更易探察制度因素对司法与媒体关系异化的影响。

第一节 近代中国新闻立法规制媒体舆论的思想溯源

人民应享有出版言论自由。郑观应在1900年的《盛世危言》八卷本中提出法律要保障记者的言论自由；明确报纸的报道权；给报纸以监督政府的权利，对行政、司法予以监督；同时郑观应强调“中国现无报律，而报馆主笔良莠不一，恐如以上所言，当道因噎废食，则外国报颠倒是非，任意毁谤，华人竟无华报与其争辩也。故将英国、日本报律译呈盛杏荪京卿，奏请选定颁行，准人开设，俾官商各有所遵守。”[②]故有学者认为郑观应是近代中国第一个提出

① 参见张剑秋、郭志媛：“传媒与司法的辩证关系”，载《学习与探索》2003年第6期。但也有学者持相反观点，高一飞认为从世界各国媒体与司法关系发展趋势和我国国情出发，通过比较国际上媒体与司法关系的模式，认为我国没有必要颁布法律约束媒体对司法的报道。他表示通过禁止或者限制媒体报道来防止司法不公，对我国政治文明建设是弊大于利的。

② 夏东元编：《郑观应集》上册，上海人民出版社1982年版，第347页。

制定新闻法的人。[①] 康有为在《请定中国报律折》中也提出了制定报律的建议，郑观应和康有为都将给予报刊权利为主旨，近代初期的学者更注重媒体的自由，此时媒体与司法的冲突还未达到一定程度，故对于如何处理媒体与司法的冲突并未提及。

章太炎是出版言论自由的服膺者，也是这一神圣权利的勇猛斗士。[②] 清末时，由于革命舆论的强大影响，清廷对报刊进行了司法压制。章太炎在《民报》被禁事件的审讯过程中在法庭上和日警视厅长展开激烈的辩论："我语裁判长，言论自由，出版自由，文明国法律皆然，贵国亦然，我何罪？"[③]1912 年 3 月，南京临时政府内务部颁发了《民国暂行报律》，章太炎立即在《大共和日报》上发表了社论，反对政府对报刊出版事业的诸多限制，从法理上对暂行报律进行驳斥，表示"绝不承认"，结果孙中山以大总统名义撤销。在媒体与司法的关系上，他主张以媒体的监督为主。1912 年 1 月，他在《大共和报》的"发刊词"中表明："风听胪言，高位之所有事；直言无忌，国民之所自靖。"[④] 希望利用报刊对政府各项事业进行监督。1913 年"宋教仁案"发生后，他致电《大共和日报》，希望该报能"认真监督，无任委蛇。"同时致电上海《神州日报》负责人汪德渊："群为报界最公正人，果属佞臣主使，君

① 马跃峰，吕倩娜："郑观应：近代中国第一个提出制定新闻法的人"，载《新闻与传播研究》第 12 卷 4 期。

② 方汉奇："新闻史的奇情壮彩"，华文出版社 2000 年版，第 174 页。

③ 《太炎最近文录》，转引汤志军编：《章太炎年谱长编》，中华书局 1979 年版，第 288 页。

④ 《大共和日报》，1912 年 1 月 4 日。

乌可以无言。”[①] 章太炎与郑观应、康有为不同，他反对制定新闻法，坚持高度的言论自由。但章太炎同时认为报刊和从业人员应该信守职业道德，他在1912年3月29日在《大共和日报》的“特别启事”中强调报界同人要自重自律，在诸如“非关于公害公安而攻击个人者；立言过激，妨害治安者”等方面报刊不予登载。

中华民国临时政府时期，媒体极度的自由在某种程度上对司法进程产生了不良影响，尤其对司法官员个人造成较大伤害，如1911年的“姚荣泽案”中，伍廷芳作为当时的司法总长，在姚荣泽案审判结束后，深受当时媒体指责，名誉受损。故伍廷芳对媒体无限制的自由深为反感：“惟以办报不谙规则之故，如誉一好官，则颂德侪于神明，刺一常人，俨烁金于众口。又其甚者，论一时事，辄攻揭个人私德不留余地，节外生枝，言之若甚确凿，人之受者，名誉与关系若何，均非所计也。”[②] 以上言辞明显看出伍廷芳对当年之事耿耿于怀。伍廷芳对媒体言论的过度自由提出了自己的思考，针对如何良性地控制报刊舆论，伍廷芳提出：“泰西各国，均有报律，准报纸有自由言论之权，然言论有界，诋谤有条，不能轶出范围之外。”[③] 因此，在伍看来，言论自由虽好，但要“诋谤有条”，言外之意，要处理好司法与媒体的关系，有必要制定新闻法。

在清末和临时政府时期，由于司法与媒体的冲突尚未达到激烈程度，法律对于两者的协调处于可有可无的阶段，但在北洋政

---

① 《民立报》，1913年3月26日。

② 伍廷芳：“中华民国图治刍议”，载《伍廷芳集》下册，中华书局1993年版，第609页。

③ 伍廷芳：“中华民国图治刍议”，载《伍廷芳集》下册，中华书局1993年版，第609页。

府和南京政府时期，随着言论自由的扩张，媒体对立法、行政、司法等各方面的报道越来越广泛，触动了政府敏感的神经，法律对于媒体的限制逐渐严格，尤其对于媒体和司法关系的处理成为新闻立法的一个重要内容。北洋政府通过《出版法》对媒体言论控制较严。《出版法》的第十一条规定："煽动曲庇犯罪人、刑事被告人或陷害刑事被告人者；轻罪重罪之预审案未经公判者；诉讼或会议事件之禁止旁听者"不得登载和出版。[①]伍廷芳对此作出评论："盖预审案，若未经公判，不准人评论可矣。而阅此句之语意含混，竟似不许人将案件登载报上。且报纸应有之权限亦应声明，因报纸乃国民耳目代表，如持论出于公正，虽攻揭官吏贪婪，告诫政府，亦应听其言论自由，如此等等。"[②]伍廷芳对司法与媒体关系的态度似乎前后有所不同，在临时政府时期的姚荣泽案中认为："然言论有界，诋谤有条，不能轶出范围之外。"但在北洋政府公布《出版法》后又反对法律禁止媒体对案件的报道，其实伍廷芳的前后观点并不矛盾，伍认为法律应该允许媒体对司法案件自由报道，但媒体议论应该有界，不能诋谤侮辱司法官员和嫌疑人。

伍廷芳的观点基本代表了近代时期进步学者关于媒体与司法关系处理的态度，学者追求的是在新闻立法的框架内，维护新闻自由，反对通过立法限制媒体报道司法的权利，反对国家强力压制媒体舆论。但政府目的恰恰相反，为加强舆论控制，试图通过立法压制媒体自由，导致新闻立法越来越多，立法限制媒体对司法的报

---

① 刘哲民：《近现代出版新闻法规汇编》，学林出版社1992年版，第55页。

② 伍廷芳："中华民国图治刍议"，载《伍廷芳集》下册，中华书局1993年版，第608页。

道范围，从而使得媒体与司法的关系在近代时期曲折发展，异化程度加剧。

第二节　近代中国新闻立法规制媒体舆论的制度构建

我国历朝以来对出版物，都采取“事前放任、事后干涉”主义，直到清末，还没有所谓新闻检查、特许、保证金等制度，即使在“文字狱”盛行时代，也不过实行事后追惩，并没有采用事前干涉制度。对出版事业的事前干涉，开始于光绪三十四年（1908 年）的《报律》。民国临时政府成立后，废除清朝报律，但事前检查、事后干涉的新闻管制制度却从此延续下来。[①]” 事前干涉制度是对近代媒体套上了紧箍咒，导致媒体与司法的关系走向异化。中国近现代新闻史上出现的有关新闻、出版方面的法律、法规达 20 部左右，自中国第一部新闻法《大清报律》始，舆论自由高涨与司法极力压制形成不对称的发展趋向。

近代媒体在法律授权范围内利用舆论监督司法，而司法也通过法律的义务性规范对抗媒体舆论。从《大清报律》到《出版法》，对于媒体的司法控制主要体现在一些专门新闻法与出版法中，对于违反法律授权范围报道司法案件的媒体，在不同时期也会受到不同的司法制裁。

---

① 张仁善：“国民党政府〈出版法〉的滥施及其负面效应”，载《民国档案》2000 年第 4 期。

清末时期，有关新闻的专门立法有《大清印刷物专律》《报章应守规则》《大清报律》和《钦定报律》，同时还有一些有关新闻的法律条文，散见于宪法、刑法、民法及出版法等其它法律文本中。在以上专门立法中均涉及媒体报道司法的限制性条款和法律责任条款，如《报章应守规则》（光绪三十二年）第六条规定："凡关涉词讼之案，于未定案以前，该报馆不得妄下断语，并不得有庇护犯人之语。"[①]《大清报律》（光绪三十二年）第十、第十一条规定："诉讼事件，经审判衙门禁止旁听者，报纸不得揭载。""预审事件，于未经公判以前，报纸不得揭载。"[②] 相应的法律责任在《大清报律》第二十一条："违第十、第十一条者，该编辑人处十元以上、一百无以下之罚金。"[③]《钦定报律》（宣统二年十二月）第十三条规定："诉讼或会议事件，按照法令禁止旁听者，报纸不得登载。"[④]《钦定报律》第二十五条规定了法律责任："违第十二条、第十三条者，处该编辑人以二百元以下、二十元以上之罚金。"[⑤]

中华民国临时政府时期，媒体与司法间没有明确的权限界线，司法审判过程与法官行为被媒体无限制地报道，曾任司法总长的伍廷芳面对无端指责也无可奈何。这种现象与当时法律授权有关。1912 年 3 月 11 日南京临时政府公布了《中华民国临时约法》，其第二章第四条、第十五条规定："人民有言论、著作、出版及集会、结社之自由；""本章所载人民之权利，有认为增进公益，维持治

① 戈公振：《中国报学史》，生活·读书·新知三联书店 2011 年版，第 133 页。
② 刘哲民：《近现代出版新闻法规汇编》，学林出版社 1992 年版，第 32 页。
③ 刘哲民：《近现代出版新闻法规汇编》，学林出版社 1992 年版，第 33 页。
④ 刘哲民：《近现代出版新闻法规汇编》，学林出版社 1992 年版，第 40 页。
⑤ 刘哲民：《近现代出版新闻法规汇编》，学林出版社 1992 年版，第 41 页。

安，或非常紧急必要时，得依法律限制之。”[①]可见，在民国建立之初，按照宪法规定，在正常情况下，言论出版自由不受干涉；只有在特殊情况下，言论出版自由才会依法受到限制。[②]当时只有宪法相关规定，没有专门报律，这在近代是独一无二的现象。[③]

专制的北洋政府时期，政局的混乱导致新闻立法较杂乱，除1914年的《出版法》较完善外，其他立法以行政“条例”和司法“例规”为主，主要有1914年的《报纸条例》《报纸条例未判案件包括于检厅侦查内函》《报纸侮辱公署依刑律处断电》和1915年的《修正报纸条例》。涉及到媒体报道司法的限制性条款有：1914年4月颁布的《报纸条例》第十条规定：“预审未经公判之案件及诉讼之禁止旁听者；煽动、曲庇、赞赏、救护犯罪人、刑事被告人，或陷害刑事被告人者”，禁止登载。[④]违反《报纸条例》第十条规定的，停止发行，处以有期徒刑。1914年10月司法部颁布的例规《报纸条例未判案件包括于检厅侦查内函》在回复成都地方审判厅电文时明确：“本院查该条例（指《报纸条例》第十条第五款），未经公判之案件，当然包括检察厅侦查中之案件而言。”[⑤]1914年12月颁布的《出版法》第十一条规定：“煽动曲庇犯罪人、刑事被告人或陷害刑事被告人者；轻罪、重罪之预审案件未经公判者；诉讼或

① 夏新华，胡旭晟：《近代中国宪政历程：史料荟萃》，中国政法大学出版社，2004年版，第521~522页。

② 殷莉：《清末民初新闻出版立法研究》，新华出版社2007年3月版，第142页。

③ 1912年3月南京临时政府内务部颁布《民国暂行报律》，规定了报刊舆论权利与义务，但内容苛刻，媒体以此次立法违背立法程序为由大力反对，并电陈孙中山，《暂行报律》被大总统以命令方式取消。

④ 刘哲民：《近现代出版新闻法规汇编》，学林出版社1992年版，第87页。

⑤ 司法部参事厅编纂：《司法例规续编》，1915年5月出版。

会议事件之禁止旁听者”不得出版。[①]1915年7月颁布的《修正报纸条例》对媒体的限制与《报纸条例》相同,《修正报纸条例》赋予警察官署以封报的权利。[②]

南京国民政府时期的新闻立法数量较多，内容较完整，主要涉及媒体与司法关系的立法有1930年颁布的《出版法》、1931年的《出版法实施细则》、1933年的《重要都市新闻检查办法》、《新闻电讯检查标准》、《各报社违反新闻检查办法处罚规则》、1935年的《对于报馆之健全舆论应予保护令》、《报馆对于党政之设施应守秘密者外均得自由刊布令》、《审查取缔大小日报标准》、1943年的《新闻记者法》等众多新闻法规。从形式上来看，此时期立法对媒体报道司法的权限较北洋政府时期有所变大，如1930年颁布的《出版法》第二十条规定:“出版品不得登载禁止公开诉讼事件之辩论。”[③]其它立法对媒体报道司法的规定无超出《出版法》的限制性条款。南京国民政府对违反1930《出版法》第二十条内容的行为没有相对的法律责任规定，在1937年修订后的《出版法》第四十四条简单规定为“违反第二十二条或第二十三条之规定者，处编辑人或著作人拘役或三百元以下罚金。”[④]

近代司法改革如火如荼，由于媒体炒作，大众舆论渗透到司法运作中，对司法造成了极大的影响。媒体对西方司法体制单纯的介绍会促进司法程序良性发展，起到法律宣传的重要作用，但

---

① 《中华民国法令大全》，第五类内务，商务印书馆。

② 刘哲民:《近现代出版新闻法规汇编》，学林出版社1992年版，第97~98页。

③ 刘哲民:《近现代出版新闻法规汇编》，学林出版社1992年版，第107页。

④ 刘哲民:《近现代出版新闻法规汇编》，(上海)学林出版社1992年版，第97~98页。

这种宣传不会引起司法机构的强烈反应。司法机构对媒体的防备主要是报刊对相关案件的报道与渲染。如1912年，袁世凯刚刚专政之初，在各种新闻立法出台之前，《民权报》主笔戴天仇（戴季陶）曾说："报馆不封门，不是好报馆。主笔不入狱，不是好主笔。"[①]再如"姚荣泽案"和"章士钊案"[②]等案的审理过程均受到报刊大力宣传与评论，而在上海乃至全国引起轰动，由于媒体极富感情倾向性的报道，引起了司法的强烈抗议，由此，媒体受到司法不公正的强压性报复，同时出现国家权力干预媒体自由的案件，如因报道"章士钊案"案而引发的"晨报案"和"世界晚报案"等，[③]体现了北洋政府时期对司法报道的控制加强。南京国民政府似乎给予媒体较多自由，如1935年的《对于报馆之健全舆论应予保护令》和《报馆对于党政之设施应守秘密者外均得自由刊布令》两个法令的发布。而事实是，随着国民政府专制和司法党化的加强，媒体报道司法的权限在现实中与法律规定有很大差距，如1945年11月12日，《世界日报》复刊时，著名报人成舍我在《我们这一时代的报人》中说道："我们真不幸，做了这一时代的报人！在艰苦奋斗中，万千同样的报人中，单就我说，三十多年的报人生活中，本身坐牢不下二十次，报馆封门也不下十余次。人与报纸均

① 张功臣：《民国报人——新闻史上的隐秘一页》，山东画报出版社2010年9月版，第35页。

② "姚荣泽案"和"章士钊案"在《申报》、《时报》等近代报刊上均有报道，影响力较大。伍廷芳任司法总长时因对姚荣泽案的态度深受媒体评论与指责，甚至语言侮辱，故媒体与司法在民国初建时期，曾为姚荣泽案的报道，关系也一度处于紧张。

③ 《申报》，1925年4月3日。

朝不保夕，未知命在何时。”①《申报》主笔张蕴和在国民党执政之后，痛心疾首：“况自近数年来，因政治不上轨道之故，党与非党，凡占有一部分势力者，无不利用报纸，以图伸张其势力，苟不如意，则叫嚣狂跳，声势汹汹，应会尤为困难，从前之压迫者，不过政府军阀而已，今则压迫方面正多。”②成舍我和张蕴和的媒体人生涯主要在北洋政府和国民政府时期！

从近代主要新闻立法和主要报刊案件中不难看出，在资产阶级革命知识分子占主导地位的临时政府时期，言论自由受法律保护，政府没有通过专门法形式控制舆论，而在其他时期，媒体都要遵守不同程度的立法和司法控制，尤其是北洋军阀政府时期和南京国民政府时期，国家对媒体的控制越来越严格，禁止性规范增多、法律后果加重，而重大的报刊案件主要存在于这两个时期。因而这一时期媒体与司法关系处于紧张状态，异化程度加剧。

第三节　近代中国媒体与司法关系异化的主要诱因

对清末、民国临时政府、北洋政府与南京国民政府四个时期进行比较后，媒体报道司法的权限情况见下表：

---

① 张功臣：《民国报人——新闻史上的隐秘一页》，山东画报出版社2010年版，第96页。

② 张功臣：《民国报人——新闻史上的隐秘一页》，山东画报出版社2010年版，第335~336页。

表 12　近代中国媒体报道司法权限分析表

《大清报律》《钦定报律》	《中华民国临时约法》	《报纸条例》《修正报纸条例》	《出版法》	《出版法》、《重要都市新闻检查办法》《新闻记者法》等
1908\11 1911\1	1912\1	1914\4	1915\3 1926\1	1930 年、1933、1943 年
法律范围内享有言论自由权，媒体权利大	法律无限制，司法无权干涉媒体言论自由	媒体权利受限制范围较大，司法依法干涉媒体言论	媒体权利受限制范围大，司法过度干涉媒体言论	法律形式完备，但媒体权利受限制范围非常大，司法过度干涉媒体

近代时期的司法与媒体关系的演进路径是迂回曲折的，自《大清报律》开始，依新闻法规颁布的顺序，媒体言论自由度经历了“控制较松——彻底自由——控制较紧——控制过紧”的四个阶段性过程，体现了近代各时期政府根据政治需求对媒体采取不同程度的控制。制度因素加重了司法与媒体关系异化的程度，而政治特权是媒体与司法关系制度异化的内在因素，近代中国时期媒体报道几大案件时均不同程度地体现出政治特权在司法与媒体关系异化中的影响，政府不仅仅是通过行政权力干涉媒体对司法问题的报道过程，更为严重的是通过立法行为影响媒体与司法的关系。我们以北洋政府时期为例，北洋军阀利用政治特权通过立法压制媒体报道司法的权限，因此当时政治特权成为媒体与司法关系异化的重要因素。

北洋时期出现的报律有 1914 年的《报纸条例》、1915 年的《修正报纸条例》和《出版法》，以上新闻立法的出台与政治特权紧密相关。首先，从新闻立法的过程看，政治特权代替了立法程序。

《报纸条例》是袁世凯时期北洋政府内务部根据前清报律修改而成，经内务部商议通过后直接提交国务院。然后国务院总理孙宝琦将《报纸条例》分送各部总长和法制局，请各部总长签注，请法制局审定后，由国务总理孙宝琦签署颁行。《出版法》和《修正报纸条例》的立法过程大致相同。法规草案或者法规主要内容没有允许公民、媒介及专家学者提出意见和建议，也没有通过新闻媒介公布，就予以颁布执行，是不符合行政法规的制定程序的。[①] 从北洋政府时期新闻立法的制订程序来看，以政治特权代替民意，明显具有压制新闻自由权的意图。其次，从新闻立法的内容看，司法与媒体关系被政治扭曲。报刊对司法报道的权利受到越来越多的限制，媒介报道政务信息和社会公共信息时需依政府意图，政府所不欲人们知道的信息，媒介无权报道，报道即违法。《报纸条例》和《修改报纸条例》第三条、第六条、第七条规定警察官署具有出版审批权，第九条规定警察官署具有稿件检查权，《报纸条例》第二十一条，《修改报纸条例》第三十条规定警察官署具有审判权。以上条款赋予行政长官无上权力，报刊活动完全受控于行政长官之手。南京政府时期司法党化的过程，也是媒体与司法关系政治化的过程，就南京国民政府 1930 年 12 月 16 日公布的《出版法》而言：“很明显，出版法赋予内政部等行政官署或行政官员更多管理新闻媒介的权力，对媒体违法行为划定的标准也比较含糊。”[②]

当时，国内外学者和媒体对近代时期媒体与司法关系制度异

---

① 参见殷莉，何秋红：“清末民初年的新闻出版法”，载《南通大学学报》2009 年第 3 期。

② 张仁善：“国民党政府《出版法》的滥施及其负面效应”，载《民国档案》2000 年第 4 期。

化的政治诱因，有深刻的揭露。李剑农以民初的《报纸条例》《戒严法》和《出版法》为例，指出这些法律中的“非常事变”“混淆政体”“妨害治安”等条款成了横暴武人，剥夺人民自由的利器。[①]而当时在中国影响较大的英人所办报刊《字林西报》认为“法令在今日实无所谓规则章程，唯以地方官之权力伸缩为定，地方官有权则可随其意见行事，地方官无权则随人民之意见行事。”[②]故北京报界同志会给袁世凯写了一份陈请书，认为“如此报律果付实行，则报馆将来受苦不可名状，推其结果，将使报界之发达不能预期．真正之舆论难于发现，而所谓代表民意之机关亦从此永无绰然进行之余地矣。”[③]由此可见，近代中国时期的所谓报律其实代表的就是政治意图，以政治干涉司法，并以政治干涉媒体报道司法，从而导致媒体与司法的关系走向异化，而这一异化趋向在南京国民政府时将会更加严重。

第四节　近代中国媒体与司法关系的历史启示

报刊媒体的兴衰流变与中国近代社会变迁是中国近代历史文化中的一个重要议题。报刊媒体所承载的丰富内容是研究报刊媒体与近代中国社文化发展变迁的重要史料。以报刊媒体为中心所

---

① 参见饶传平：“‘得依法律限制之’：〈临时约法〉基本权利条款源流考”，载《中外法学》2013年第4期。

② “字林报论报律”，载《申报》1914年4月19日。

③ “字林报论报律”，载《申报》1914年4月19日。

建构出的司法改革与近代中国社会互动关系，是一个比较完整、鲜活而独特的文化图景。一方面报刊媒体自身发展历程反映了近代中国历史、文化发展演进的轨迹，并对近代中国风云突变的政治局势和复杂社会变迁中司法过程进行了记录；另一方面报刊媒体在一定程度上参与了对近代中国社会法律制度的建构。

司法与媒体相互关系的恰当构造是现代国家社会统治内部协调的重要标志。[①] 当代社会，媒体对司法的介入，对于公众知情权、言论自由的实现以及司法权力的监督及司法公正的实现无疑有积极意义。但同时，媒体对司法的介入并非有利无害，在一些司法案件中，因为媒体的不当报道，司法机构常常很被动，在某些情况下，由于我国媒体与司法对多数基本问题缺少共识，因此二者关系呈现出多样化，冲突普遍化的特征，关于两者关系的制度构建问题也成为当今法律界关注的重要问题。就中国目前法律来看，我国新闻法制中关于传媒监督界限的禁止性规范和义务性规范已经比较完备，但依然有很多学者认为监督力度还不够，需要专门的法律法规来进一步明确传媒监督与司法独立的界线。多数学者认为应加强对媒体审判的监督和限制。[②] 也有学者通过比较不同国家立法来评论中国媒体与司法的关系，认为中国应该继续放开媒

---

① 顾培东："论对司法的媒体监督"，载《法学研究》1996 年第 6 期。

② 参见尹力："关于舆论监督的法律界限"，载《新闻战线》2000 年 12 期；朱健，王人博："媒体审判负面效应批判——兼构建媒体与司法间的和谐关系"，载《政法论丛》2006 年第 6 期；陈堂发："媒体与司法关系如何规范"，载《新闻法制研究》2010 年第 3 期；张晶晶："新闻法治视域下媒体报道司法的权限"，载《湖北社会科学》2010 年第 9 期；唐峻，邹书利："促进我国媒体与司法良性互动的若干思考"载《云南行政学院学报》2011 年第 5 期；林国强："论我国司法与媒体良性关系的构建—基于美国经验及有关国际文件的视角"，载《湖南工业大学学报》（社会科学版）2012 年第 3 期。

体舆论自由，不必专门进行新闻立法。① 其实，我们更应从中国自身历史出发和分析尤其从近代中国新闻立法探析，从而得出更符合中国国情的结论。

首先，中国当前不需要专门法律来规范媒体与司法的关系。近代司法与媒体间始终存在着相互评价的制度性构建与普遍实践，从近代中国媒体与司法制度异化的发展历程看，媒体自由会更好地促进司法进程，司法独立并不需要通过限制媒体来实现。表面上媒体表达的民众激情容易情绪化，使司法不能理性地进行裁判，但司法要主动通过自我约束的措施达到避免民众激情影响的目的。如上文提及的姚荣泽案，伍廷芳等司法官员对媒体无任何报复行为，案件也以平和、公正方式结案。从近代新闻立法的情况来看，若采用“司法限制媒体”，则司法独立难以实现，而采用“媒体舆论自由”，反而有利于司法独立的进程。案件的裁判，从来都是一定背景下的社会各种正义观和价值观平衡的产物。那种认为审案不受任何媒体言论影响，不受事实和法律以外其他价值观念影响的想法是不现实的，也是没有意义的。从当前来看，司法机关应当“做好自己”，法院应当主动、及时、充分地为新闻媒体监督提供便利，也涉及司法活动本身的质量和效率的强化问题。② 法律不对媒体进行强制约束，并不代表给予媒体完全的自由，应当提倡媒体通过自律而对司法进行慎重报道和评论，这应当通过媒体的自律公约来规范，而不是法律的强制，若媒体言论过界，触犯法律，

① 参见高一飞：“媒体与司法关系规则的三种模式”，载《时代法学》2010 年第 8 卷第 1 期。

② 曾令健：“法院如何面对传媒：一个文本的分析”，载《前沿》2010 年第 15 期。

自然依据民法、刑法等法律来追究责任。

其次，正确对待制度异化过程中的政治诱因，继续推进政治体制变革。当今社会，政治对媒体与司法关系的影响因素一直存在，司法独立和媒体自由均成为难题，如何改变政治在司法与媒体关系中所扮演的角色，值得我们深思。近代时期，政治高于法治，政治控制司法和媒体，行政权独大，要根除政治对司法与媒体关系的影响是无法做到的。当今中国的司法独立与媒体自由均有了极大进展，但司法与媒体间的关系依然因政治因素而部分异化，不是"媒体审判"过界就是司法压制媒体过度，两者关系总是难以协调。当前，我们要思考的是在现状体制下，如何更好地促进司法与媒体两者关系的良性发展。首先，正确对待制度异化过程中的政治诱因，继续推进政治体制变革，促进司法与媒体各自的独立性和完善性，造就两者关系正常化；同时也要注重借鉴国际准则，健全完善法律体系，以法治改变政治。

最后，近代中国的媒体以其特有的报道方式，综合热点追踪与理论探究，或客观、或中立、或虚伪的报道，公开司法信息和观点，注重有关司法审理的个案报道与研究，从而针砭司法弊端，为当局注重司法实践提供了足够的现实资讯和理论支撑，在一定程度上启蒙了民众的法治意识，推动了司法体制建设的整体进程。但同时，近代中国的司法所赖以存在的多元平衡与互相牵制的政治和社会环境因素还不具备，当政者对真正的司法理念和法律价值也缺乏足够的理解，司法和媒体成为政治工具也无可避免。思想理念和良规美法的舶来，无法避免不适本土状况的发生，政治体制、社会现实及至百姓司法观念的转变与否，这是在研究近现代中国司法和媒体关系时不可忽视的。

参考文献

一、报纸与期刊（1872 年—1949 年）

《申报》

《时报》

《大公报》

《晨报》

《国民日日报》

《新闻报》

《苏报》

《浙江潮》

《江苏》

《司法公报》

《江苏省司法汇报》

《万国公报》

《民立报》

《盛京时报》

《法律评论》

《法律周刊》
《法政杂志》
《法学季刊》
《战时记者》
《组织》
《太平洋报》
《临时政府公报》
《京都副报》
《国民政府监察院报》
《政治生活》（重庆）
《莽原》
《妇女生活报》
《国闻周报》
《民国日报》
《世界日报》
《清议报》
《大共和日报》
《中央日报》（上海）
《社会新闻》
《益世报》
《十月评论》
《国闻周报》
《中立》（上海）
《新华日报索引》
《新华日报》

《再生》（北平）

《文萃》

《华为》

二、历史文献

《晋书·王沉传》。

国史馆校注：《清史稿校注》，台湾商务印书馆 1999 年版。

托津等奉敕纂：《钦定大清会典》，文海出版社 1985 年版。

张荣铮等点校：《大清律例》，天津古籍出版社 1993 年版。

《清末筹备立宪档案史料》，中华书局 1979 年版。

中国近代史资料丛刊：《辛亥革命》（一），上海人民出版社 1956 年版

《近代史资料》，科学出版社 1956 年第 3 期。

刘哲民：《近现代出版新闻法规汇编》，学林出版社 1992 年版。

姜泣群编：《民国野史》（《民国笔记小说大观》第四辑），山西古籍出版社 1999 年版。

沈云龙主编：《近代中国史料丛刊》第 66 辑，台湾文海出版社有限公司。

中国社科院近代史所等编出版社：《孙中山全集》，中华书局出版社 2011 年版。

《近代中国史料丛刊》第 66 辑，台湾文海出版杜有限公司。

张廷襄编：《入幕须知五种》，（台）文海出版社，中华民国五十七年（1968）。

夏新华，胡旭晟：《近代中国宪政历程：史料荟萃》，中国政法

大学出版社 2004 年版。

司法部参事厅编纂：《司法例规续编》，中华民国四年五月一日出版。

《中华民国法令大全》，第五类内务，商务印书馆。

丁贤俊、喻作风编：《伍廷芳集》，中华书局 1993 年版

三、专著

孙旭培：《自由与法框架下的新闻改革》，华中科技大学出版社 2010 年版。

戈公振：《中国报学史》，生活·读书·新知三联书店 2011 年版。

戈公振：《中国报学史》，中国和平出版社 2014 年版。

方汉奇：《中国新闻传播史》，中国人民大学出版社 2002 年版。

胡文龙：《中国新闻评论发展研究》，中国人民大学出版社 2002 年版。

沈家本：《寄簃文存》卷一，《奏议·删除律例内重法折》。

黄瑚：《新闻法规与新闻职业道德》，四川人民出版社 1998 年版。

卢宁：《早期〈申报〉与晚清政府——近代转型视野中报纸与官吏关系的考察》，上海科学技术文献出版社 2012 年版。

姚公鹤：《上海闲话》，上海古籍出版社 1989 年。

冯自由：《革命逸史》第三集，北京中华书局 1981 年版。

黄中黄：《沈荩》，载中国史学会编：《辛亥革命》第一册，上海：上海人民出版社 2000 年版。

方汉奇:《中国近代报刊史》,山西人民出版社 1981 年版。

王敏:《苏报案研究》,上海人民出版社 2010 年版。

孔祥贤:《大清银行行史》,南京大学出版社 1991 年版,

夏新华,胡旭晟:《近代中国宪政历程:史料荟萃》,中国政法大学出版社 2004 年版。

殷莉:《清末民初新闻出版立法研究》,新华出版社 2007 年版。

张德昌:《清季一个京官的生活》,香港中文大学 1970 年版。

张功臣:《民国报人——新闻史上的隐秘一页》,山东画报出版社 2010 年 9 月版。

王健:《沟通两个世界的法律意义》,政法大学出版社 2001 年版。

朱勇:《中国民法近代化研究》,中国政法大学出版社 2006 年版。

胡长清:《中国民法总论》,中国政法大学出版社 1997 年版。

夏东元编:《郑观应集》上册,上海人民出版社 1982 年版。

张仁善:《近代中国的主权、法权与社会》,法律出版社 2013 年版。

方汉奇:《新闻史的奇情壮彩》,华文出版社 2000 年版。

方汉奇:《报史与报人》,新华出版社 1991 年版。

费正清:《剑桥中国晚清史》,中国社会科学出版社 1993 年版。

熊月之:《西学东渐与晚清社会》,上海人民出版社 1995 年版。

汤志军编:《章太炎年谱长编》,中华书局 1979 年版。

陈东晓:《陈独秀评论》,民国丛书第一编,第 87 号,上海书店出版社 1989 年版。

倪延年:《中国报刊法制发展史》,南京师范大学出版社 2010

年版。

四、论文

刘力："近代中国报刊舆论的兴起及影响——以〈申报〉与'杨乃武案'为中心的探讨"，载《重庆师范大学学报》（哲学社会科学版）2006 年第 4 期。

刘兴豪："论中国近代报刊舆论的社会动员力"，载《山东社会科学》2011 年第 4 期。

贾孔会："中国近代司法改革刍议"，载《安徽史学》2003 年第 4 期。

陈留根："近代传媒与观念变迁——以〈申报〉对杨乃武案报道为例"，华中师范大学学位论文。

马薇薇："《申报》'杨月楼案'报道研究"，载《浙江传媒学院学报》2009 年第 1 期。

李长莉："从'杨月楼案'看晚清社会伦理观念的变动"，载《近代史研究》2001 年第 1 期。

瞿志宏："'女扮男装'与'诱拐潜逃'"，载《读书》2000 年第 7 期。

李勇军："试论晚清新闻媒体的社会舆论作用——以《申报》关于'杨乃武案'的报道为例"，载《江西师范大学学报》（哲学社会科学版）2008 年 2 月。

张艳红、谢丹："近代媒体舆论推促司法公正个案分析——以〈申报〉'杨乃武与小白菜案'报道为例"，载《当代传播》2008 年第 3 期。

严昌洪：“1903年‘沈荩案’及其影响”，载《中南民族学院学报》（人文社会科学版）2001年第6期。

蔡斐：“影响与造势：1903年上海苏报案中的媒体表现”，载《新闻春秋》2014年第3期。

王敏：“新旧与中西之间：晚清报纸视域中的‘苏报案’”，载《学术月刊》2009年7月第41卷。

范继忠：“晚清〈申报〉市场在上海的初步形成（1872—1877）”，载《清史研究》2005年第1期。

赵晓耕、何莉萍：“法治理想与现实的反差——姚荣泽案的法学思考”，载《河南社会科学》2006年第5期。

张仁善：“百年中国司法权体系的发展进程及现实反思”，载《河南省政法管理干部学院学报》2007年第4期。

韩秀桃：“民国元年的司法论争及其启示——以审理姚荣泽案件为个案”，载《法学家》2003第2期。

赵建国：“1905—1912年《申报》对革命的态度演变”，载《广西社会科学》2004年第8期。

王东宾：“试析作为民国议和代表与司法总长伍廷芳的贡献”，载《唐都学刊》2007年第23卷第1期。

张徐乐：“民国初年‘宋汉章案件’评析”，载《社会科学》2012年第7期。

顾培东：“论对司法的媒体监督”，载《法学研究》1996年第6期。

高一飞：“国际准则视野下的媒体与司法关系基本范畴”，载《东方法学》2010年第2期。

李在全：“民初的司法、媒体与政争”，载《比较法研究》2008

年第 3 期。

丁仕原："鲁迅与章士钊的行政诉讼"，载《百年潮》2000 年第 6 期。

葛涛："鲁迅诉章士钊的诉状与互辩书考辨——兼谈章士钊的两则佚文"，载《鲁迅研究月刊》2004 年第 4 期。

何立波："鲁迅与章士钊的一场著名官司"，载《文史春秋》2009 年第 3 期。

张仁善："近代法学期刊：司法改革的'推手'"，载《政法论坛》2012 年第 1 期。

蔡永明："论清末的刑讯制度改革——以 1905—1911 年《申报》《大公报》为中心的考察"，载《河南师范大学学报》2007 年第 2 期。

赵晓耕："中华民国时期司法公报述略"，载《山西大学学报》（哲学社会科学版）2012 年第 3 期。

李启成："功能视角下的传统'法'和'司法'观念解析——以祭田案件为视角"，载《政法论坛》2008 年 4 期。

尹伟琴："论民国时期基层法院判决依据的多样性——以浙江龙泉祭田纠纷司法档案为例"，载《社会科学》2010 年第 5 期。

尹萍："民初大理院援用习惯之考虑因素探析——以〈大理院判例要旨汇览〉（1912—1918）为主要考察文本"，载《山东大学学报》2012 年第 5 期。

杨士泰："试论民国初期的土地私有权法律制度"，载《河北法学》2009 年第 6 期。

黄源盛："民初大理院司法档案的典藏整理与研究"，载《政大法律评论》1998 年总第 59 期。

刘昕杰，杨晓蓉："民国学者对民初大理院判例制度的研究"，载《东方法学》2011 年第 5 期。

张生：“民国初期的大理院：最高司法机关兼行民事立法职能”，载《政法论坛》1998 年第 6 期。

方宏伟：“论司法改革研究路径的选择”，载《江苏社会科学》2013 年第 5 期。

王夏昊：“缘何不是法律方法——原本法学的探源”，载《政法论坛》2007 年第 2 期。

贺卫方：“司法与媒体三题”，载《法学研究》1998 年第 6 期。

朱健，王人博：“媒体审判负面效应批判——兼构建媒体与司法间的和谐关系”，载《政法论丛》2006 年第 6 期。

张剑秋、郭志媛：“传媒与司法的辩证关系”，载《学习与探索》2003 年第 6 期。

殷莉，何秋红：“清末民初年的新闻出版法”，载《南通大学学报》2009 年第 3 期。

张仁善：“国民党政府〈出版法〉的滥施及其负面效应”，载《民国档案》2000 年第 4 期。

饶传平：“‘得依法律限制之’:〈临时约法〉基本权利条款源流考”，载《中外法学》2013 年第 4 期。

马跃峰，吕倩娜：“郑观应：近代中国第一个提出制定新闻法的人”，载《新闻与传播研究》第 12 卷 4 期。

尹力：“关于舆论监督的法律界限”，载《新闻战线》2000 年 12 期。

陈堂发：“媒体与司法关系如何规范”，载《新闻法制研究》2010 年第 3 期。

张晶晶：“新闻法治视域下媒体报道司法的权限”，载《湖北社会科学》2010 年第 9 期。

唐峻，邹书利："促进我国媒体与司法良性互动的若干思考"，载《云南行政学院学报》2011 年第 5 期。

林国强："论我国司法与媒体良性关系的构建—基于美国经验及有关国际文件的视角"，载《湖南工业大学学报》(社会科学版) 2012 年第 3 期。

高一飞："媒体与司法关系规则的三种模式"，载《时代法学》2010 年第 8 卷第 1 期。

曾令健："法院如何面对传媒：一个文本的分析"，载《前沿》2010 年第 15 期。

黄伟英："从李大钊案到陈独秀案民国时期司法现代化的发展"，载《历史教学》2009 年第 22 期。

五、外人专著与期刊

马歇尔. 麦克卢汉着，何道宽译：《理解媒介——人的延伸》，商务印书馆 2000 年版。

(澳) 莫理循：《清末民初政情内幕》，骆惠敏编，刘佳棵等译，世界知识出版社 1986 年版。

(意) 艾儒略着，谢方校释：《职方外纪校释》，中华书局 1986 年版。

花之安：《自西租东》，上海书店出版社 2002 年版。

(英) 李提摩太译：《泰西新史揽要》，上海人民出版社 2002 年版

Shen: A Strenuous reformer, The New York Times, Aug. 19,

1903.

Chinese Editor Torture，The New York Times，Aug. 2，1903.

Action Against the Reform Party，The Times，June 6，1903.

Young China，The Times，Aug. 13，1903.

The Supao Case，N.C. Daily News，July 27，1903.

The Chinese Reformers，The New York Times，Aug. 6，1903.

Chinese Reformers，The Washington Post，Aug. 31，1903.

The Supao Case，N.C. Daily News，July 8，1903.

The Barbarous Official Murder at Peking，N.C. Daily News，Aug. 11，1903.

后　记

近年来，媒体与司法关系问题引起社会各界的广泛关注，如何良性地处理两者关系，一直争议强烈。本人对近代媒体与司法的关系产生兴趣，是在2013年进入南京大学法学院进修法制史博士后研究工作以后，作为法律史学者，希望能从历史与现实的双重角度，对近代中国的媒体与司法关系进行较为细致的考察与思索，或许对于现实有所裨益。

近代媒体与司法关系的研究相当薄弱，要构架起一个长时段的历史研究，是很不容易的事情。在研究本课题的有些方面值得我们注意：如近代中国媒体与司法进行博弈的历史背景；各时期媒体与司法关系表现的特点与不同；近代媒体与司法关系对当代社会产生的影响与历史启示等。媒体与司法关系是与政治、经济、文化和思想等相互交叉的研究内容，所涉及的面相当复杂，若只就以上问题进行研究是不够的，所以，还要进行更深入的跨学科研究和探索，才有可能对本问题有全方位、更深度的认识。本书的出版只是相关研究的初步阶段，相关研究还要继续进行，本书有不当之处，敬请国内外学者不吝赐正。

借书稿付梓之际，诚恳地向不断鼓励和指导自己的南京大学合作导师张仁善先生表示感谢！同时感谢淮阴师范学院法政学院的领导与同事们的支持，感谢学友王伟、刘雪荣两位同学帮助收集大量报刊资料，并认真校对文稿！并特别感谢本书编辑黄会丽女士，谢谢她耐心细致的工作！

图书在版编目(CIP)数据

媒体与司法的博弈：近代中国媒体与司法重大案件研析 / 牛锦红著.—北京：中国法制出版社，2015.12

ISBN 978-7-5093-7138-1

Ⅰ.①媒…　Ⅱ.①牛…　Ⅲ.①媒体（新闻）—关系—司法—研究—中国—近代　Ⅳ.①G219.296 ②D929.6

中国版本图书馆CIP数据核字(2015)第308802号

策划编辑：黄会丽　　封面设计：杨泽江

媒体与司法的博弈：近代中国媒体与司法重大案件研析

MEITI YU SIFA DE BOYI: JINDAI ZHONGGUO MEITI YU SIFA ZHONGDA ANJIAN YANXI

著者 / 牛锦红

经销 / 新华书店

印刷 / 北京京华虎彩印刷有限公司

开本 / 640毫米×960毫米　16　　印张 / 19　字数 / 213千

版次 / 2015年12月第1版　　2015年12月第1次印刷

中国法制出版社出版

书号ISBN 978-7-5093-7138-1　　定价：49.00元

北京西单横二条2号　邮政编码100031

值班电话：010-66026508

传真：010-66031119

网址：http://www.zgfzs.com

编辑部电话：010-66070084

市场营销部电话：010-66033393

邮购部电话：010-66033288

（如有印装质量问题，请与本社编务印务管理部联系调换。电话：010-66032926）